# भारत के प्रधानमंत्री

देश • दशा • दिशा

# भारत के प्रधानमंत्री

देश • दशा • दिशा

रशीद किदवई

सार्थक
राजकमल प्रकाशन का उपक्रम

ISBN : 978-81-950995-9-7

**मूल्य :** ₹299



**पहला संस्करण** : 2021
**दूसरा संस्करण** : 2022

सार्थक राजकमल प्रकाशन का उपक्रम

**प्रकाशक**
राजकमल प्रकाशन प्रा. लि.
1-बी, नेताजी सुभाष मार्ग, दरियागंज
नई दिल्ली-110 002

**शाखाएँ**
अशोक राजपथ, साइंस कॉलेज के सामने, पटना-800 006
पहली मंज़िल, दरबारी बिल्डिंग, महात्मा गांधी मार्ग, प्रयागराज-211 001
36-ए, शेक्सपियर सरणी, कोलकाता-700 017

वेबसाइट : www.rajkamalprakashan.com
ई-मेल : info@rajkamalprakashan.com

**मुद्रक**
यश प्रिंटोग्राफिक्स
ग्रेटर नोएडा-201 310 (उत्तर प्रदेश)

BHARAT KE PRADHANMANTRI : Desh, Dasha, Disha
*Non fiction by* Rasheed Kidwai

फ़रहान और साइमा अंसारी को

# क्रम

*The most effective way to destroy people is to deny and obliterate their own understanding of their history.*

**George Orwell**

*लोगों को बरबाद करने का सबसे कारगर तरीका उनके इतिहास की अपनी समझ को नकारना और मिटा देना है।*

**जॉर्ज ऑरवेल**

# प्रस्तावना

भारत को आजादी मिल जाने के बाद संविधान-सभा द्वारा देश का कामकाज चलाने के लिए वेस्टमिंस्टर मॉडल चुना गया। प्रारम्भिक रूप से इसके तीन कारण थे। पहला तो यह कि भारतीय गणतंत्र की स्थापना करने वाले नेतागण ब्रिटिश संसद की इस लोकतांत्रिक व्यवस्था से परिचित थे। दूसरा, वे सामूहिक जिम्मेदारी के विचार से अभिभूत थे। कांग्रेस तो इस सिद्धान्त पर मानो लट्टू थी और प्राय: इसकी माला जपती रहती थी। तीसरा, 'समकक्षों में प्रथम' (फर्स्ट एमंग इक्वल) के सिद्धान्त पर आधारित प्रधानमंत्री का विचार भी उन्हें बहुत पसन्द आया। यह उस समय के राजनीतिक नेतृत्व की मंशा के अनुरूप भी था। दरअसल तब एकवर्षीय कार्यकाल के लिए कांग्रेस अध्यक्ष का चुनाव हुआ था, जिसका व्यक्तिगत स्तर पर किसी नेता की स्थिति पर कोई फर्क नहीं पड़ा था।

वैसे संविधान-सभा कुछ दिग्गज नेताओं के अदूरदर्शी मामलों को देखकर आश्चर्यमिश्रित दुख से भरी हुई थी और भविष्य की स्थिति चिन्ताजनक नजर आ रही थी। भारत में संसदीय लोकतंत्र और वेस्टमिंस्टर मॉडल को लेकर जो कल्पनाएँ की गई थीं, इनके पक्ष में जो तर्क दिए गए थे, समय के साथ उनमें से कई अपने मानकों पर खरे नहीं उतरे। भारत के प्रथम प्रधानमंत्री जवाहरलाल नेहरू के दौर से ही इनके गलत सिद्ध होने की शुरुआत हो गई। प्रधानमंत्री के लिए 'समूह में समान स्थान रखने वालों का प्रतिनिधि' की जो परिकल्पना की गई थी, वह

धीरे-धीरे अप्रासंगिक होती गई। दशकों बाद सामूहिक जिम्मेदारी का अर्थ प्रधानमंत्री कार्यालय की जिम्मेदारी होकर रह गया। अब यह किसी मंत्री की व्यक्तिगत जिम्मेदारी नहीं थी। इस तरह प्रधानमंत्री कार्यालय को ही सरकार की गलतियों व असफलताओं के लिए भी जिम्मेदार ठहराया जाने लगा। नौबत यह आ गई कि मंत्रिमंडल की विभिन्न समितियाँ जैसे राजनीतिक, सुरक्षा तथा आर्थिक मामलों की समितियाँ भी अपनी प्रासंगिकता खो बैठीं।

यह हाल की ही स्थिति हो ऐसा नहीं था, न ही ऐसा कोई एक दिन में हो गया था। यह इन्दिरा गांधी के समय से ही होने लगा था जब प्रधानमंत्री कार्यालय आकार ले रहा था और मंत्रियों तथा उच्च-पदस्थ नौकरशाही को सारे आदेश, दिशा-निर्देश सीधे यहीं से जारी किए जाने लगे थे। इसमें प्रधानमंत्री के मुँहलगे नेताओं को भी खासा महत्त्व मिलता था। इस बीच राजनीतिक उतार-चढ़ाव के चलते कांग्रेस सत्ता से बेदखल भी हुई और दोबारा सत्तासीन भी। 1980 के मध्य में कांग्रेस को फिर देश की सत्ता मिली। पार्टी न केवल राजनीतिक शक्ति के रूप में स्थापित हुई, बल्कि सत्ता का समानान्तर केन्द्र भी बनने लगी। परन्तु राजीव गांधी के सत्ता-काल में सब कुछ उसी तरह नहीं हो पाया। अलबत्ता आश्चर्यजनक रूप से कांग्रेस द्वारा पार्टी व सत्ता चलाने का यही तरीका बाद में हर उस पार्टी ने अपनाया, जिसके भी हाथ सत्ता लगी।

भारत के विभिन्न प्रधानमंत्री अपनी कार्यशैली के अनुसार या आवश्यकता पड़ने पर सरकार चलाने के अनुक्रम में थोड़ा-बहुत परिवर्तन करते रहे। बस, 1977 में सत्ता-परिवर्तन व उसके बाद 1980 तक का समय तथा इसी तरह राजीव गांधी की पराजय व पी.वी. नरसिम्हा राव के प्रधानमंत्री बनने के बीच वाला कार्यकाल इससे बचा रहा। एक विशाल देश होने के नाते स्वाभाविक ही भारत को विशिष्ट शैली में काम करने वाले प्रधानमंत्री मिलते रहे।

पंडित जवाहरलाल नेहरू धीर-गम्भीर व भावुक किस्म के इनसान थे। लालबहादुर शास्त्री विनम्रता, सत्यनिष्ठा व दृढ़ता के उदाहरण रहे। इन्दिरा गांधी अभिमानी व जिद्दी थीं। राजीव गांधी ऐसे सज्जन, सुशील व मृदुभाषी नेता थे, जो एक ही बार में बहुत सारे बदलाव कर डालना चाहते थे। पी.वी. नरसिम्हा राव खामोश रहने वाले ऐसे बूढ़े व्यक्ति थे जिन्होंने बातें कम कीं, लेकिन देश की आर्थिक व विदेश-नीति में बड़े दूरगामी परिवर्तन किए। एच.डी. देवेगौड़ा बैठकों के बीच झपकी लेने की अपनी आदत के कारण बदनाम हो गए। इन्द्र कुमार गुजराल को ऐसे कठिन दौर में प्रधानमंत्री की कुर्सी मिली जब समय की चाल बहुत टेढ़ी-मेढ़ी हो चली थी। अटल बिहारी वाजपेयी सुनते सबकी थे, लेकिन करते वह थे जो पहले से तय कर लेते थे। दुर्भाग्य से डॉ. मनमोहन सिंह ने कभी अपनी मर्जी से काम नहीं किया, बल्कि हर काम में मार्गदर्शन के लिए वे राष्ट्रीय सलाहकार समिति का मुँह देखने लगते थे। नरेन्द्र मोदी ऐसे बाहरी नेता हैं जिन्होंने अपनी तूफानी विजय से दिल्ली के कपाट खोल लिए हैं और अब सब चीजों का घालमेल कर एक नया भारत बनाने को संकल्पबद्ध लगते हैं। इन सबके बीच हमें चरण सिंह जैसे प्रधानमंत्री भी मिले जिन्हें साबुन भी ऐश्वर्य की वस्तु लगता था जिस पर भारी कर लगाए जाने चाहिए। वी.पी. सिंह भी थे जिन्होंने पहचान यानी आइडेंटिटी की राजनीति को देश में नए आयाम दिए। भारत में सरकार अब उस मोड़ पर है जहाँ इसके होने की कल्पना की गई थी; सरकार अब दिखने में और अपने कामकाज में भी संसदीय होने से ज्यादा एकपक्षीय हो चली है।

देश के हर प्रधानमंत्री के पास अपने रचनात्मक, सकारात्मक (नकारात्मक भी) विचार थे, परिकल्पनाएँ थीं। जो भी देश के इस सर्वोच्च पद पर आसीन होने की महत्त्वाकांक्षा रखते हैं उनमें से हरेक के लिए इसमें कोई-न-कोई सीख है।

रशीद किदवई ने इन सभी प्रधानमंत्रियों को बड़े सलीके और निष्पक्ष भाव से देखा है। उनकी विवेचना अर्थपूर्ण, सटीक और दिलचस्प घटनाओं से पटी हुई है जहाँ इन राजनेताओं के मानवीय दृष्टिकोण, करुणा, त्याग, सेवा एवं देश के प्रति समर्पण का आभास मिलता है। विशेष बात यह है कि यह कोई विद्वत्तापूर्ण अथवा सैद्धान्तिक बिन्दुओं से भरी, भारी-भरकम पुस्तक नहीं है। किदवई जमीनी हक़ीक़त को रोचक अन्दाज में बयाँ करते हैं, जिसे पढ़ने के बाद राजनीति के प्रति जिज्ञासा और सम्मान का भाव पैदा होता है और यही लेखक की बड़ी कामयाबी है।

**समीर सरन**
नई दिल्ली
प्रेसीडेंट
ऑब्जर्वर रिसर्च फाउंडेशन

# भारत-निर्माण-यात्रा की वस्तुपरक झाँकी

एक युवा देश, लेकिन प्राचीन व समृद्ध सभ्यता के वाहक राष्ट्र भारत के इतिहास, विशेषकर आधुनिक भारत की आर्थिक यात्रा का अध्ययन एक दिलचस्प काम है। आजादी के बाद भारतीय अर्थव्यवस्था के अध्ययन में हमें समाजवाद, उत्तर-समाजवाद, उदारीकरण व उत्तर-उदारीकरण पर विशेष ध्यान देना होगा। आजादी के बाद भारत के सामने अनेक समस्याएँ मौजूद थीं। कई संकट मुँह बाए खड़े थे। अब देश को एक गुलाम राष्ट्र से सेक्युलर, सोशलिस्ट व डेमोक्रेटिक रिपब्लिक अर्थात धर्मनिरपेक्ष, समाजवादी व जनतांत्रिक गणराज्य बनने के पथ पर आगे बढ़ना था। अंग्रेजी के वरिष्ठ पत्रकार व कई सम्मान प्राप्त लेखक रशीद किदवई की यह महत्त्वपूर्ण पुस्तक देश की इसी अविस्मरणीय यात्रा की एक वस्तुपरक झाँकी प्रस्तुत करती है। चूँकि यह किताब हिन्दी में राजकमल प्रकाशन जैसे प्रतिष्ठित संस्थान द्वारा छापी जा रही है, इसलिए तय है कि किदवई की मेहनत देश के सुधी पाठकों तक जरूर पहुँचेगी।

देश के विकास को लेकर पंडित जवाहरलाल नेहरू का दृष्टिकोण बिलकुल स्पष्ट था। वे समाजवाद की अवधारणा के साथ चल रहे थे, जिसे उन्होंने छुपाने की कोई कोशिश नहीं की। समाजवाद का उस समय दुनिया में डंका बज रहा था। भारत के प्रथम प्रधानमंत्री जवाहरलाल नेहरू चाहते थे कि शासन-तंत्र में वैज्ञानिक सोच के साथ सामूहिक चेतना का भी समावेश रहे ताकि एक समतावादी आधुनिक भारत का निर्माण किया जा सके। उनका यह भी विचार था कि भारतीय परम्पराओं की

कीमत पर आधुनिकता स्वीकार नहीं की जाएगी। इस प्रकार वे आर्थिक उन्नति के लिए सन्तुलित औद्योगीकरण के साथ समतावाद, सामूहिक विकास और धर्मनिरपेक्षता को आवश्यक तत्त्व मानकर चल रहे थे।

सन् 1947 में देश ने आजादी पाई और बतौर देश के प्रथम प्रधानमंत्री नेहरू ने अपना जो मंत्रिमंडल बनाया उसमें अपनी खुद की पार्टी, भारतीय राष्ट्रीय कांग्रेस के साथ विपक्ष यानी समाजवादी नेताओं व कांग्रेस की कट्टर विरोधी पार्टी, जनसंघ के नेताओं को भी शामिल किया। जवाहरलाल नेहरू के नेतृत्व में गठित किए गए स्वतंत्र भारत के इस प्रथम मंत्रिमंडल में नेहरू ने डॉ. भीमराव आम्बेडकर व श्यामा प्रसाद मुखर्जी जैसे अपने मुखर आलोचकों को भी रखा था। यह ऐसा कारनामा था, जिसे नेहरू के बाद देश का कोई प्रधानमंत्री दोहराने की हिम्मत न कर सका। इस क़वायद के पीछे नेहरू का मकसद देश की अर्थव्यवस्था को एक आकार देना था।

नेहरू के लिए सेक्युलरिज़्म का अर्थ धर्म को राजनीति से अलग रखना था। बाद के सालों में कांग्रेस के लिए धर्मनिरपेक्षता की परिभाषा कुछ अलग हो गई। तब समस्त धर्मों का समान रूप से आदर करना, समस्त धार्मिक अल्पसंख्यकों व उनके हितों की सुरक्षा करना तथा उनकी पहचान बनाए रखना धर्मनिरपेक्षता कहलाने लगा।

नेहरू के बाद गुलजारीलाल नन्दा ने दो बार (27 मई, 1964 से 9 जून, 1964 तथा 11 जनवरी, 1966 से 24 जनवरी, 1966) भारत के प्रधानमंत्री के रूप में कार्य किया। हालाँकि उनका यह कार्यकाल महज चन्द दिनों के लिए ही था।

नेहरू के बाद सही मायने में देश की कमान आई थी लालबहादुर शास्त्री के हाथों में। वरिष्ठ नेता व कांग्रेस के कर्मठ कार्यकर्ता शास्त्री जी की स्थिति तब यह थी कि नेहरू ने उन्हें अपने मंत्रिमंडल में रखा तो था लेकिन कोई विभाग नहीं दिया था। चीन से युद्ध के बाद देश

की स्थिति नाजुक थी और बतौर प्रधानमंत्री शास्त्री के सामने कई गम्भीर आर्थिक व रणनीतिक चुनौतियाँ थीं। इनमें खाद्यान्न संकट से निपटने के साथ सतत बढ़ती महँगाई को नियंत्रण में करना व देश की अर्थव्यवस्था को पटरी पर लाना महत्त्वपूर्ण था। तब शास्त्री ने योजनाबद्ध ढंग से कृषि, रक्षा, निजी उद्योगों व विदेशी निवेश पर ध्यान देते हुए प्रगति की दिशा तय की। 1965 के युद्ध में पाकिस्तान पर विजय ने उन्हें राजनीतिक रूप से सुदृढ़ किया, जिसका लाभ उठाते हुए उन्होंने ऐसे आर्थिक सुधारों की आधारशिला रखी जो 25 साल बाद तक भी क्रियाशील होते रहे। 'जय जवान जय किसान' जैसा अप्रतिम नारा देने वाले शास्त्री की मेहनत का नतीजा यह हुआ कि देश ने उनके कार्यकाल में दो क्रान्तियाँ देखीं; एक, कृषि-क्षेत्र में हरित क्रान्ति तथा दूसरी, दूध उत्पादन के क्षेत्र में श्वेत क्रान्ति। निश्चित ही इससे दुनिया में भारत की छवि बदलने लगी।

शास्त्री जी के अचानक निधन से देश की बागडोर इन्दिरा गांधी के हाथों (24 जनवरी, 1966 से 24 मार्च, 1977 तथा 14 जनवरी, 1980 से 31 अक्टूबर, 1984) आई। देश पर तब तक दो-दो युद्धों—चीन (1962) फिर पाकिस्तान (1965) की मार पड़ चुकी थी। नेहरू व शास्त्री जैसे दूरद्रष्टा नेताओं की मौत से राजनीतिक अस्थिरता का भी माहौल था। तब 1966-67 में अतिवृष्टि ने एक बार फिर देशभर की फसलों को चौपट कर दिया। देश में खाद्यान्न की कमी के चलते उसका आयात करना पड़ा और महँगाई आसमान छूने लगी।

नेहरू की तरह ही इन्दिरा गांधी भी बड़े उद्योगों पर सरकारी नियंत्रण की प्रबल पक्षधर थीं। इतिहास में उन्हें देश के 14 निजी बैंकों का एक झटके में राष्ट्रीयकरण करने के लिए जाना जाएगा। 20 जुलाई, 1969 को लागू किए गए इस फैसले की तब आलोचना हुई थी लेकिन बाद में यह ऐसा कदम साबित हुआ, जिसके कारण कृषि-क्षेत्र को आवश्यक व वाजिब ऋण दे पाना बहुत आसान हो गया, साथ ही माइक्रो, लघु व

मध्यम उद्योगों को भी। एक और क्रान्तिकारी निर्णय उन्होंने कोयला खानों के राष्ट्रीयकरण का लिया। इन सबके बावजूद इन्दिरा गांधी निर्यात को बढ़ावा देने के अपने उद्देश्य तथा देनदारी संकट हल करने में सफल नहीं हो पाईं। साथ ही उनके दौर में विदेशी निवेश भी कम ही रहा।

प्रधानमंत्री बनने के बाद इन्दिरा के सामने कई चुनौतियाँ व संकट थे। देश में उसी साल ऐसा भयानक अकाल पड़ा कि कई राज्यों में आहार के लिए दंगे होने लगे। मिजो जनजातियों ने विद्रोह कर दिया तथा पंजाब में भाषाई आन्दोलन सिर उठाने लगा।

सन् 1980 में इन्दिरा गांधी की सत्ता में वापसी हुई। इस बार वे बदले हुए अवतार में थीं। 1970 तक वामपन्थी आर्थिक विचारों की ओर झुकाव रखने वाली इन्दिरा अब वैश्विक स्तर पर हो रहे आर्थिक सुधारों यानी निजी व विदेशी पूँजी निवेश के लिए मार्ग प्रशस्त करने लगी थीं। इसी के चलते छठी पंचवर्षीय योजना (1980-85) के लिए वे अन्तरराष्ट्रीय मुद्राकोष से भारी-भरकम लोन प्राप्त करने में सफल रहीं। इसी दौर में एक और क्रान्तिकारी कदम उठाते हुए उन्होंने देश से लाइसेंसी राज का खात्मा कर दिया।

इन्दिरा गांधी ने 1975 में आपातकाल लगाने जैसा आत्मघाती कदम उठा लिया। नतीजतन 1977 के आम चुनाव में जनता ने उन्हें हरा दिया। मोरारजी देसाई के नेतृत्व में जनता पार्टी की सरकार बनी। देश में यह पहली गैर कांग्रेसी सरकार थी। रशीद ने इस पुस्तक में गम्भीर विश्लेषण किया है कि कैसे देसाई ने कांग्रेस की नीतियों व उसके कामकाज से अलग हटकर देश की दिशा तय करने के प्रयास किए।

देसाई एक दक्षिणपन्थी नेता थे जो बाद में देश के प्रधानमंत्री भी बने। देसाई ने अपने शासनकाल के दौरान अटल बिहारी वाजपेयी को देश का विदेश मंत्री बनाया।

28 जुलाई, 1979 से 14 जनवरी, 1980 तक संक्षिप्त काल के लिए शासन करने वाले चौधरी चरण सिंह भारत के एक और प्रधानमंत्री थे।

अपनी राजनीतिक यात्रा में चरण सिंह ने जिला स्तर से लेकर प्रदेश तथा राष्ट्रीय स्तर तक काम किया और अपनी अथक मेहनत के बल पर कांग्रेस के विरुद्ध सशक्त आवाज बनकर उभरे।

इन्दिरा गांधी की हत्या के बाद उनके सुपुत्र राजीव गांधी (31 अक्टूबर, 1984 से 2 दिसम्बर, 1989) दुनिया के सबसे बड़े गणतंत्र का प्रधानमंत्री बनने में हिचकिचा रहे थे। फिर चौतरफा दबाव के आगे झुकते हुए जब उन्होंने भारत की बागडोर सँभाली तो अपने कामकाज से युवा भारत का प्रतिनिधित्व करने वाले प्रधानमंत्री के रूप में स्थापित हो गए। वे भारत के पहले प्रधानमंत्री थे, जिन्होंने आर्थिक सुधारों का खुलकर समर्थन किया और भारत में आर्थिक उदारीकरण का मार्ग प्रशस्त किया।

विश्वनाथ प्रताप सिंह (2 दिसम्बर, 1989 से 10 नवम्बर, 1990) को बतौर प्रधानमंत्री देश में मंडल आयोग की सिफ़ारिशात लागू करने के लिए याद किया जाएगा, जिससे अन्य पिछड़ा वर्ग की जातियों को सरकारी नौकरियों में आरक्षण मिलने लगा।

चन्द्रशेखर (10 नवम्बर, 1990 से 21 जून, 1991) एक सच्चे समाजवादी नेता थे। प्रधानमंत्री के रूप में इन्हीं समाजवादी आदर्शों की स्थापना तथा आर्थिक व सामाजिक सुधार के सार्थक प्रयास हेतु उन्हें याद किया जाता रहेगा। बतौर वित्तमंत्री मुझे उनके निकट रहकर काम करने तथा भविष्य के आर्थिक सुधारों की महती रूपरेखा बनाने का मौका मिला।

चन्द्रशेखर अपने आपमें तो सशक्त नेता थे ही, उन्होंने अपने बाद आने वाले लोगों का मार्गदर्शन भी किया। इसीलिए उन्हें मुलायम सिंह यादव सहित भारतीय राजनीति में सक्रिय कई महत्त्वपूर्ण नेताओं का मार्गदर्शक भी माना जाता है।

देश के अगले प्रधानमंत्री पी.वी. नरसिम्हा राव (21 जून, 1991 से 16 मई, 1996) के नेतृत्व में डॉ. मनमोहन सिंह ने आर्थिक सुधारों के गम्भीर प्रयास कर दिखा दिया कि भारत के आर्थिक इतिहास में बदलाव सम्भव है। भारत में आर्थिक उदारीकरण के इन कदमों का प्रारम्भ में विपक्षी पार्टियों तथा 'बॉम्बे क्लब' के पुरातनपन्थी उद्योगपतियों ने कड़ा विरोध किया। विडम्बना है कि खुली अर्थव्यवस्था के इन प्रयासों का विरोध करने वाले इन्हीं उद्योगपति घरानों ने बाद में इस उदारीकरण का जमकर लाभ उठाया। डॉ. सिंह ने बड़ी चतुराई से राजनीति व अर्थव्यवस्था के बीच सन्तुलन भी बनाए रखा।

राव ने न सिर्फ अपना कार्यकाल सफलतापूर्वक पूर्ण किया, बल्कि अपनी नीतियों से उन्होंने देश को स्थायित्व बख्शने के साथ राजनीति को भी एक नई दिशा प्रदान की।

प्रधानमंत्री (16 मई, 1996 से 1 जून, 1996 तथा 19 मार्च, 1998 से 22 मई, 2004) रहते हुए अटल बिहारी वाजपेयी ने आर्थिक सुधार जारी रखे। उनके कार्यकाल में केन्द्रीय वित्तमंत्री की हैसियत से मुझे वर्ष 1999-2000 के लिए केन्द्रीय बजट प्रस्तुत करने का सुअवसर मिला। इससे पहले सन् 1990-91 का बजट प्रस्तुत करते हुए मैंने मितव्ययी सरकार व सार्वजनिक क्षेत्रों के उद्यमों में विनिवेश को हतोत्साहित करने का जो विचार दिया था, इस बार का बजट प्रस्तुत करते समय उसे लागू कर दिया गया। वाजपेयी का दृष्टिकोण इस बाबत स्पष्ट था सो इसे लागू करने में ज्यादा दिक्कत नहीं आई।

राजनीतिक रूप से अटल बिहारी वाजपेयी का महत्त्वपूर्ण योगदान यह है कि उन्होंने भाजपा जैसी पार्टी को, जिसे कभी अनदेखा किया जाता था, ऐसी ऊँचाई प्रदान की, कि वह आज देश की सबसे बड़ी पार्टी के रूप में स्थापित हो गई है।

एच.डी. देवेगौड़ा ने बतौर प्रधानमंत्री (1 जून, 1996 से 21 अप्रैल, 1997) भी अपनी क्षेत्रीय छवि पर ज्यादा ध्यान दिया। उन्होंने राव के

कार्यकाल की आर्थिक नीतियों को आगे बढ़ाया व आर्थिक सुधारों की यात्रा जारी रखी। इन्द्र कुमार गुजराल (21 अप्रैल, 1997 से 19 मार्च, 1998) ने भी आर्थिक सुधार जारी रखे। अपने व्यापक दृष्टिकोण के चलते उन्होंने क्षेत्रीय व उपक्षेत्रीय स्तर पर आर्थिक सहयोग को महत्त्व दिया और गुजराल दृष्टिकोण के तहत दक्षिण एशिया को एक महत्त्वपूर्ण आर्थिक इकाई बनाने का सिद्धान्त प्रस्तुत किया।

प्रधानमंत्री पद से बेदखल किए जा रहे देवेगौड़ा इस मौके पर बिफरे शेर की तरह नजर आए। लोकसभा में बोलते हुए उन्होंने कहा, "यह मेरी नियति है। मैं मिट्टी से उठकर फिर यहाँ विराजमान होने वाला हूँ।"

बतौर प्रधानमंत्री गुजराल ने भारतीय विदेश नीति को दो महत्त्वपूर्ण सिद्धान्त दिए, जिनके लिए उन्हें सदैव याद किया जाता रहेगा।

सत्ता के उलटफेर में प्रधानमंत्री पद के वास्तविक अधिकारी मनमोहन सिंह (22 मई, 2004 से 26 मई, 2014) को भी बतौर प्रधानमंत्री देश की सेवा का मौका मिल ही गया। ऐसा किसी दुर्घटना के तौर पर नहीं हुआ था। मनमोहन सिंह ने अपनी प्रतिभा, विद्वत्ता व भरपूर कार्य क्षमता के साथ दस सालों तक बतौर प्रधानमंत्री जमकर काम किया। अलबत्ता यह जरूर हुआ कि इस बार आर्थिक सुधारों के बजाय उनका ध्यान देश की समग्र उन्नति पर रहा। उनकी छत्रछाया में आर्थिक उदारीकरण के दस सालों ने भारतीय जनमानस को एक बिलकुल अलग तरह के वातावरण से परिचित कराया।

नरेन्द्र मोदी (26 मई, 2014 से अब तक...) भारत का प्रधानमंत्री पद सँभालने से पहले लम्बे समय तक गुजरात के मुख्यमंत्री रह चुके हैं। बतौर प्रधानमंत्री उन्होंने नेहरू की विरासत को दरकिनार कर काम करने का विकल्प चुना है। सन् 2014 में उन्होंने योजना आयोग को नीति आयोग में बदला तथा 2017 से रेलवे के बजट को भी देश के

मुख्य बजट में शामिल कर लिया। उनके द्वारा शुरू किए गए कार्यों की समीक्षा फिलहाल सम्भव नहीं, समय बताएगा।

रशीद किदवई ने पत्रकारिता के अपने लम्बे अनुभव के आधार पर, साक्षी भाव से देश के 15 प्रधानमंत्रियों का आकलन और उल्लेख किया है। यह एक ईमानदार कोशिश है जो आज की नई पीढ़ी के लिए एक महत्त्वपूर्ण दस्तावेज की हैसियत रखता है। किदवई ने भारतीय राजनीति की इन महान शख़्सियतों को, देश के महत्त्वपूर्ण पड़ाव से जोड़ा है और कम शब्दों में अधिक वर्णन किया है। हर लाइब्रेरी और राजनीतिशास्त्र का अध्ययन करने वालों के लिए यह बहुमूल्य पुस्तक होगी।

नई दिल्ली

**यशवंत सिन्हा**

पूर्व केन्द्रीय मंत्री

# किताब की बात

भारतीय राजनीति खूब फल-फूल रही है। भ्रष्टाचार, वंशवाद, नफरत और निम्न स्तर के बावजूद देशवासियों को लोकतंत्र एवं व्यवस्था में पूरी आस्था और भरोसा है। जातिवाद, असहिष्णुता, झूठ और धोखे का स्वाद अनगिनत बार चखने के बाद भी हर चुनाव में समाज के तकरीबन समस्त वर्ग के लोग लम्बी कतार में खड़े होकर, अपने प्रिय जनप्रतिनिधि और राजनीतिक दल को वोट डालकर खुद को सुखी व सुरक्षित महसूस करते हैं।

आश्चर्य की बात है कि धर्म, सिनेमा और क्रिकेट की तरह राजनीति में भी हम भारतीयों की बेहिसाब दिलचस्पी के बावजूद समकालीन राजनीति पर पुस्तकों की कमी है। कभी-कभी तो ऐसा लगता है कि यह विद्या हमारे लोकतंत्र में समाप्त हो चली है। राजनीति विषयक अधिकांश पुस्तकें जीवनी और संस्मरण रहे हैं जहाँ तथ्यात्मक एवं आलोचनात्मक लेखा-जोखा कभी-कभार ही किया जाता है।

बीते हुए समय और विषयों पर लिखना अत्यन्त महत्त्वपूर्ण और संवेदनशील हो गया है। टेक्नोलॉजी एवं संचार-माध्यमों के विस्तार से यह उम्मीद की गई थी कि इससे लोगों और समाज के पढ़ने-लिखने और समझने का विकास होगा। लेकिन विपरीत और चिन्ताजनक परिणाम ही अधिक निकले। सोशल मीडिया, व्हाट्सएप्प, फेसबुक, ट्विटर, इंस्टाग्राम द्वारा झूठ, फरेब, नफरत का ऐसा कारोबार फैलाया गया जिससे मनुष्य

और समुदायों का विकृत रूप उजागर हुआ। देश और समाज को तोड़ने और बाँटने के प्रयास जारी हैं जिनके प्रति शक्तिशाली शासकवर्ग न केवल उदासीन मालूम पड़ता है, बल्कि वह ऐसे विघटनकारी प्रयासों का सहअपराधी प्रतीत होता है। ऐसे दौर में वास्तविक तथ्य प्रस्तुत करना पत्रकारिता एवं लेखन की आवश्यक सामाजिक जिम्मेवारी व कर्तव्य बन जाता है।

'भारत के प्रधानमंत्री : देश, दशा, दिशा' ऐसा ही एक प्रयास है। देश के 15 प्रधानमंत्री (कार्यकारी प्रधानमंत्री गुलजारीलाल नन्दा समेत) अपने-अपने समय और परिस्थिति के अनुसार भारत के विकास और अपनी राजनीतिक महत्त्वाकांक्षा के बीच समन्वय बिठाने की कोशिश करते रहे। प्रथम दृष्टि में उनकी नेकनीयती पर सन्देह करना उचित नहीं होगा। उन्होंने देश के प्रति समर्पण की भावना प्रदर्शित की, विकास के प्रति ललक दिखाई और चुनाव जीतने की प्रतिस्पर्धा में शामिल रहे। समय के साथ हर कीमत पर चुनाव जीतना और कुर्सी पर बने रहना सबसे बड़ा उद्‌देश्य हो गया।

भारत के समस्त प्रधानमंत्रियों के व्यक्तित्व, कार्यों, नीतियों और उनके प्रभावों का लेखा-जोखा करना एक विस्तृत विषय है। इस सम्बन्ध में किसी भी लेखक का कार्य उसके व्यक्तिगत दृष्टिकोण से प्रभावित हो सकता है। वस्तुत: वह एक व्यक्तिपरक व्याख्या होगी। यहाँ मैंने साक्षी भाव से वह व्याख्या पाठकों के सामने प्रस्तुत करने का प्रयास किया है। वह आधा-अधूरा हो सकता है लेकिन कोशिश यही रही है कि हमारी पीढ़ी, नौजवानों और आने वाली नस्लों का तथ्यों और सचाई से सामना कराया जाए।

इस प्रयास को साकार करने में मैं आब्जर्वर रिसर्च फाउंडेशन (ओ.आर.एफ.), उसके चेयरमैन डॉ. संजय जोशी व प्रेसीडेंट समीर सरन का अत्यन्त आभारी हूँ। यह समीर सरन का विचार था कि मेरे जैसा नाकारा एवं तुच्छ व्यक्ति यह काम कर सकता है। ओ.आर.एफ.

की हिन्दी सम्पादक स्वाति अर्जुन और उनकी पूरी टीम का हृदय से धन्यवाद।

प्रिय भाषा हिन्दी में यह मेरी पहली पुस्तक है। पत्नी डॉ. फ़राह किदवई का हमेशा आग्रह रहा है कि भाषा सरल और सहज हो। सरलता के प्रति मैं पूर्ण रूप से आश्वस्त नहीं हूँ, लेकिन उनके अनुरोध को ध्यान में रखा है।

कोरोना काल में घर से काम करने में फ़राह का पूर्ण सहयोग मेरे लिए हमेशा की तरह वरदान रहा। फ़लाह, अबान और इनाया ने भी अपने हास्य और विनोद से कोरोना काल के अकेलेपन व अवसाद से मुझे दूर रखा जिसका शुक्रिया अदा करने के लिए मेरे पास शब्द ही नहीं हैं।

भाषा और अनुवाद के सम्बन्ध में मित्र ज़ावेद आलम का हर समय सहयोग और प्रोत्साहन मिला। ज़ावेद के सुझाव बहुमूल्य रहे।

मित्र अतुल कुमार ठाकुर का विशेष आभार। अतुल के जरिए ही सत्यानन्द निरुपम जी व राजकमल प्रकाशन से सम्पर्क हुआ। सत्यानन्द जी की साफगोई, बहुमूल्य सुझावों से लिखने में बहुत मदद मिली। राजकमल प्रकाशन द्वारा सम्पादन सुन्दर व समृद्ध रहा, जिसके लिए मैं अपनी कृतज्ञता प्रकट करता हूँ।

मित्रमंडली में निर्मल पाठक, नग़मा सहर, सुनेत्रा चौधरी, राधिका रामसेशन, शीला भट्ट, प्रिया सहगल, रमा लक्ष्मी, सुदीप ठाकुर, सुदीप मुखिया और ऋचा शर्मा का तहेदिल से शुक्रिया।

मार्च 2021 —**रशीद किदवई**

नई दिल्ली

# जवाहरलाल नेहरू

जन्म : 14 नवम्बर, 1889

निधन : 27 मई, 1964

**कार्यकाल**

• **पहला** : 15 अगस्त, 1947—15 अप्रैल, 1952 • **दूसरा** : 15 अप्रैल, 1952—17 अप्रैल, 1957 • **तीसरा** : 15 अप्रैल, 1957—2 अप्रैल, 1962 • **चौथा** : 2 अप्रैल, 1962—27 मई, 1964

---

नेहरू असल में कश्मीर के कौल पंडित परिवार से हैं। 1716 में इस कौल परिवार को मुगल बादशाह फर्रुखसियर ने दिल्ली बुला लिया था। फर्रुखसियर खुद एक विद्वान बादशाह और विद्वानों का बड़ा कद्रदान था। उसने अपने दरबार में अनेक कवियों, लेखकों और कलाकारों को प्रश्रय दे रखा था। कौल परिवार दिल्ली में जहाँ रहता था, वहीं पास में एक नेहर (नहर) बहती थी। सो कौल परिवार नेहर वाला या नेहरू परिवार कहलाने लगा।

14 नवम्बर, 1889 को जवाहरलाल नेहरू का जन्म हुआ। लंदन के प्रतिष्ठित बोर्डिंग स्कूल 'हैरो' में उन्होंने स्कूली शिक्षा प्राप्त की, जिसके बाद कैम्ब्रिज के प्रख्यात ट्रिनिटी कॉलेज से उन्होंने रसायनशास्त्र, भूगर्भशास्त्र व जन्तुविज्ञान में डिग्री हासिल की। यहाँ वे जॉर्ज बर्नार्ड शॉ जैसे प्रख्यात लेखक व चिन्तक के व्याख्यानों से लाभान्वित होने के साथ फ्रेडरिक नीत्शे के दर्शन पर चिन्तन-मनन करते रहे। अगस्त, 1912 में मुम्बई के तट पर उतरकर नेहरू ने खुद को ऐसा व्यक्ति करार दिया जो 'किसी स्थान विशेष से बँधा नहीं' था, 'न ही अपने घर का' था, बल्कि 'पूर्व और पश्चिम का विलक्षण मिश्रण' था।

नेहरू ने थोड़े समय वकालत की फिर उसे अलविदा कहकर खुद को पूरी तरह आजादी की जंग में झोंक दिया। नतीजतन प्रथम विश्वयुद्ध के

समाप्त होने तक (1918) वे गांधीजी की छत्रछाया तले कांग्रेस की प्रथम पंक्ति के नेताओं में स्थापित हो चुके थे। नेहरू की ख्याति एक ऐसे नेता के रूप में हो गई, जो दूरद्रष्टा, विचारक व चिन्तक भी था; ऐसा नेता जिसे आधुनिक व प्राचीन दोनों भारत की अच्छी समझ थी। अंग्रेजों की कैद में रहते हुए (1942-46) उन्होंने अपनी मशहूर किताब 'डिस्कवरी ऑफ इंडिया' (भारत एक खोज) लिखी। इस किताब के माध्यम से नेहरू ने भारत को एक ऐसे इतिहास-सम्मत राष्ट्र के रूप में स्थापित कर दिया, आजादी जिसका अधिकार था। अंग्रेज शासकों द्वारा 1946 में संविधान-सभा के चुनाव कराए गए और उसमें कांग्रेस ने बहुमत प्राप्त कर लिया तो नेहरू को ही अन्तरिम प्रधानमंत्री बनाया गया।

15 अगस्त, 1947 को देश आजाद हुआ और जवाहरलाल नेहरू स्वतंत्र भारत के पहले प्रधानमंत्री बने। मई 1964 में अपनी मौत तक वे इस पद को सुशोभित करते रहे। भारत में औद्योगीकरण को उन्होंने प्रमुखता दी तथा आर्थिक क्षेत्र में सुधार के लिए समाजवादी विचारधारा के अनुरूप नीतियाँ तय कीं। अफ्रीकी व एशियाई गुटनिरपेक्ष देशों के लिए वे प्रमुख प्रवक्ता की भूमिका निभाते रहे। इन देशों में से कई इंग्लैंड के अधीन रहे थे तथा स्वतंत्रता प्राप्ति के बाद वे किसी बड़ी शक्ति पर निर्भर नहीं रहना चाहते थे। नेहरू अपने तमाम पड़ोसी देशों से अच्छे सम्बन्ध रखने के इच्छुक थे, इसके बावजूद सन् 1962 में सीमा विवाद के चलते वे चीन के साथ युद्ध में उलझ गए, जिसमें भारतीय सेना को बुरी हार का सामना करना पड़ा।

देश का पहला आम चुनाव कांग्रेस ने नेहरू के नेतृत्व में लड़ा, जिसमें देश के प्रधानमंत्री ने लगभग 40 हजार किलोमीटर की यात्राएँ कीं और करीब साढ़े तीन करोड़ लोगों को सीधे सम्बोधित किया। यह संख्या तब भारत की जनसंख्या का दसवाँ भाग थी। इस चुनाव में 'कांग्रेस को वोट देना यानी नेहरू को वोट देना' जैसा नारा दिया गया था, जिससे साफ पता चलता है कि यह पूरा चुनाव पंडित जवाहरलाल नेहरू पर केन्द्रित था।

नेहरू की बिटिया इन्दिरा गांधी भी इस चुनाव में पिता के साथ सक्रिय थीं जो बाद में देश की सबसे शक्तिशाली प्रधानमंत्री साबित हुईं। कई स्थानों

पर पिता के साथ उन्होंने जनसभाओं को सम्बोधित किया। फिर मतदान का समय करीब आने लगा तो इन्दिरा ने रायबरेली की सीट पर ध्यान केन्द्रित किया, जहाँ से उनके पति फीरोज गांधी कांग्रेस के टिकट पर चुनाव लड़ रहे थे। उस समय जबकि नेहरू, फीरोज व इन्दिरा जैसे प्रभावशाली व लोकतंत्र में पूरी आस्था रखने वाले व्यक्तित्व देश की राजनीति पर छाए हुए थे, उसी समय कहीं वंशवाद की नींव भी पड़ गई। फीरोज की जीवनी लिखने वाले बर्टिल फॉक के मुताबिक नेहरू के दामाद की राजनीति पर अच्छी पकड़ थी। इतनी अच्छी कि अगर उनका विवाह इन्दिरा से नहीं हुआ होता तो भी कांग्रेस को उन्हें लोकसभा का टिकट देना पड़ता। स्वतंत्रता संग्राम सेनानी फीरोज अंग्रेजी राज का विरोध करने के कारण चार बार जेल की यात्रा कर चुके थे। कांग्रेस में उन्हें केडी मालवीय, गोविन्द बल्लभ पन्त, रफी अहमद किदवई व लालबहादुर शास्त्री जैसे दिग्गज नेताओं का समर्थन प्राप्त था।

इसके सत्तर साल बाद जब नरेन्द्र मोदी ने बतौर प्रधानमंत्री देश की कमान सँभाली तो जवाहरलाल नेहरू व उनके कामकाज पर हमले बढ़ गए। नेहरू पर आरोप लगाया जाने लगा कि उन्होंने देश पर आर्थिक विकास का केन्द्रीकृत मॉडल थोप दिया था। हालाँकि कांग्रेस के नेतागण तथा कुछ इतिहासकार दलील देते हैं कि नेहरू ने जो आर्थिक नीति अपनाई, वह राजनीतिज्ञों, उद्योगपतियों, वैज्ञानिकों तथा अर्थशास्त्रियों के साझा विचारों व उनकी सहमति से तैयार की गई थी और उसके केन्द्र में विकास के लिए स्थानीय संसाधनों को यथोचित महत्त्व देने का विचार निहित था।

नेहरू पर लगाए जाने वाले आरोपों में एक बड़ा आरोप कश्मीर समस्या को लम्बे समय तक उलझाए रखने का भी था। इसके मुताबिक कश्मीर पर भारत का स्थायी रुख निर्धारित करने में 15 साल लगा दिए गए। इस समस्या को लेकर प्रधानमंत्री नेहरू का रुख नर्म था और इस बाबत वे बहुत हद तक शेख मुहम्मद अब्दुल्ला पर निर्भर थे। ये बातें आज भले गलत महसूस हो रही हों, लेकिन उस समय की कूटनीति के हिसाब से नेहरू की नीति उचित थी।

अगस्त से अक्टूबर, 1947 के बीच जब भारत व पाकिस्तान के बीच प्रथम युद्ध चल रहा था, नेहरू व देश के गृह मंत्री सरदार वल्लभभाई पटेल संशय में पड़ गए कि कश्मीर पर कब्जा बरकरार रखें या छोड़ दिया जाए। राजिन्दर सरीन ने अपनी पुस्तक 'पाकिस्तान—द इंडिया फैक्टर' (पृ. 218) में पटेल व पाकिस्तान के मंत्री अब्दुर्रब निश्तर की वार्ता प्रस्तुत की है। इसके मुताबिक पटेल ने कहा कि 'भाई, यह हैदराबाद व जूनागढ़ की बात छोड़ो, आप तो कश्मीर की बात करो : आप कश्मीर ले लो और मामला खत्म करो।' आगे भी सरीन ने ऐसी ही एक घटना का ब्योरा दिया है। उसमें पाकिस्तान के प्रधानमंत्री लियाकत अली व गवर्नर जनरल माउंट बेटन के साथ हुई बैठक का जिक्र है, जिसमें सांसद सरदार शौकत हयात भी मौजूद थे। बैठक में लार्ड माउंट बेटन ने पटेल के प्रस्ताव का जिक्र किया कि अगर पाकिस्तान हैदराबाद की जिद छोड़ दे तो भारत कश्मीर उन्हें देने को तैयार है। लियाकत अली ने फौरन जवाब दिया कि "सरदार साहब, क्या आपका दिमाग चल गया है? हम एक ऐसा राज्य (हैदराबाद) क्यों छोड़ दें, जो पंजाब से बड़ा है और उसके बदले कुछ पहाड़ियाँ ले लें?" आज 72 साल बाद दोनों तरफ के शिकारियों को याद दिलाना चाहिए कि तब पटेल ने हैदराबाद के बदले कश्मीर देने का प्रस्ताव रखा था तथा पाकिस्तान के प्रधानमंत्री लियाकत अली ने इसी कश्मीर को मात्र 'कुछ पहाड़ियाँ' करार दिया था।

राज्यों के सचिव व सरदार पटेल के विश्वसनीय सहयोगी वीपी मेनन ने सरीन की बातों की पुष्टि की है। मेनन सीधे पटेल को रिपोर्ट करते थे। उन्होंने जून, 1947 में हुई कश्मीर के महाराजा हरि सिंह व लॉर्ड माउंट बेटन के बीच हुई बैठक का जिक्र किया है। इस बैठक में माउंट बेटन ने महाराजा से कहा था कि "अगर आप पाकिस्तान में शामिल होना चाहते हों तो भारत इस पर आपत्ति नहीं करेगा। मैं आपको यह विश्वास सरदार की ओर से भी दिला रहा हूँ।" (द स्टोरी ऑफ इंटीग्रेशन ऑफ स्टेट्स : वी.पी. मेनन, पृ. 394) उस समय पटेल के राजनीतिक सचिव रहे वी शंकर ने भी अपने संस्मरणों (माय रेमिनिसेंस ऑफ सरदार पटेल, पृ. 127) में यही लिखा है कि पटेल महाराजा हरि सिंह को वापस भेजना चाहते थे। पटेल की यह

बात उन्होंने लिखी है कि "अगर (जम्मू-कश्मीर के) शासक यह महसूस करते हैं कि उनके और उनके राज्य के हित पाकिस्तान के साथ जाने से सुरक्षित रहेंगे, तो वह (पटेल) उनकी राह में आड़े नहीं आएँगे।"

**मुख्य उपलब्धियाँ**

- आधुनिक उद्योगों के जरिये देश के बुनियादी ढाँचे को विकसित करने के लिए भाखड़ा-नांगल बाँध, रिहन्द बाँध, भिलाई और बोकारो इस्पात कारखाने आदि की स्थापना
- शैक्षिक और वैज्ञानिक प्रगति के लिए आई.आई.टी., एम्स, आई.आई.एम. और एन.आई.टी. की स्थापना
- नाभिकीय कार्यक्रम की शुरुआत

नेहरू सुविचारित रूप से कश्मीर को इस तरह अलग करने का विरोध कर रहे थे। उन्हें लगता था कि इस तरह कश्मीर को छोड़ देना द्वि-राष्ट्र सिद्धान्त को स्वीकार करने जैसा होगा। इस बाबत होने वाली अन्तरराष्ट्रीय प्रतिक्रिया पर भी उनकी नजर थी। नेहरू के जीवनी लेखक एस गोपाल ने एक पत्र का उल्लेख किया है, जो नेहरू ने पेरिस से सरदार पटेल को लिखा या उस पत्र में भारत के प्रधानमंत्री ने चिन्ता व्यक्त की थी कि उन्हें लग रहा था फ्रांस व ब्रिटेन भारत की कश्मीर नीति से सन्तुष्ट होंगे, लेकिन ऐसा नहीं है।

चूँकि कश्मीर मुस्लिम बहुल इलाका है, इसलिए आजादी के समय से ही पाकिस्तान की आँखें कश्मीर पर लगी हैं। लेकिन कश्मीरी मूल के राष्ट्रवादी शेख मुहम्मद अब्दुल्ला उसकी राह का रोड़ा बन गए। शेर-ए-काश्मीर की जन-उपाधि से विभूषित शेख अब्दुल्ला पक्के धर्मनिरपेक्ष व जनतांत्रिक मूल्यों पर आस्था रखने वाले व्यक्ति थे। कश्मीरी राष्ट्रवाद व स्वतंत्रता का उन्हें जुनून चढ़ा हुआ था, जिसे समझने में नेहरू से कहीं चूक हो गई। इससे कश्मीर समस्या की गुत्थी और उलझ गई। 1947 में कश्मीर के भारत में विलय के बरसों बाद तक शेख अब्दुल्ला को लगता रहा कि अमेरिका और ब्रिटेन एक स्वतंत्र कश्मीर का समर्थन करेंगे। इस बीच नेहरू ने आपसी मतभेद दूर करने के लिए उन्हें बुलाया भी, लेकिन समस्या नहीं सुलझ सकी।

दिसम्बर, 1950 में सरदार पटेल की मृत्यु हो गई। इसके बाद सन् 1951 में जम्मू-कश्मीर विधानसभा के चुनाव होने थे। इसमें नेहरू सरकार ने कश्मीर पर बाकायदा अधिकार जताना शुरू कर दिया तथा भारत के कश्मीर से 'प्रगाढ़ सम्बन्धों' की दुहाई दी जाने लगी। 1955 में भारत के गृहमंत्री गोविन्द बल्लभ पन्त ने तो इसे बहुत ही अजीब ढंग से कहा, "वयस्क मताधिकार के आधार पर चुनी गई कश्मीर की विधानसभा द्वारा एक स्पष्ट निर्णय लिया गया है। भारत सरकार द्वारा (जनमत संग्रह के सन्दर्भ में) पूर्व में की गई घोषणाओं से मैं अनभिज्ञ नहीं हूँ, सो मैं महत्त्वपूर्ण तथ्यों की अनदेखी नहीं कर सकता..."

नेहरू के बारे में यह भी कहा जाता है कि देश के पहले प्रधानमंत्री अपने संरक्षक महात्मा गांधी से ग्रामीण अर्थव्यवस्था, अहिंसा, धर्म तथा आर्थिक विचारों जैसे मुद्दों पर गम्भीर मतभेद रखते थे। गांधी से कोई बीस साल छोटे व खुद को गांधी का अनुयायी कहने वाले नेहरू को गांधी ने सन् 1945 में उस समय एक पत्र लिखा था, जब स्वतंत्रता सामने खड़ी दिख रही थी। इस पत्र में गांधी ने लिखा था, "मेरा विचार है कि अगर भारत स्वतंत्रता हासिल कर लेता है...तब जल्दी या कुछ देर से हमें राजमहलों में नहीं, बल्कि गाँव जाकर झोंपड़ियों में रहना होगा...मेरी बात का सार यह है कि मानव जीवन को जिन चीजों की जरूरत है, उन पर हर व्यक्ति का वैयक्तिक नियंत्रण होना आवश्यक है; इस नियंत्रण के बिना व्यक्ति को नहीं बचाया जा सकता।" (डी.जी. तेन्दुलकर, महात्मा, खंड vii)

स्वतंत्र भारत के भावी प्रधानमंत्री तथा ऐसा व्यक्ति जिसके हाथ में शक्ति के तमाम सूत्र थे, नेहरू ने इस पत्र का उत्तर सख्त लहजे में दिया। उन्होंने लिखा, "बरसों पहले मैंने 'हिन्द स्वराज' पढ़ी थी, जिसका धुँधला-सा प्रभाव मेरे मस्तिष्क में है। सम्भवत: 20 साल या इससे भी कुछ ज्यादा समय पहले वह मैंने पढ़ी थी, तभी वह मुझे पूरी तरह अवास्तविक लगी थी...अब तो हिन्द स्वराज को लिखे हुए भी 38 साल बीत चुके हैं। सम्भव है गलत दिशा में, लेकिन अब यह संसार पूरी तरह बदल चुका है। आमतौर से देखा जाए तो एक गाँव बौद्धिक

व सांसारिक रूप से बहुत पिछड़ा हुआ होता है और ऐसे पिछड़े माहौल में किसी तरह का विकास नहीं किया जा सकता। संकीर्ण सोच के लोग बहुत हद तक कुटिल व हिंसक होते हैं।" (जवाहरलाल नेहरू, एन ऑटोबायोग्राफी, पृ. 516)

**महत्त्वपूर्ण कदम**

- प्रधानमंत्रित्व काल में संविधान में 16वें संशोधन के जरिये देश की सम्प्रभुता, अखंडता के हित में मूल अधिकारों पर कुछ पाबन्दियाँ लगाई गईं। तीसरी अनुसूची में परिवर्तन कर शपथ ग्रहण के तहत 'मैं भारत की स्वतंत्रता और अखंडता को बनाए रखूँगा' जोड़ा गया।
- भाषा के आधार पर राज्यों का पुनर्गठन
- देश के सिलसिलेवार और चतुर्दिक विकास के लिए पंचवर्षीय योजनाओं की शुरुआत

इतना ही नहीं, नेहरू ने आगे भी तीखी बात ही लिखी, "... यह अत्यावश्यक मालूम होता है कि परिवहन के आधुनिक संसाधन और आधुनिक विकास की यह यात्रा जारी रहे। इनसे विकास हुआ भी है। अब इन्हें स्वीकारने के अलावा कोई चारा नहीं है। अगर इन्हें छोड़ दिया गया तो जो भारी उद्योग आकार ले चुके हैं, वे गाँव के साधनविहीन वातावरण में कैसे फल-फूल सकेंगे?" नेहरू ने अपने संरक्षक को याद दिलाते हुए यह भी कहा, "आप जानते ही हैं, कांग्रेस ने इस (हिन्द स्वराज) की परिकल्पना पर कभी ज्यादा सोच-विचार नहीं किया, उसमें से बहुत थोड़ा अपनाया। आपने खुद इसके चन्द छोटे-मोटे पहलुओं के अलावा इसे व्यवहार में लाने की बात कभी नहीं की।" यहाँ गौर करने लायक बात यह है कि अपने सम्पूर्ण राजनीतिक जीवन में गांधी ने कांग्रेस पार्टी में कभी कोई औपचारिक पद ग्रहण नहीं किया।

अहिंसा गांधी के लिए अचूक व भेदक राजनीतिक अस्त्र था, ऐसा अस्त्र जिसे किसी भी तरह की परिस्थिति में काम में लाया जा सकता था। उनका मानना था कि "स्वतंत्रता व लोकतंत्र के हाथ मासूम रक्त में भीग जाने से

अपवित्र हो जाते हैं।" लेकिन उनका राजनीतिक उत्तराधिकारी इस बारे में भिन्न विचार रखता था। नेहरू लिखते हैं, "आधुनिक राजकीय व सामाजिक व्यवस्था के लिए हिंसा जीवनदायक रक्त का काम करती है। राज्य द्वारा आक्रामक औजार इख्तियार किए बिना कर-प्राप्ति नहीं हो पाएगी, जमींदार लगान नहीं चुकाएँगे तथा लोग सारी सम्पत्तियाँ खा जाएँगे।" (जवाहरलाल नेहरू, एन ऑटोबायोग्राफी, पृ. 540) नेहरू को गांधी से यह कहने में भी कोई हिचक नहीं हुई कि "लोकतंत्र आखिरकार बहुसंख्यकों द्वारा अल्पसंख्यकों का उत्पीड़न ही तो है।" यहाँ अल्पसंख्यकों व बहुसंख्यकों से आशय धार्मिक न होकर उनका संख्या बल है।

30 अप्रैल, 1936 को गांधी ने अगाथा हैरिसन को लिखा, "अलबत्ता जवाहरलाल का तरीका मेरा तरीका नहीं है। मैं भूमि आदि के बारे में उनकी अवधारणाओं को स्वीकार करता हूँ लेकिन व्यावहारिक रूप में उनका कोई उपाय मुझे स्वीकार्य नहीं है।" (जवाहरलाल नेहरू, ए बंच ऑफ ओल्ड लेटर्स) समाजवाद पर नेहरू के बल देने या कमजोर अर्थव्यवस्था को सुधारने की उनकी योजनाओं से भी गांधी सहमत नहीं थे। अपनी यह असहमति उन्होंने शायद ही कभी छुपाई। उन्होंने स्पष्ट शब्दों में लिखा, "मेरे विचार से उनकी योजना बेकार है। लेकिन उन्हें सन्तुष्ट ही नहीं किया जा सकता, जब तक कि कोई बात बड़ी न हो।"

नेहरू ने जब समाजवाद के प्रति अपनी आक्रामक सम्बद्धता प्रकट करते दो पत्र गांधी को लिखे तो प्रत्युत्तर में उन्होंने भी तीखा पत्र लिखा। उसमें गांधी ने लिखा, "तुम्हारे और मेरे बीच मतभेद बहुत गहरे और विस्तृत हो चुके हैं। लगता है अब हमारी सहमति किसी मामले पर भी नहीं बनने वाली। मैं तुम जैसे जाँबाज को खो देने का दुख छिपा नहीं सकता कि मैं एक दिलेर, पराक्रमी, अति विश्वसनीय, बेहद प्रतिभाशाली और बहुत ईमानदार, जैसे कि तुम सदा से हो; को खोने जा रहा हूँ, लेकिन एक महान कार्य के लिए जाँबाजों की कुर्बानी देनी पड़ती है।" (जवाहरलाल नेहरू, ए बंच ऑफ ओल्ड लेटर्स, पृ. 57)

**महत्त्वपूर्ण समझौता**

- पाकिस्तान के साथ सिन्धु जल समझौता (1960), जिसके तहत पूर्वी भाग की तीन नदियों—रावी, व्यास और सतलज पर भारत का अधिकार तथा इसके बदले पश्चिमी भाग की तीन नदियों सिन्धु, चेनाब और झेलम के जल का पकिस्तान तक प्रवाह सुनिश्चित हुआ।

इस प्रसंग से राजनीतिक वर्ग को सीखना चाहिए कि गांधी व नेहरू अपने मतभेदों को लेकर भी कैसे परस्पर विचार-विमर्श कर रहे थे। तेंदुलकर ने गांधी की वे बातें प्रस्तुत की हैं, जो उन्होंने नेहरू के बारे में कही थीं, "वे कहते हैं कि वे मेरी भाषा नहीं समझ पाते क्योंकि मैं विदेश की भाषा बोलता हूँ। यह सच भी हो सकता है और नहीं भी। लेकिन दिलों के मेल में भाषा की बाधा नहीं होती। और मैं यह जानता हूँ कि जब मैं चला जाऊँगा, वे मेरी भाषा बोलने लगेंगे।" (डी.जी. तेन्दुलकर, महात्मा, खंड vii, पृ. 43)

प्रधानमंत्री नरेन्द्र मोदी कई स्तरों पर, जैसे खुद का प्रस्तुतीकरण, विचारधारा व शैली में पंडित जवाहरलाल नेहरू से भिन्न हैं। शायद वे सायास खुद को अलग प्रस्तुत करते भी हैं। इसके बावजूद उन्होंने राजनीतिक मैदान में चुनाव प्रचार या समाज सेवा के कार्यों का अलख जगाने के लिए फिल्मी हस्तियों का उपयोग करके नेहरू की ही एक परम्परा को आगे बढ़ाया है।

सन् 1961 के प्रारम्भ की बात है, फिल्म 'गंगा जमना' तैयार हो चुकी थी। यह पहली फिल्म थी जिसके निर्माता प्रख्यात अभिनेता दिलीप कुमार थे। फिल्म की कहानी भी उन्होंने ही लिखी थी। सेंसर बोर्ड ने इस फिल्म में हिंसा व अश्लीलता का जिक्र करते हुए 250 जगह काट-छाँट के निर्देश दे दिए। उस समय नेहरू की कैबिनेट में डॉ. बालाकृष्णन विश्वनाथ केसकर सूचना व प्रसारण मंत्री थे। कहा जाता है कि 'गंगा जमना' को इस तरह रुकवाने के लिए वही जिम्मेदार थे। केसकर को हिन्दी सिनेमा व उससे जुड़ी कोई भी चीज कतई पसन्द नहीं थी। इसीलिए एक बार उन्होंने ऑल इंडिया

रेडियो पर हिन्दी फिल्मी गीत बजाना बन्द करा दिए। इसका फायदा रेडियो सिलोन को हुआ, जिसने हिन्दी फिल्मों के लोकप्रिय गीत प्रसारित कर-कर के वाणिज्यिक सफलता प्राप्त कर ली।

सेंसर बोर्ड की तानाशाही से तंग आकर दिलीप कुमार ने नेहरू से सम्पर्क करने की कोशिश की। इन्दिरा गांधी ने उनकी मदद की और मुलाकात तय हो गई। नेहरू की ओर से इस मुलाकात के लिए 15 मिनट का समय मिला था, मगर यह मुलाकात डेढ़ घंटे चली। नेहरू ने दिलीप कुमार की बात ध्यान से सुनी और 'गंगा जमना' को बिना काट-छाँट रिलीज किए जाने के निर्देश जारी कर दिए। इसके साथ ही केसकर को सूचना व प्रसारण मंत्रालय से हटा दिया गया।

दिलीप कुमार की जीवनी लिखने वाले बनी रयूबेन के मुताबिक दिलीप कुमार बताते थे कि उन्होंने नेहरू से कहा, "वे (सेंसर बोर्ड) तो चाहते थे कि शेक्सपियर के (मशहूर नाटक) हेमलेट से लिए गए अंश ही काट दिए जाएँ। स्थिति यह थी कि मीराबाई का भजन 'तेरे अंग से अंग लगाकर, हो गई मैं तो काली' तक पर भी वे कैंची चलाना चाहते थे। वे तो भगवान या तानाशाहों की तरह व्यवहार कर रहे थे और तुर्रा यह कि इस बाबत वे कोई बात सुनने तक को राजी नहीं थे, भले ही वह तर्कपूर्ण बात क्यों न हो...।"

दिलीप कुमार ने बाद में बकौल रयूबेन बताया कि "सेंसर बोर्ड फिल्म पर ध्यान केन्द्रित करने के बजाय, सीधे-सीधे सम्बन्धित व्यक्तियों से मामला तय करना चाहता था। इस पूरी नौकरशाही व्यवस्था में मैं खुद को बुरी तरह घिरा हुआ महसूस कर रहा था। मैं इस तथ्य से अनभिज्ञ नहीं था कि वहाँ के लोग खरीदे जा सकते हैं तथा यह मेरे लिए बहुत मुश्किल भी नहीं था कि कुछ सिक्के उनके मुँह पर मार दूँ और अपना काम निकाल लूँ। मगर मैं सिद्धान्तवादी इनसान हूँ, सो अपने सिद्धान्त पर अडिग रहा।"

स्थिति यह थी कि 'गंगा जमना' को सेंसर बोर्ड से पास कराने के संघर्ष में दिलीप कुमार को प्रधानमंत्री व वित्तमंत्री मोरारजी देसाई से मुलाकात का समय मिल गया, मगर केसकर ने उन्हें भेंट का समय नहीं दिया। दिलीप कुमार ने अपनी फिल्म के पक्ष में 130 पृष्ठों का एक विवरण तैयार किया, मगर सेंसर बोर्ड के सदस्यों ने उसे देखना तक उचित नहीं समझा। इतना ही नहीं, इस खींचतान में नौकरशाह ट्रेजेडी किंग के पीछे पड़ गए। परिणामस्वरूप मुम्बई स्थित उनके घर पर छापा मारा गया।

**महत्त्वपूर्ण कूटनीतिक पहल**

- भारत को किसी भी देश के दबाव में नहीं आने देने और विश्व में उसकी स्वतंत्र पहचान सुनिश्चित करने के मकसद से पंचशील का सिद्धान्त और गुटनिरपेक्षता की नीति प्रस्तुत की। पंचशील में राष्ट्रीय सम्प्रभुता बनाए रखने और दूसरे राष्ट्रों के मामलों में दखल न देने जेसे पाँच शान्ति सिद्धान्त शामिल थे। गुटनिरपेक्षता का मतलब यह था कि भारत किसी भी गुट की नीतियों का समर्थन नहीं करेगा।

आजादी के बाद से अपनी मृत्यु (1947 से 1964) तक नेहरू के राजनीतिक समझ रखने वाले फिल्मकारों व अभिनेताओं से मधुर सम्बन्ध रहे। इन हस्तियों में सोहराब मोदी, पृथ्वीराज कपूर, राजकपूर, महबूब खान, दिलीप कुमार, नरगिस दत्त व सामाजिक कार्यों से जुड़े अन्य कई फिल्मकार, अभिनेता शामिल थे।

ख्यात गायिका लता मंगेशकर भी नेहरू की फिल्मों में गहरी रुचि की साक्षी हैं। चीन के साथ युद्ध के दौरान भारतीय सेना के लिए फंड जुटाने में भारतीय फिल्म जगत अपना योगदान दे रहा था और जगह-जगह कार्यक्रम प्रस्तुत किए जा रहे थे। इन कलाकारों द्वारा दिल्ली में प्रस्तुत एक कार्यक्रम के दौरान लता ने जब 'ऐ मेरे वतन के लोगो...' गीत गाया तो उसको सुनकर नेहरू की आँखें भर आई थीं। नेहरू से उस समय हुई मुलाकात लता को

अच्छे से याद है। वे बताती हैं कि "दो गीत गाने के बाद मैं स्टेज के पीछे कॉफी पी रही थी। यह पता नहीं था कि मेरे एक गीत का कैसा यादगार असर हुआ है। अचानक महबूब खान साब मुझे पुकारते हुए आए और मेरा हाथ पकड़कर कहने लगे, 'चलो, पंडित जी ने बुलाया है।' मैं आश्चर्यचकित थी कि वे मुझसे क्यों मिलना चाहते हैं। जब मैं उनके सामने पहुँची तो पंडित जी सहित सारे लोग, उनकी बिटिया इन्दिरा जी, राधाकृष्णन जी मुझे बधाई देने के लिए उठकर खड़े हो गए। महबूब खान साब ने कहा, 'यह रही हमारी लता। आपको कैसा लगा इनका गाना?' पंडित जी बोले, "बहुत अच्छा। मेरी आँखों में पानी आ गया।"

अपने निकटस्थ सहयोगी कृष्णा मेनन को मुम्बई उत्तर की सीट से चुनाव जिताने के लिए नेहरू ने भी दिलीप कुमार की मदद ली थी। इस सीट से कृष्णा मेनन के सामने आचार्य जेबी कृपलानी चुनाव लड़ रहे थे। तब दिलीप कुमार ने मेनन के लिए कई चुनावी सभाओं को सम्बोधित किया और मेनन यह चुनाव आसानी से जीत गए।

आज के दौर में नरेन्द्र मोदी जल्द ही यह समझ गए कि आमजन तक कोई सन्देश पहुँचाने के लिए केवल राजनीतिक माध्यम काफी नहीं हैं। इसलिए प्रधानमंत्री बनने के बाद जब उन्होंने अपनी महत्त्वाकांक्षी योजना 'स्वच्छ भारत अभियान' प्रारम्भ की तो इसके प्रचार के लिए कई फिल्मी हस्तियों का सहयोग लिया। नतीजतन विभिन्न प्रचार माध्यमों पर कई फिल्मी सितारे मोदी मंत्र 'न गन्दगी करेंगे, न करने देंगे' का जाप करते नजर आए।

इस स्वच्छता अभियान में सहयोग के लिए मोदी ने फिल्म-जगत की नौ प्रमुख हस्तियों को आमंत्रण भेजा था और उनसे आग्रह किया था कि वे ऐसा ही आमंत्रण नौ और लोगों को भेजें। इन प्रमुख हस्तियों में कुछ अन्य के साथ प्रियंका चोपड़ा, सलमान खान, कमल हासन व आमिर खान के नाम शामिल थे। आमिर खान के सत्तारूढ़ भाजपा के साथ मधुर सम्बन्ध हैं, उन्होंने आगे बढ़कर कहा, "बहुत खुशी होगी अगर यह जिम्मेदारी मुझे

दी गई। मुझे विश्वास है कि यह देश के लिए एक बहुत बड़ा कदम है। स्वच्छता से हमारा स्वास्थ्य ठीक रहेगा। हमारे देश के लिए यह बहुत महत्त्वपूर्ण मुद्दा है। पिछले साल हमने यह मुद्दा उठाया भी था। इससे हमारे देश में बहुत कुछ अच्छा होगा। मैं इसके लिए जितना सम्भव होगा उतने लोगों से अपील करूँगा।"

**अनसुलझे मसले**

- कश्मीर
- भारत-चीन सम्बन्ध

धर्मनिरपेक्षता (सेक्युलरिज्म) में नेहरू का असीम विश्वास था और देश को धर्मनिरपेक्ष रखने में उनका महती योगदान है। 1948 के प्रारम्भ की बात है। नई दिल्ली में साम्प्रदायिक दंगा हो गया। नेहरू को खबर लगी तो वे बिना सुरक्षा व्यवस्था के दंगाइयों के बीच पहुँच गए और आपस में लड़ रहे लोगों को डाँट-डपटकर, चीख-चिल्लाकर शान्त करने लगे। फिर भीड़ ने उन्हें पहचान लिया और लोग वापस जाने लगे। दंगा खत्म हो गया।

नेहरू के लिए धर्मनिरपेक्षता का अर्थ धर्म को राजनीति से अलग रखना था। बाद के सालों में कांग्रेस के लिए धर्मनिरपेक्षता की परिभाषा कुछ अलग हो गई। तब समस्त धर्मों का समान रूप से आदर करना, समस्त धार्मिक अल्पसंख्यकों व उनके हितों की सुरक्षा करना तथा उनकी पहचान बनाए रखना धर्मनिरपेक्षता कहलाने लगा। सन् 1951 में महात्मा गांधी जयंती पर पार्टी के धर्मनिरपेक्ष विचारों की व्याख्या करते हुए दिल्ली के रामलीला मैदान में नेहरू ने कहा, "अगर कोई व्यक्ति धर्म के नाम पर किसी दूसरे व्यक्ति पर हाथ उठाता है, तो मैं अपनी आखिरी साँस तक उससे लड़ूँगा। चाहे हमारी सरकार हो या न हो।"

सन् 1955 की गर्मियों में भारत के प्रथम प्रधानमंत्री जवाहरलाल नेहरू को उनकी खुद की सरकार द्वारा भारतरत्न देने की घोषणा की गई। नेहरू उस

वक्त यानी 1955 की जून-जुलाई में यूरोप के दौरे पर थे और यूरोप के विभिन्न देशों में तैनात भारत के राजनयिकों को साल्जबर्ग में सम्बोधित कर रहे थे, ऑस्ट्रेलिया के चॉन्सलर जूलियस राब से वियना में भेंट कर रहे थे। देश का यह शीर्ष सम्मान जब उन्हें देने की घोषणा की गई, उस समय वे वियना में ही थे। "कला, साहित्य और विज्ञान के उत्थान तथा सार्वजनिक सेवाओं में उच्चतम प्रतिमान स्थापित करने वालों के लिए" स्थापित किए गए भारतरत्न सम्मान का यह द्वितीय वर्ष था। भारत के राष्ट्रपति द्वारा जारी अध्यादेश के तहत इसे कायम किया गया था। प्रथम भारतरत्न सम्मान, अपने स्थापित किए जाने के वर्ष 1954 में सी. राजगोपालाचारी, सी.वी. रमन और एस. राधाकृष्णन को प्रदान किया गया था।

तत्कालीन राष्ट्रपति राजेन्द्र प्रसाद के सम्बन्ध अपने प्रधानमंत्री जवाहरलाल नेहरू से ठीक नहीं थे। दोनों के बीच कई मुद्दों पर मतभेद थे। इसके बावजूद प्रसाद ने नेहरू को भारतरत्न प्रदान करने की पूर्ण जिम्मेदारी स्वीकार की। 15 जुलाई, 1955 को इस बाबत प्रसाद ने कहा, "चूँकि यह कदम मैंने स्व-विवेक से, अपने प्रधानमंत्री की अनुशंसा के बगैर व उनसे किसी सलाह के बिना उठाया है, इसलिए एक बार कहा जा सकता है कि यह निर्णय अवैधानिक है; लेकिन मैं जानता हूँ कि मेरे इस फैसले का स्वागत पूरे उत्साह से किया जाएगा..."

फलस्वरूप नेहरू को देश का यह शीर्ष सम्मान प्रदान किया गया। उनके साथ ही दार्शनिक भगवानदास व टेक्नोक्रेट एम. विश्वेसरैया को भी भारतरत्न से विभूषित किया गया था। कूटनीतिज्ञ से राजनीतिज्ञ बने शशि थरूर ने सन् 2003 में प्रकाशित हुई अपनी किताब 'नेहरू : द इन्वेंशन ऑफ इंडिया' में इस बाबत लिखा है, " 'एशिया का प्रकाश' अब औपचारिक रूप से 'भारतरत्न' था।"

7 सितम्बर, 1955 को विशेष रूप से निमंत्रित प्रतिष्ठित भद्रजनों के बीच एक गरिमामय समारोह में नेहरू को भारतरत्न से विभूषित किया गया।

राष्ट्रपति भवन में आयोजित इस सम्मान समारोह में तात्कालीन केन्द्रीय गृह सचिव ए.वी. पाई ने सम्मान पाने वाली विभूतियों के नाम उच्चारित किए, लेकिन नेहरू का प्रशस्ति-पत्र नहीं पढ़ा गया। प्रशस्तियों की आधिकारिक पुस्तिका में प्रधानमंत्री का महज नाम दर्ज है। उनके द्वारा की गई सेवाओं का वहाँ कोई जिक्र नहीं है। सामान्यतः यह उल्लेख परम्परागत रूप से उस पुस्तिका में किया जाता है। पुराने दौर के लोग कहते हैं कि देश व समाज के लिए नेहरू के अप्रतिम योगदान का चन्द पैराग्राफ में जिक्र करना कठिन होगा, इसलिए उसे छोड़ दिया गया।

एक प्रतिष्ठित अखबार में छपी इस कार्यक्रम की रिपोर्ट के मुताबिक नेहरू जब यह उपाधि प्राप्त करने मंच पर पहुँचे तो सभागार हर्षध्वनि से गूँज उठा। राष्ट्रपति ने उन्हें 'सनद' व मेडल से विभूषित किया। शशि थरूर ने इस मौके का उल्लेख अपनी पुस्तक में यूँ किया है—"इस समारोह में उन (नेहरू) का एक फोटो है। सफेद अचकन पर लगा हुआ सुर्ख गुलाब का फूल, लगभग किसी युवा जैसे छरहरे, खड़े-खड़े मुस्करा रहे हैं और राष्ट्रपति उनके सीने पर अलंकरण लगा रहे हैं। तब वे 66 वर्ष के थे मगर...राष्ट्रीय व अन्तरराष्ट्रीय मंचों पर एक महान व्यक्तित्व के रूप में स्थापित।"

दिसम्बर, 1971 में जवाहरलाल नेहरू की पुत्री इन्दिरा गांधी भी एक महान व्यक्तित्व के रूप में इसी तरह के समारोह की ओर बढ़ रही थीं। इसी साल के प्रारम्भ में उन्होंने लोकसभा चुनाव जीतकर केन्द्र की सत्ता प्राप्त की थी। फिर उन्होंने एक निर्णायक युद्ध में पाकिस्तान को हराकर बांग्लादेश के निर्माण का मार्ग प्रशस्त कर दिया। इसी उपलब्धि के लिए मार्च, 1972 में इन्दिरा गांधी को वर्ष 1971 का भारतरत्न देने की घोषणा की गई।

जैसा निर्णय सन् 1955 में तत्कालीन राष्ट्रपति ने लिया था, वही भूमिका इन्दिरा गांधी के समय राष्ट्रपति वी.वी. गिरि ने निभाई। उन्होंने इन्दिरा को भारतरत्न देने की पूरी जिम्मेदारी स्वयं स्वीकार की। बाद में नेहरू व इन्दिरा दोनों ने भी यह कर्ज उसी ढंग से चुकाया। सन् 1962 में डॉ. राजेन्द्र प्रसाद

जब राष्ट्रपति के पद से सेवानिवृत्त हुए, तब उन्हें भारतरत्न से विभूषित किया गया। इसी तरह बतौर राष्ट्रपति वी.वी. गिरि का कार्यकाल अगस्त, 1974 में पूर्ण हुआ और वर्ष 1975 में वे भारतरत्न हो गए।

हालिया बरसों में सूचना के अधिकार के तहत काम करने वाले उत्साही कार्यकर्ताओं द्वारा नेहरू, इन्दिरा, प्रसाद, गिरि सहित अन्य गणमान्य नागरिकों को भारतरत्न देने सम्बन्धी रिकॉर्ड की माँग की गई। तब प्रधानमंत्री कार्यालय तथा राष्ट्रपति भवन द्वारा उन्हें जानकारी दी गई कि इन महानुभावों के महती योगदान से सम्बन्धित जानकारियों व उनकी उपलब्धियों से सम्बन्धित कोई रिकॉर्ड मौजूद नहीं है।

स्वतंत्रता प्राप्ति के फौरन बाद नेहरू को कई गम्भीर मुद्दों पर त्वरित निर्णय लेने पड़े। इनमें से एक था इंडियन पॉलिटिकल इंटेलिजेंस ऑफिस (आई.पी.आई.ओ.) की स्थापना। यह आई.बी. यानी इंटेलिजेंस ब्यूरो का प्रथम रूप था। जैसा कि आई.पी.आई.ओ. के नाम से जाहिर है, इसका काम उस समय ऐसी राजनीतिक गतिविधियों पर नजर रखना था, जिन पर देश व सरकार विरोधी होने की आशंका थी। आई.बी. को आज दुनिया की प्राचीनतम गुप्तचर संस्था होने का गौरव प्राप्त है। हालाँकि यह सरकारों के हाथ की कठपुतली बन गई है तथा विपक्ष के नेताओं व सरकार के विरोध में आवाज बुलन्द करने वालों को भी डराने-धमकाने, उन्हें आतंकित करने के लिए तरह-तरह के हथकंडे अपनाती है।

अंग्रेजों द्वारा 1857 का विप्लव दबा दिया गया था। इसके करीब दो दशक बाद, 1885 में मेजर जनरल चार्ल्स मैकग्रेगॉर के निर्देश पर एक सरकारी गुप्तचर संस्था गठित की गई। उस समय इसका मुख्य उद्देश्य अफगानिस्तान में जारी रूसी सैन्य गतिविधियों की टोह लेना था। भारत में चल रही क्रान्तिकारी गतिविधियों की जानकारियाँ लेने के लिए इंग्लैंड में इंडियन पॉलिटिकल इंटेलिजेंस ऑफिस स्थापित किया गया। 1909 में स्थापित इस ऑफिस को 1921 में इंडियन पॉलीटिकल इंटेलिजेंस (आई.पी.आई.) के रूप में परिवर्तित कर दिया गया। इसका

संचालन अंग्रेजों की कुख्यात गुप्तचर एजेंसी स्कॉटलैंड यार्ड व एमआई 5 के सहयोग से इंडिया ऑफिस व तात्कालीन भारत सरकार द्वारा संयुक्त रूप से किया जाता था।

सन् 1947 में आजादी के तुरन्त बाद देश के सामने कई चुनौतियाँ खड़ी थीं। विभाजन और उसके बाद की भयावह परिस्थितियाँ, महात्मा गांधी की हत्या, हिन्दू चरमपन्थ का उदय, वामपन्थियों के उग्र क्रियाकलाप, जम्मू-कश्मीर के साथ उत्तर-पूर्वी राज्यों का संकट इत्यादि। इन सब पर नजर रखने के लिए आई.पी.आई. को इंटेलिजेंस ब्यूरो (आई.बी.) के रूप में परिवर्तित कर केन्द्रीय गृह मंत्रालय के अधीन कर दिया गया, जिसकी बागडोर उस समय सरदार वल्लभभाई पटेल के हाथों में थी।

उस समय के हालात को देखते हुए नेहरू आई.बी. के लिए एक योग्य, निपुण व विश्वसनीय नेतृत्वकर्ता की जरूरत महसूस कर रहे थे। यह जरूरत पूरी हुई भोलानाथ मलिक से, जो नेहरू काल के ज्यादातर समय आई.बी. प्रमुख रहे। 14 साल तक वे देश के प्रथम प्रधानमंत्री का दायाँ हाथ बनकर रहे। मलिक ने जुलाई, 1950 में बतौर आई.बी. प्रमुख टीजी संजीवी पिल्लई का स्थान ग्रहण किया था तथा अक्टूबर, 1964 तक वे इस पद पर बने रहे। पिल्लई आई.बी. में एक जूनियर अधिकारी की "बीवी के इश्क में गिरफ्तार हो गए थे," जिसका खमियाजा उन्हें भुगतना पड़ा।

नेहरू के साथ मलिक की निकटता पूरी तरह उनकी दक्षता व जिम्मेदारियों पर आधारित थी। यही चीज उन्हें अपने बाद आने वाले आई.बी. प्रमुख आरएन काव व वर्तमान राष्ट्रीय सुरक्षा सलाहकार अजीत डोभाल से श्रेष्ठ बनाती है। पूर्व प्रधानमंत्री इन्दिरा गांधी के शासनकाल में काव गांधी के निजी स्वार्थों को पूरा करने में लग गए, वहीं डोभाल मोदी की इच्छापूर्ति के साधन माने जा रहे हैं। स्वतंत्रता पूर्व के भारत में मलिक 20 साल से ज्यादा समय तक बिहार व उड़ीसा (अब ओडिशा) में सेवाएँ देते रहे, जहाँ उन्होंने देश के स्वतंत्रता संग्राम में महती योगदान दिया। सन् 1971 के बांग्लादेश मुक्ति संग्राम में अति महत्त्वपूर्ण व कारगर भूमिका निभाने वाले काव के

इन्दिरा गांधी से घनिष्ठ सम्बन्ध थे। सम्भव है दोनों का कश्मीरी होना भी इसका एक कारण हो, इसीलिए काव ने कुछ बार नियम-कानून से परे जाकर भी गांधी की सहायता की, जिसके लिए उनकी आलोचना की जाती रही है। इसके बावजूद गुप्तचर समुदाय में उन्हें दक्ष व जिम्मेदार गुप्तचर माना जाता है। वर्तमान राष्ट्रीय सुरक्षा सलाहकार डोभाल भी प्रधानमंत्री मोदी के निकटस्थ व विश्वसनीय माने जाते हैं। जानकारों के मुताबिक विवेकानन्द फाउंडेशन से जुड़ाव तथा भाजपा व संघ परिवार की विचारधारा से सम्बद्ध होने के चलते डोभाल को यह महती दायित्व दिया गया है।

देश को स्वतंत्रता मिलने के बाद स्वतंत्रता पूर्व की यह परम्परा खत्म करने के प्रयास किए गए कि आई.बी. में हिन्दू अधिकारियों को प्राथमिकता दी जाए। '80 के दशक के अन्त में आई.बी. और उसके बाद राष्ट्रीय सुरक्षा एजेंसी के प्रमुख रहे एमके नारायणन के अनुसार, वास्तव में मलिक व काव ने इस बाबत ब्रिटिश प्रशासकों द्वारा अपनाए गए उस अलिखित नियम को बदलने के सकारात्मक प्रयास किए, जिसके तहत ईसाइयों व मुसलमानों को गुप्तचर सेवाओं से दूर रखा जाता था। उनके प्रयासों का ही परिणाम था कि संयुक्त प्रगतिशील गठबन्धन सरकार के अन्तिम दौर यानी सन् 2013 में सैयद आसिफ इब्राहीम आई.बी. के पहले मुस्लिम प्रमुख बने।

सतर्कता व सुरक्षा मामलों में इन्दिरा गांधी को काव पर जबर्दस्त विश्वास था। काव की ज्यादातर सलाह ज्यों की त्यों मान ली जाती थी। अन्तरराष्ट्रीय मामलों के साथ ही गांधी कई बार घरेलू मामलों में भी काव पर निर्भर रहती थीं। इसीलिए यह आरोप भी लगाया जाता है कि काव व सिद्धार्थ शंकर रे उन लोगों में शामिल थे, जिन्होंने देश पर आपातकाल थोपने की सलाह दी थी।

गांधी काव की प्रतिभा से बखूबी परिचित थीं। वे तब से उन्हें जानती थीं, जब आई.बी. के डिप्टी डायरेक्टर की हैसियत से काव के जिम्मे प्रधानमंत्री नेहरू की सुरक्षा व्यवस्था थी। वे काव की बुद्धिमत्ता, तीक्ष्ण दृष्टि, सतर्कता तथा हर बात पर बारीकी से नजर रखने जैसे गुणों को करीब से देख चुकी थीं। काव कर्तव्यपरायण व्यक्ति थे, जिससे नेहरू को अक्सर यह शिकायत

रहती थी कि कड़ी सुरक्षा व्यवस्था उनके व आमजन के बीच दीवार बनी रहती है। गांधी काव की प्रखर मेधा, ईमानदारी व गम्भीरता की भी प्रशंसक थीं। इसीलिए वे उन्हें अनेक महत्त्वपूर्ण कार्य सौंपती रहीं।

सन् 1977 में जब मोरारजी देसाई के नेतृत्व में जनता पार्टी की सरकार बनी तो काव ने सेवानिवृत्ति ले ली। 1980 में चुनाव जीतकर इन्दिरा गांधी ने फिर से कांग्रेस की सरकार बना ली। तब काव एक बार फिर वरिष्ठ सलाहकार की हैसियत से सरकार की सेवा में ले लिए गए। 1980 से 1984 तक वे अरुण सिंह व कुछेक महत्त्वपूर्ण लोगों की मदद से पर्दे के पीछे रहकर कई महत्त्वपूर्ण काम निपटाते रहे। राजीव गांधी के सत्ता में आने तक यह सिलसिला चलता रहा।

काव के याद रखे जाने जैसे कार्यों में नेशनल सिक्योरिटी गाड्र्स की स्थापना भी शामिल है, जिसकी वजह से अपहरणकर्ताओं व आतंकवादी हमलों से सामना करना आसान हो गया। काव 1984 में चीन की यात्रा पर गए थे, जिसके बारे में कम लोगों को पता है। काव की इस यात्रा के बाद ही राजीव गांधी की सन् 1988 में चीन की ऐतिहासिक यात्रा सम्भव हो पाई थी।

1962 के भारत-चीन युद्ध के बाद सन् 1963 में नेहरू ने एक बड़ी गुप्तचर संस्था की स्थापना का निर्णय लिया। परिणामस्वरूप अन्तरराष्ट्रीय स्तर पर अति गोपनीय रूप से काम करने के लिए 'द एविएशन रिसर्च सेंटर' (ए.आर.सी.) बनाया गया। इसी के आधार पर बाद में 'रिसर्च एंड एनालेसिस विंग' यानी रॉ तैयार की गई, जो बाहरी देशों में काम करती है।

जनरल एस.के. सिन्हा (जिन्हें बाद में राज्यपाल भी बनाया गया) के मुताबिक मलिक आई.बी. के उत्कृष्ट निदेशक थे। घरेलू मामलों को समझने में उन्हें महारत थी। परन्तु सन् 1962 तक देश में ऐसा कोई संस्थान नहीं था, जो अन्य देशों के बारे में जानकारियाँ एकत्र करता हो। सो चीन व तिब्बत के बारे में भी देश को कोई खास जानकारी नहीं थी। इसका नतीजा यह हुआ कि तिब्बत में चीन द्वारा बना लिए गए फौजी हवाई अड्डे बनाए जाने की

बात से भारतीय सेना पूरी तरह अनजान रही। सिन्हा के अनुसार, मलिक का सेना से तालमेल भी नहीं था, साथ ही नेहरू से भी वे सीधी बातचीत नहीं कर सके। इन सबका परिणाम देश को चीन से पराजय के रूप में देखना पड़ा।

इसे याद रखा जाना चाहिए कि 19वीं शताब्दी के अन्त तथा 20वीं शताब्दी के प्रारम्भ में इंग्लैंड व रूस दो महाशक्तियाँ थीं, जिनके बीच भारी रस्साकशी जारी थी। दोनों की नजरें उत्तरी व मध्य एशियाई देशों विशेषकर भारत पर थीं। ऐसे में आई.बी. की भूमिका खासतौर से कश्मीर में और महत्त्वपूर्ण हो गई थी, अंग्रेजों ने जिसका गठन भारतीयों की राजनीतिक गतिविधियों पर नजर रखने के लिए किया था।

इस बीच मलिक, नेहरू व नेताजी सुभाषचन्द्र बोस का आई.बी. से दिलचस्प नाता जुड़ गया। देश स्वतंत्र कराने के लिए बोस इटली, जर्मनी व जापान का सहयोग चाहते थे। ऐसे में स्वाभाविक ही वे गुप्तचर संस्थाओं के निशाने पर थे।

अंग्रेज सरकार ने बोस को घर में नजरबन्द कर रखा था। सन् 1941 में वे कलकत्ता स्थित अपने घर से फरार हो गए और अफगानिस्तान के रास्ते यूरोप पहुँच गए। इस बीच उन्होंने विभिन्न भेस बदले जैसे एक मुस्लिम बीमा एजेंट, एक गूँगा-बहरा पठान या ऑर्लेंडो मैज्जोटा नामक एक इतालवी यात्री। इतिहासकारों व विश्लेषणकर्ताओं के मुताबिक स्वतंत्रता के बाद, यहाँ तक कि सन् 1960 के प्रारम्भ तक भी ब्रिटिश गुप्तचर संस्थाओं का भारत की आई.बी. से गहन सम्पर्क था।

बोस और नेहरू के रिश्ते उलझे हुए थे। जहाँ वे एक-दूसरे के प्रशंसक थे, वहीं आपस में प्रतिद्वंद्वी भी थे। दोनों कांग्रेस के लोकप्रिय व सम्मोहक नेता थे। स्थानीय व राष्ट्रीय राजनीति के साथ ही अन्तरराष्ट्रीय मामलों पर भी दोनों गहरी नजर रखते थे। वे न केवल यूरोप व वहाँ की परिस्थितियों से भलीभाँति परिचित थे, बल्कि अन्तरराष्ट्रीय स्तर के अनेक नेताओं से उनके मधुर सम्बन्ध थे। प्रख्यात राजनीतिक विश्लेषक अशोक मलिक के

मुताबिक, नेहरू को महात्मा गांधी का समर्थन प्राप्त था। इस प्रकार वे अर्जुन हुए, जिनका चयन गुरु ने किया था। वहीं, भाग्य ने बोस का साथ नहीं दिया, नतीजतन वे कर्ण या एकलव्य के रूप में काम करते रहे।

बोस आमजन की भावनाएँ समझते थे और कांग्रेस के अन्य नेताओं की तुलना में अधिक लोकप्रिय थे। इसीलिए महात्मा गांधी द्वारा विरोध किए जाने के बावजूद वे कांग्रेस अध्यक्ष का चुनाव जीत गए थे। साथ ही वे समझ गए थे कि पार्टी के कर्णधार उनके विरोध में हैं और वे उनका समर्थन नहीं करेंगे। यह बात नेहरू पर भी लागू होती थी और सरदार वल्लभभाई पटेल पर भी। पटेल के साथ भी बोस के सम्बन्ध सामान्य नहीं थे। अलबत्ता यह हक़ीक़त है कि बोस और सरदार पटेल के भाई विट्ठल भाई पटेल गहरे दोस्त थे। विट्ठल भाई बंगाल में युवा नेताओं को प्रोत्साहित करने वाले व उनके संरक्षक माने जाते थे।

ये सारे तथ्य इतिहास में दर्ज हैं। इन सबकी व्याख्या की जा सकती है लेकिन एक-दूसरे से हुए विवादों की तुलना ठीक नहीं है। अशोक मलिक ने अपने एक लेख में लिखा है कि स्वतंत्र भारत की दो प्रमुख हस्तियों, जवाहरलाल नेहरू व इन्दिरा गांधी ने सोच-समझ कर आई.बी. का इस्तेमाल किया। उन्होंने न सिर्फ राष्ट्र विरोधियों व आमजन की सुरक्षा के लिए खतरा बनने वाले तत्त्वों की जासूसी कराई बल्कि अपने सामान्य राजनीतिक प्रतिद्वंद्वियों पर नजर रखने का काम भी इस एजेंसी से लिया। फिर हुआ यह कि नेताओं की जासूसी इस संस्था का मानो अलिखित कर्तव्य-सा बन गया। कांग्रेस के दौर में उच्च स्तरीय पुलिस अधिकारियों का बायो-डाटा उनकी उन गुप्त सेवाओं से मजबूत होता था, जो वे प्रधानमंत्री के लिए उनके राजनीतिक प्रतिद्वंद्वियों की कमजोर कड़ियों को जुटाने में दिया करते थे।

देश के विकास को लेकर पंडित जवाहलाल नेहरू का दृष्टिकोण बिलकुल स्पष्ट था। वे समाजवाद की अवधारणा के साथ चल रहे थे, जिसे उन्होंने

छुपाने की कोई कोशिश नहीं की। समाजवाद का उस समय दुनिया में डंका बज रहा था। वे चाहते थे कि शासन-तंत्र में वैज्ञानिक सोच के साथ सामूहिक चेतना का भी समावेश रहे ताकि एक समतावादी आधुनिक भारत का निर्माण किया जा सके। उनका यह भी विचार था कि भारतीय परम्पराओं की कीमत पर आधुनिकता अंगीकार नहीं की जाएगी। इस प्रकार वे आर्थिक उन्नति के लिए सन्तुलित औद्योगीकरण के साथ समतावाद, सामूहिक विकास और धर्मनिरपेक्षता को आवश्यक तत्त्व मानकर चल रहे थे।

देश विभाजन के साथ अनगिनत जानों की कुर्बानी देकर भारत को आजादी हासिल हुई थी। इससे भारतवासी सामाजिक व आर्थिक रूप से बुरी तरह टूट गए थे। आजादी के बाद भारतीय अर्थव्यवस्था 2.7 लाख करोड़ रुपए की थी तथा उस समय विदेशी मुद्रा भंडार 2 अरब डॉलर का था। नए पड़ोसी पाकिस्तान की दशा तो इससे भी ज्यादा खराब थी। वह अपनी सम्प्रभुता ही बरकरार नहीं रख सका और सन् 1971 में भारत की सहायता से बांग्लादेश का जन्म हुआ। नेहरू व उनके बाद आने वाले प्रधानमंत्रियों द्वारा अपनाई गई नीतियों पर इन परिस्थितियों का बड़ा प्रभाव पड़ा।

स्वतंत्रता प्राप्ति के बाद नेहरू ने अपना जो मंत्रिमंडल बनाया उसमें भारतीय राष्ट्रीय कांग्रेस के साथ विपक्ष जैसे समाजवादी नेताओं व जनसंघ को भी शामिल किया। जवाहरलाल नेहरू ने अपने नेतृत्व में गठित किए गए स्वतंत्र भारत के इस प्रथम मंत्रिमंडल में डॉ. भीमराव आम्बेडकर व श्यामा प्रसाद मुखर्जी जैसे अपने कटु आलोचकों को भी रखा था। इस मंत्रिमंडल में सरदार वल्लभभाई पटेल को शामिल करने के लिए नेहरू व पटेल के बीच जो पत्र-व्यवहार हुआ, वह सब कुछ कह देता है। 1 अगस्त, 1947 को नेहरू ने पटेल को लिखा, "चूँकि औपचारिकताओं का दौर चल रहा है, सो मैं आपको नए मंत्रिमंडल में सम्मिलित होने के लिए आमंत्रित कर रहा हूँ। ऐसा लिखना भी कहीं-न-कहीं अनावश्यक ही है, क्योंकि आप मंत्रिमंडल के आधारस्तम्भ हैं।" इस पर सरदार

पटेल ने 3 अगस्त को जो उत्तर दिया, वह पूरे का पूरा यहाँ प्रस्तुत करने लायक है। पटेल ने लिखा, "एक-दूसरे के प्रति हमारे जुड़ाव व लगाव तथा लगभग 30 साल की अविरल सहयात्रा में किसी औपचारिकता की कोई गुंजाइश नहीं है। मेरी सेवाएँ आजीवन आपके लिए पूर्ण रूप से प्रस्तुत हैं और आप मेरी निष्ठा व समर्पण में कभी कोई कमी नहीं पाएँगे क्योंकि देश में कोई व्यक्ति ऐसा नहीं है, जिसने आपके समान त्याग व बलिदान किया हो। आपकी और मेरी सहभागिता अटूट है और यही हमारी मजबूती भी है।" जवाहरलाल नेहरू द्वारा गठित मंत्रिमंडल एक अद्‌भुत प्रयोग था, जिसे बाद का कोई प्रधानमंत्री दोहराने की हिम्मत नहीं कर सका।

अंग्रेजों ने अपने शासनकाल में भारत के ग्रामीण उद्योग-धन्धों को बिलकुल बर्बाद करके रख दिया था, जो भारतीय अर्थव्यवस्था का आधार थे। उन्होंने जहाँ कहीं भी उद्योग-धन्धे विकसित किए, उनका मकसद इससे होने वाला पूरा-पूरा लाभ इंग्लैंड को पहुँचाना था। ऐसी परिस्थितियों में स्वतंत्रता प्राप्ति के बाद निश्चित ही देश को ऐसी आर्थिक गतिविधियों की जरूरत थी, जो इस ध्वस्त हो चुकी अर्थव्यवस्था को पटरी पर ला सके। इसका सीधा रास्ता औद्योगीकरण था, जिस पर नेहरू ने समुचित ध्यान दिया।

## बॉम्बे प्लान

यह देश के आठ उद्योगपतियों व टेक्नोक्रेटों द्वारा द्वितीय विश्वयुद्ध के दौरान तैयार किया गया प्रस्ताव था। 1944 में प्रकाशित इस दस्तावेज में स्वतंत्रता प्राप्ति के बाद देश के आर्थिक विकास में राज्य के हस्तक्षेप का प्रस्ताव दिया गया था। 'ए ब्रीफ मेमोरंडम आउटलाइनिंग ए प्लान ऑफ इकोनॉमिक डेवलपमेंट फॉर इंडिया' नामक इस प्लान पर इन आठ महत्त्वपूर्ण लोगों के हस्ताक्षर थे। ये लोग थे, जेआरडी टाटा, घनश्यामदास बिड़ला, आर्देशिर दलाल, लाला श्रीराम, कस्तूर भाई लाल भाई, आर्देशिर दाराबशॉ श्रॉफ, सर पुरुषोत्तमदास ठाकुरदास और जॉन मथाई।

पुरुषोत्तमदास ठाकुरदास के सम्पादन में जब इस प्लान का दूसरा भाग सन् 1945 में प्रकाशित हुआ तो जनवरी, 1944 में प्रकाशित प्लान अपने आप प्रथम भाग हो गया। 'द फेडरेशन ऑफ इंडियन चैंबर्स ऑफ कॉमर्स एंड इंडस्ट्री' (फिक्की) के सन् 1945 में आयोजित वार्षिक समारोह में इस योजना का समर्थन किया गया।

औपचारिक रूप से इस योजना को स्वीकार करने में नेहरू हिचक रहे थे, जिसमें राज्य व पब्लिक सेक्टर द्वारा संचालित की जाने वाली मिश्रित अर्थव्यवस्था की बात की गई थी। इस प्लान को लेकर वे अन्त तक संशय में रहे। हालाँकि उनकी आर्थिक नीतियों में इस प्लान की झलक स्पष्ट दिखाई पड़ती है और सत्य यही है कि स्वतंत्र भारत की विकास आधारित अर्थव्यवस्था के निर्धारण में 'बॉम्बे प्लान' पहला कदम था।

## भारत के आर्थिक ढाँचे का निर्माण

आधुनिक भारत के आर्थिक इतिहास में देश की स्वतंत्रता का महत्त्वपूर्ण स्थान है। सदियों तक अंग्रेजों द्वारा भारतीयों के शोषण व देश के संसाधनों की लूटमार ने भारत को अभावग्रस्त देश बना दिया था। नेहरू और स्वतंत्र भारत की आधारशिला रखने वाले अन्य नेतागण इसे भलीभाँति समझ रहे थे कि देश की अर्थव्यवस्था को यदि बाजार आधारित बनाया गया, तो यह आमजन के लिए भारी नुकसानदायक सिद्ध होगा। साथ ही इससे साझा विकास व संयुक्त प्रगति जैसे स्वतंत्रता संग्राम के आदर्शों को भी गहरा धक्का पहुँचेगा।

सन् 1947 में भारत की दयनीय स्थिति का अन्दाजा मानव विकास सूचकांक से लगाया जा सकता है। जैसे, तब देश की साक्षरता दर 12 प्रतिशत थी, जो सन् 2020 में 74.37 हो गई। देश के नागरिकों की औसत आयु तब 32 वर्ष थी, जो बढ़कर 2020 में 68.5 हो गई। ब्रिटिश शासकों ने भारत बल्कि भारतीय उप-महाद्वीप को बुरी तरह नुकसान

पहुँचाया। कैम्ब्रिज जैसे प्रतिष्ठित शिक्षण संस्थान के इतिहासकार ऑगस मैडिसन का शोध हमें बताता है कि सन् 1700 में वैश्विक अर्थव्यवस्था में भारत की भागीदारी यूरोप (23.3 प्रतिशत) के बराबर यानी 22.6 प्रतिशत थी। लेकिन सन् 1952 में यह घटकर मात्र 3.8 प्रतिशत रह गई थी। इससे सहज ही अन्दाजा लगाया जा सकता है कि नेहरू को कितना कमजोर भारत मिला था।

ऐसी परिस्थितियों में देश के लिए मिश्रित अर्थव्यवस्था का रास्ता चुना गया। सार्वजनिक क्षेत्र के उपक्रमों के रूप में सरकारी उद्यमों की नींव रखी गई। साथ ही निजी व्यापार को भी प्रश्रय व प्रोत्साहन दिया गया। इस औद्योगिक नीति का प्रस्ताव (1948) 'बॉम्बे प्लान' से प्रेरित था।

यह जानना दिलचस्प होगा कि स्वतंत्र भारत के प्रथम वित्तमंत्री आर.के. षणमुखम चेट्टी का सम्बन्ध कांग्रेस पार्टी से नहीं था। नेहरू की इच्छा के विरुद्ध राष्ट्रपिता महात्मा गांधी ने उन्हें देश का प्रथम वित्तमंत्री चुना। 26 नवम्बर, 1947 को संसद में देश का पहला बजट प्रस्तुत करते हुए चेट्टी ने आर्थिक संघवाद की पुरजोर वकालत की। चेट्टी सन् 1944 में ब्रेटन वुड्स में हुए विश्व आर्थिक सम्मेलन में भारत के प्रतिनिधि थे। इस प्रतिभाशाली अर्थशास्त्री की विशेषता यह थी कि वह देश के नेतृत्वकर्ताओं की अपेक्षाओं के अनुरूप बजट ढालने में माहिर था।

मिश्रित अर्थव्यवस्था तथा आर्थिक संघवाद जैसे बड़े आर्थिक निर्णय लेने के बाद नेहरू सरकार ने सन् 1950 में योजना आयोग की स्थापना की। इस आयोग को विशेष रूप से संसाधनों के विनियोजन, पंचवर्षीय योजनाओं के मूल्यांकन तथा योजनाओं के क्रियान्वयन जैसी जिम्मेदारियाँ सौंपी गई थीं। पंचवर्षीय योजनाओं को भारतीय अर्थव्यवस्था पर नेहरू की सशक्त छाप के रूप में देखा जा सकता है। इन योजनाओं के माध्यम से सोवियत रूस की तर्ज पर आर्थिक व सामाजिक विकास का केन्द्रीयकरण कर दिया गया था।

1951 से भारत की पहली पंचवर्षीय योजना लागू की गई, जो सफल रही। तब आर्थिक वृद्धि दर का लक्ष्य 2.1 प्रतिशत निर्धारित किया था, जबकि भारत ने 3.6 प्रतिशत वृद्धि दर हासिल की। देश की यह पहली पंचवर्षीय योजना कृषि व सिंचाई में बेहतरी पर आधारित थी। दूसरी पंचवर्षीय योजना (1956-61) आर्थिक आधुनिकीकरण तथा भारी उद्योगों की स्थापना पर आधारित थी। प्रशान्तचन्द्र महलनवीस इसके प्रमुख शिल्पकार थे। वे 1955 से योजना आयोग के सलाहकार थे। 'इंडियन स्टेटिस्टिकल इंस्टीट्यूट' यानी आई.एस.आई. नामक मानक संस्थान की स्थापना में उनका महत्त्वपूर्ण योगदान था।

महलनवीस द्वारा प्रस्तुत द्वितीय पंचवर्षीय योजना का एक उद्देश्य स्वदेशी उद्योगों को प्रोत्साहन व आत्मनिर्भरता को बढ़ावा देना भी था। इसी योजना के दौरान सन् 1956 में देश की औद्योगिक नीति को दिशा मिलनी शुरू हुई, जिससे सार्वजनिक क्षेत्र के उपक्रम स्थापित हुए। इसके साथ ही लाइसेंस राज का मार्ग भी प्रशस्त होने लगा, जिसने बाद में देश को बुरी तरह जकड़ लिया। इसके दुष्प्रभावों से मुक्ति मिलना तब शुरू हुई जब सन् 1991 में देश मुक्त अर्थव्यवस्था की ओर बढ़ा।

इसी बीच सन् 1957 में जवाहरलाल नेहरू के दामाद फीरोज गांधी ने नौकरशाहों, स्टॉक मार्केट के सट्टेबाजों व छोटे व्यापारियों के बीच गठजोड़ का भांडा फोड़ दिया। स्वतंत्र भारत का यह पहला आर्थिक घोटाला था, जिसे मूँदड़ा घोटाला भी कहा जाता है। फीरोज गांधी ने संसद में इसका पर्दाफाश किया था। दरअसल फीरोज गांधी को इसके सबूत मिल गए थे कि 'लाइफ इंश्योरेंस कॉरपोशन' ने सरकार के दबाव में आ कर 1.24 करोड़ का बोगस स्टॉक प्रदर्शित कर दिया है। इसके लिए निर्धारित प्रक्रिया के अनुसार निवेश समिति से अनुमति भी नहीं ली गई थी। इसमें कलकत्ता के उद्योगपति 6 कंपनियों के मालिक हरिदास मूँदड़ा द्वारा बहुत कम समय में यह निवेश करना दिखाया गया था। घोटाला सामने आने के बाद तत्कालीन वित्तमंत्री टी.टी. कृष्णामाचारी को अपने पद से इस्तीफा देना पड़ा।

## भाखड़ा नांगल से भिलाई तक आधुनिक भारत के पूजास्थल

सार्वजनिक क्षेत्र के उद्योगों की स्थापना में नेहरू का विश्वास था। ऊर्जा व स्टील उत्पादन को वे भारतीय अर्थव्यवस्था को मजबूती देने वाले महत्त्वपूर्ण घटक के रूप में देखते थे। हिमाचल प्रदेश स्थित भाखड़ा में सतलज नदी पर बनाए जाने वाले बाँध के वृहद प्रोजेक्ट को उन्होंने आधुनिक भारत के नवीन पूजास्थल की संज्ञा दी। बड़े बाँधों की राजनीति से अलग हटकर भाखड़ा नांगल बाँध ऊर्जा उत्पादन के उस प्रोजेक्ट का हिस्सा थे। जिसके माध्यम से भारी विद्युत उत्पादन किया जाता है। इसी तरह उनकी दूसरी योजना 6 मिलियन टन स्टील उत्पादन की क्षमता वाले प्लांट स्थापित करने की थी। इसके तहत राउरकेला में जर्मनी से, भिलाई में रूस से तथा दुर्गापुर में ब्रिटेन से भारी कारखाने तैयार कराए गए। शिक्षा के क्षेत्र में इंडियन इंस्टीट्यूट ऑफ टेक्नोलॉजी (आई.आई.टी.), इंडियन इंस्टीट्यूट ऑफ मैनेजमेंट (आई.आई.एम.) तथा परमाणु ऊर्जा आयोग भी आधुनिक भारत के उनके सपने में 'आधुनिक मन्दिर' का स्थान ही रखते थे।

27 मई, 1964 को जवाहरलाल नेहरू चल बसे, लेकिन वे आधुनिक भारत के निर्माण की एक महती यात्रा का शुभारम्भ कर चुके थे।

# गुलजारीलाल नन्दा

जन्म : 4 जुलाई, 1898
निधन : 15 जनवरी, 1998

**कार्यकाल**

• **पहला** : 27 मई, 1964—9 जून, 1964 • **दूसरा** : 11 जनवरी, 1966—24 जनवरी, 1966

---

पूरी उम्र विभिन्न राजनीतिक मोर्चों पर डटे रहने वाले पूर्व प्रधानमंत्री गुलजारीलाल नन्दा भारतीय राजनीति का एक भुला दिया गया नाम हैं। अपनी सुदीर्घ राजनीतिक यात्रा में वे दो बार कार्यकारी प्रधानमंत्री बनाए गए। पहली बार सन् 1964 में देश के प्रथम प्रधानमंत्री जवाहरलाल नेहरू के निधन के बाद तथा दूसरी बार 1966 में प्रधानमंत्री लालबहादुर शास्त्री के निधन के बाद। संयोग से दोनों ही बार वे मात्र 13-13 दिन इस पद पर रहे, फिर देश को पूर्णकालिक प्रधानमंत्री मिल गए। दोनों ही बार वे देश के गृह मंत्री थे।

फिर एक हिंसक घटना के चलते उन्हें गृह मंत्री का पद छोड़ना पड़ा। 7 नवम्बर, 1966 को गो-रक्षकों, साधुओं व अन्य धार्मिक नेताओं ने संसद की ओर मार्च का आह्वान किया था। करनाल से भारतीय जनसंघ के सांसद स्वामी रामेश्वरानन्द के नेतृत्व में इस मार्च में शामिल लोग पार्लियामेंट स्ट्रीट पहुँचकर उग्र हो गए और सरकारी भवनों में तोड़-फोड़ करने लगे। इस स्थिति में पुलिस ने फायरिंग कर दी, जिसमें 8 साधुओं की मौत हो गई। इस घटना की देश में व्यापक निन्दा होने लगी। तब तत्कालीन प्रधानमंत्री इन्दिरा गांधी ने गृह मंत्री गुलजारीलाल नन्दा को पद से हटा दिया।

15 जनवरी, 1998 को 99 साल की उम्र में नन्दा का निधन हो गया। दूसरी व तीसरी नेहरू कैबिनेट के वे एकमात्र सदस्य बचे थे। 19वीं शताब्दी में जन्म लेने वाले उनके समकालीन सारे नेतागण भी तब तक दिवंगत हो चुके थे।

4 जुलाई, 1898 को गुलजारीलाल नन्दा का जन्म गुजरांवाला (अब पाकिस्तान में) के बडोकी गोसाईं कस्बे में हुआ था। स्नातकोत्तर डिग्री हासिल करने के बाद वे नेशनल कॉलेज, मुम्बई में पढ़ाने लगे। 1921 में उनकी भेंट महात्मा गांधी से हुई। गांधी के आग्रह पर नन्दा ने गुजरात में बसने का फैसला किया।

गांधी से प्रभावित होकर नन्दा असहयोग आन्दोलन में शामिल हो गए और ट्रेड यूनियनों यानी मजदूर आन्दोलनों के लिए काम करने लगे। 1922 में वे नेशनल टेक्सटाइल एसोसिएशन के सचिव बने और 'मजूर महाजन' नामक संस्था की स्थापना की। जैसा कि नाम से ही स्पष्ट है, 'मजूर महाजन' मजदूरों, मुख्य रूप से टेक्सटाइल मिल के कामगारों के लिए स्थापित की गई थी। सन् 1946 से 1948 तक वे हिन्दुस्तान मजदूर सेवा संघ के सचिव भी रहे।

सन् 1937 से 1939 तक नन्दा बॉम्बे गवर्नमेंट में श्रम व गृह निर्माण मंत्री रहे। मजदूर संघों के तईं अपनी दिलचस्पी के चलते उन्होंने मई, 1947 में इंडियन ट्रेड यूनियन कांग्रेस के आयोजन में महती भूमिका निभाई। बाद में उन्होंने भारत सेवक समाज व भारत साधु समाज जैसे संगठनों की भी स्थापना की। नन्दा की अमूल्य सेवाओं को देखते हुए पहले सन् 1950 फिर 1952 में उन्हें योजना आयोग का उपाध्यक्ष बनाया गया।

सन् 1952 से 1964 तक नन्दा, जवाहरलाल नेहरू की कैबिनेट में शामिल रहे। इस दौरान उनके पास कई अहम मंत्रालयों की जिम्मेदारी रही। 27 मई, 1964 को नेहरू का देहावसान हो गया और गुलजारीलाल नन्दा कार्यकारी प्रधानमंत्री बनाए गए। उस पद पर 11 जून को लालबहादुर शास्त्री के प्रधानमंत्री पद की शपथ लेने तक बने रहे।

तत्कालीन राजनीति में नन्दा का महत्त्व व उनके राजनीतिक कद का पता इससे चलता है कि शास्त्री के मंत्रिमंडल में वे गृह मंत्री बनाए गए थे। शास्त्री ने भी 11 जनवरी, 1966 को जब ताशकन्द में हमेशा के लिए आँखें मूँद लीं तो नन्दा एक बार फिर कार्यकारी प्रधानमंत्री बनाए गए। फिर इन्दिरा गांधी प्रधानमंत्री बनीं और देश की बागडोर उनके हाथों में आई। नन्दा को उन्होंने भी अपने मंत्रिमंडल में शामिल रखा था।

समय के साथ सियासत के बदलते रंगों से नन्दा खुश नहीं थे, सो सन् 1971 में जब इन्दिरा ने लोकसभा चुनाव में भारी बहुमत प्राप्त किया तो नन्दा ने यह कहते हुए राजनीति से संन्यास ले लिया कि उस दौर की राजनीति उन्हें रास नहीं आती। वे एक सिद्धान्तवादी इनसान थे और पूरा जीवन उन्होंने निःस्वार्थ सेवा की। राजनीति को अलविदा कहने के बाद नन्दा पूरी तरह समाज व धर्म की सेवा में लग गए। बाद के सालों में वे 'नवजीवन संघ' और 'मानव धर्म मिशन' के बैनर तले सेवा कार्य करते रहे। ये दोनों संगठन भी उन्होंने ही स्थापित किए थे।

सिद्धान्तवादी, ईमानदार व निःस्वार्थ भाव से सेवा कार्य करने वाले नन्दा ने अपना पूरा जीवन बेहद सादगी से गुजारा। परिस्थितियाँ यह बन गईं कि राजनीति से संन्यास के बाद उनके पास आजीविका का कोई साधन नहीं था। ऐसे में सम्मानपूर्वक जीने के लिए उन्हें कड़ा संघर्ष करना पड़ा। दिल्ली के कनॉट प्लेस बस स्टॉप पर उन्हें अक्सर सरकारी बस का इंतजार करते देखा जाता था। जहाँ से बस पकड़कर वे नई दिल्ली के फ्रेंड्स कॉलोनी स्थित अपने किराए के घर जाते थे। बेहद दुखद बात यह रही कि समय पर किराया अदा न कर पाने के चलते यह घर भी मकान मालिक ने उनसे खाली करा लिया था। इसके बाद बाकी जीवन वे अहमदाबाद में अपनी बेटी के पास जैसे-तैसे काटते रहे।

अजीब बात यह रही कि नन्दा के बाद फिर किसी को कार्यकारी प्रधानमंत्री नहीं बनाया गया। इन्दिरा गांधी की हत्या हुई तो अफवाहें उड़ने लगीं कि प्रणब मुखर्जी कार्यकारी प्रधानमंत्री बनाए जाएँगे। प्रणब उस समय

केन्द्रीय वित्तमंत्री थे और कांग्रेस में इन्दिरा के बाद उन्हीं का नम्बर माना जाता था। परन्तु प्रणब को कार्यकारी प्रधानमंत्री नहीं बनाया गया, बल्कि उनके राजनीतिक करियर पर इस अफवाह के खासे नकारात्मक प्रभाव पड़े।

31 अक्टूबर, 1984 को दिल्ली स्थित प्रधानमंत्री आवास में जिस दिन इन्दिरा गांधी की हत्या हुई, उस दिन उनके सुपुत्र व अखिल भारतीय कांग्रेस कमेटी के महासचिव राजीव गांधी तब बंगाल के दौरे पर थे। प्रणब मुखर्जी भी उस समय राजीव के साथ थे तथा दोनों एक ही वायुयान से दिल्ली पहुँचे थे।

कुछ लोगों का कहना है कि इन्दिरा की हत्या से प्रणब अत्यन्त दुखी थे। वायुयान के शौचालय में जाकर वे रोए और फिर यान की पिछली सीट पर ही बैठ गए, क्योंकि रोने की वजह से उनकी आँखें लाल हो रही थीं। लेकिन कांग्रेस में उनके विरोधियों ने यह बात चलाई कि यान में पीछे बैठकर वे राजीव के खिलाफ योजना बना रहे थे।

इस सम्बन्ध में एक बात यह भी कही जाती है कि राजीव गांधी ने जब 'कार्यकारी प्रधानमंत्री' के सन्दर्भ में 'सैद्धांतिक प्रश्न' उठाया तो प्रणब ने 'वरिष्ठता' पर जोर दिया। इसे बाद में प्रधानमंत्री पद के लिए उनकी इच्छा के रूप में प्रचारित किया गया।

31 दिसम्बर, 1984 को राजीव के नेतृत्व में एक नए मंत्रिमंडल ने शपथ ली। शपथ ग्रहण समारोह से पहले संसद भवन में कांग्रेस के नवनिर्वाचित सांसद आपस में मिल-जुल रहे थे। वहाँ मौजूद लोगों के मुताबिक राजीव के निकट होंठों पर मुस्कान सजाए खड़े प्रणब मुखर्जी खासे प्रफुल्लित नजर आ रहे थे। उनके निकट ही संसद में पहली बार पहुँचने वाले बॉलीवुड के तीन कलाकार अमिताभ बच्चन, वैजयंतीमाला बाली और सुनील दत्त भी मौजूद थे। इनके साथ खड़े प्रणब की मुस्कान देख किसी ने कहा, "उनका (प्रणब का) प्रदर्शन बहुत ही शानदार है। उन्हें बॉलीवुड में काम मिल सकता है।"

प्रणब कहते थे, उनसे कई बार पूछा गया कि क्या वे राजीव से ईर्ष्या करते थे? इसके जवाब में वे 'इंडिया टुडे' के सम्पादक अरुण पुरी को दिए

गए राजीव के साक्षात्कार का जिक्र करते थे। इस साक्षात्कार में राजीव ने स्वीकार किया था कि उन्हें बाद में आभास हुआ कि उनके (प्रणब मुखर्जी के) बारे में कही गई कई बातें गलत थीं।

खुद प्रणब को लगता था कि कांग्रेस के पुराने दिग्गजों जैसे कमलापति त्रिपाठी व बसंत दादा पाटिल से उनकी निकटता ने राजीव को नाराज कर दिया। "मैं उसी सवाल की तरफ लौटता हूँ कि उन्होंने मुझे अपने मंत्रिमंडल से क्यों बाहर किया तथा पार्टी से भी क्यों निकाल दिया। इसमें मैं यही कह सकता हूँ कि उन्होंने गलती की और मैंने भी। दरअसल वे दूसरों की बातों में आ गए और मेरे खिलाफ की जाने वाली बातों पर विश्वास करने लगे। मैंने अपने तनाव को अपनी सहन शक्ति पर हावी हो जाने दिया।"

प्रणब के अनुसार उन्हें राजीव की उनके तईं बढ़ती नाराजगी व उनके आसपास मौजूद लोगों पर उनकी निर्भरता से स्थिति भाँप लेनी चाहिए थी। "लेकिन जैसी कि मेरी प्रकृति है, मैं अपने कामों में व्यस्त रहा। मेरे कई काम, जिनमें कोई दुराव या ईर्ष्या नहीं थी, कोई दुर्भावना नहीं थी, उन्हें मेरे विरोधियों ने ऐसे प्रस्तुत किया मानो मैं राजीव गांधी के नेतृत्व को स्वीकार नहीं करता हूँ। उनका तिरस्कार करता हूँ। ऐसी स्थिति में छोटी-छोटी बातें भी विकराल समस्याओं का रूप लेने लगीं।"

स्थिति यह आ गई कि 26 अप्रैल, 1986 को प्रणब को पार्टी से बाहर कर दिया गया। प्रणब के अनुसार जब उन्हें पार्टी से निकाला गया तो किसी ने उन्हें सूचित करने तक का कष्ट नहीं किया। बाद में जब धुंध छँटी तो प्रणब वापस कांग्रेस के क्षत्रपों में शामिल हो पाए।

कई लोगों का मानना है कि सन् 2012 में प्रणब ने खुशी-खुशी राष्ट्रपति बनना इसलिए स्वीकार कर लिया कि वे दूसरे गुलजारीलाल नन्दा नहीं बनना चाहते थे।

# लालबहादुर शास्त्री

जन्म : 2 अक्टूबर, 1904

निधन : 11 जनवरी, 1966

**कार्यकाल**

- 9 जून, 1964—11 जनवरी, 1966

---

देश के पहले प्रधानमंत्री जवाहरलाल नेहरू के अवसान के बाद लालबहादुर शास्त्री उनके नैसर्गिक व आदर्श उत्तराधिकारी थे। एक स्कूल के गरीब शिक्षक के सुपुत्र व कम उम्र में ही अनाथ हो जाने वाले शास्त्री ने अभावों में जीवन गुजारा था। वे जानते थे कि गुरबत क्या होती है। इसीलिए उन्हें जनता की जरूरतों, उनके दुखों व कष्टों का पूरा भान था। शास्त्री अनवरत जूझने वाले स्वतंत्रता संग्राम सेनानी थे, जिन्होंने 9 साल अंग्रेजों की जेल में गुजारे। वे बेहद प्रतिभाशाली व्यक्ति थे, जिन्हें गुणों की खान भी कहा जा सकता है। उत्साह, उमंग व जोश से भरे, अपने लक्ष्य पर नजर रखने वाले, बेहद विनम्र, सभ्य व भले मानस व्यक्ति। शब्द चयन में सावधानी रखते हुए कम शब्दों के सहारे अपनी बात पूरी कह देने में वक्ता; साथ ही अपने निश्चय व कर्मों में अडिग। परिस्थितियों की भट्टी में तपे शास्त्री को घरेलू संस्कार के साथ पारम्परिक ज्ञान भी मिला था, जो बड़ा फलदायी सिद्ध हुआ। इन सबके अलावा वे हास-परिहास के शौकीन ऐसे सज्जन पुरुष थे, जिसकी सामान्य समझ बहुत विकसित थी।

नेहरू की मौत के 6 दिन बाद 2 जून, 1964 को जब यह करिश्माई व्यक्तित्व देश के सर्वोच्च लोकतांत्रिक पद, प्रधानमंत्री की कुर्सी को सुशोभित करने बैठा तब उसका कोई दुश्मन नहीं था, कहीं कोई विरोध नहीं था। कांग्रेस पार्टी ने उन्हें सर्वसम्मति से सदन में अपना नेता मनोनीत

किया और इस तरह लालबहादुर शास्त्री का भारत के दूसरे प्रधानमंत्री के रूप में सफर शुरू हुआ।

हालाँकि प्रधानमंत्री के रूप में शास्त्री का इस तरह पदार्पण इतना आसान भी नहीं था। वरिष्ठ पत्रकार कुलदीप नैयर के मुताबिक प्रधानमंत्री जवाहरलाल नेहरू के कार्यकाल के अन्तिम दिनों में शास्त्री को तिरस्कृत करना शुरू कर दिया गया था। कहा जाता है कि कई बार तो उन्हें नेहरू से मिलने के लिए भी इंतजार करना पड़ता था। सन् 1964 के प्रारम्भ में उन्होंने नैयर से कहा था, "अब मेरे लिए यहाँ कुछ नहीं बचा है। अगर मैं अब भी दिल्ली में रहता हूँ तो यह तय है कि पंडित जी के साथ मेरा टकराव शुरू हो जाएगा। इस तरह की कोई स्थिति आए, उससे पहले मैं राजनीति से संन्यास लेना पसन्द करूँगा।"

ऐसी परिस्थितियों के बीच कुछ लोगों ने शास्त्री से कहा कि नेहरू के व्यवहार में यह बदलाव उनकी बिटिया इन्दिरा गांधी के कारण आया है जो शास्त्री से बैर रखती थीं। शुरू में तो शास्त्री ने इन बातों पर ध्यान नहीं दिया, लेकिन बाद में गौर करने पर उन्हें अहसास हो गया कि यह बात सच थी। उन्हें इसका भी भान होने लगा कि उत्तराधिकारी के रूप में अब वे नेहरू की पहली पसन्द नहीं थे। इन्दिरा उन्हें जानबूझकर नजरअन्दाज करती थीं और महत्त्वपूर्ण फाइलें नेहरू के पास खुद ले जाती थीं। ऐसे में एक दिन नैयर ने शास्त्री से पूछा, "तुम्हें क्या लगता है, नेहरू अपने उत्तराधिकारी के रूप में किसे देख रहे हैं?" इस पर शास्त्री ने स्पष्ट कहा था, "उनके दिल में उनकी सुपुत्री है, लेकिन यह आसान नहीं होगा।" इस पर नैयर ने कहा, "लोग सोचते हैं, तुम नेहरू के इतने बड़े भक्त हो कि उनकी मौत के बाद तुम खुद ही इन्दिरा गांधी के नाम का प्रस्ताव रख दोगे।" इस पर शास्त्री का जवाब था, "अब मैं इतना बड़ा साधु भी नहीं हूँ जितना आप मुझे समझ रहे हैं। भारत का प्रधानमंत्री कौन नहीं बनना चाहता।"

प्रधानमंत्री के रूप में राष्ट्र के नाम अपने पहले सम्बोधन में शास्त्री ने कहा, "हर राष्ट्र के समक्ष ऐसा अवसर जरूर आता है, जब वह इतिहास के दोराहे

पर खड़ा होता है। यहाँ से उसे चुनना होता है कि किधर जाना है। लेकिन हमारे सामने कोई कठिनाई या भ्रम नहीं है। हमें इधर-उधर देखना ही नहीं है। हमारा पथ सीधा और स्पष्ट है—देश में एक समाजवादी लोकतंत्र को खड़ा करना और सबके लिए स्वतंत्रता के साथ सुख-समृद्धि लाना। इसके अलावा विश्व शान्ति के लिए कार्य करते हुए विश्व के समस्त देशों के साथ मित्रता कायम करना।"

शास्त्री 19 माह प्रधानमंत्री रहे और उनके इस कार्यकाल का ज्यादातर समय भारत-पाक के बीच मौजूद तनाव व दोनों देशों के आपसी रिश्तों को सामान्य करने के संघर्ष से जूझते गुजरा। यह कार्य शुरुआत से ही उनके लिए भारी साबित हुआ। हालाँकि उन्होंने यह घोषणा की थी कि "भारत-पाक साझा इतिहास व परम्पराओं से बँधे दो महान देश हैं। एक-दूसरे का मित्र होना दोनों की ही अनिवार्य आवश्यकता है। दोनों के बीच गहन आपसी सहयोग न सिर्फ दोनों के लिए बहुत फायदेमंद होगा बल्कि यह एशिया में शान्ति स्थापना व समृद्धि लाने में भी कारगर होगा। भारत-पाक बहुत दिनों

### मुख्य उपलब्धियाँ

- राष्ट्रीय डेयरी विकास बोर्ड के गठन और गुजरात कोऑपरेटिव मिल्क मार्केटिंग फेडरेशन, अमूल डेयरी को-ऑपरेशन को समर्थन के जरिए देश में दूध उत्पादन बढ़ाने के लिए 'श्वेत क्रान्ति' को बढ़ावा दिया।
- एक ओर पाकिस्तान के हमले का सामना करना पड़ा और दूसरी ओर खाद्यान्न की अभूतपूर्व कमी से रू-ब-रू होना पड़ा। तब 'जय जवान - जय किसान' का नारा दिया। यह नारा भारतीय सैनिकों का मनोबल बढ़ाने, खाद्यान्न उत्पादन के मामले में देश को आत्मनिर्भर बनाने और 'हरित क्रान्ति' की महत्वपूर्ण प्रेरणा बना।
- भारत-पाक युद्ध (1965) में युद्धविराम घोषित होने के बाद, दोनों देशों के बीच विवादों के शान्तिपूर्ण निपटारे के लिए 1966 में हुए ताशकन्द समझौते में महत्त्वपूर्ण भूमिका निभाई।

तक एक-दूसरे से द्वेष पाले बैठे रहे... अब हमें इस परिस्थिति को बदल देना है। इसके लिए कड़े संकल्प तथा भारत व पाक दोनों तरफ की सरकारों व लोगों में अच्छी समझ की आवश्यकता है।"

इसके बावजूद पाकिस्तान धोखा देता रहा। 1965 के प्रारम्भ में उसने कच्छ के इलाके पर दावा जताते हुए भारी शस्त्रों से लैस अपनी सेना सीमा पार करके भारत के क्षेत्र में भेज दी। तब शास्त्री ने भी हुंकार भरते हुए घोषणा की कि "जब तक जरूरत पड़ी, हम भले गरीबी में रह लेंगे, लेकिन अपनी स्वतंत्रता व अखंडता से समझौता नहीं करेंगे।"

युद्ध के चलते देश में खाद्यान्न की कमी हो गई। संयुक्त राज्य अमेरिका ने मौकापरस्ती का सबूत देते हुए भारत को खाद्यान्न का निर्यात रोकने की धमकी दे डाली। शास्त्री जानते थे कि खाद्यान्न के लिए भारत पूरी तरह अमेरिका पर निर्भर है, लेकिन वे इस धमकी के आगे नहीं झुके। उन्होंने वियतनाम के विरुद्ध अमेरिका के युद्ध को अतिक्रमण व मनमानी करार दिया। जाहिर है अमेरिका को उनका यह कथन पसन्द नहीं आया और उसने भारत को खाद्यान्न का निर्यात रोक दिया। इससे भारत की स्थिति अत्यन्त चिन्ताजनक हो गई, तब संयुक्त राष्ट्र को अमेरिका से अपील करनी पड़ी कि वह भारत के लिए खाद्यान्न का निर्यात फिर से शुरू कर दे।

उस समय की नाजुक परिस्थितियों के मद्देनजर शास्त्री ने देश के आमजन से आह्वान किया कि सप्ताह में एक दिन उपवास रखा जाए। इसके लिए उन्होंने अपना उदाहरण सामने रखा कि 'कल से शाम को एक सप्ताह तक मेरे घर में चूल्हा नहीं जलेगा।' उनके इस आग्रह का देश पर जबर्दस्त प्रभाव पड़ा। घर तो ठीक, कई रेस्त्राँ व होटलों ने भी कुछ दिनों तक शाम को अपने चूल्हे बन्द रखे।

इसी के साथ विदेशी आक्रमण का सामना करने के लिए शास्त्री ने देशवासियों से आर्थिक मदद की अपील की। इसके लिए उन्होंने राष्ट्रीय सुरक्षा निधि की स्थापना की। साथ ही भारत सरकार ने पूर्व राजे-महाराजों,

नवाबों से आग्रह किया कि वे भी इस फंड में सहायता दें। उन्होंने हैदराबाद के निजाम मीर उस्मान अली खान से सम्पर्क भी किया और निजाम हैदराबाद ने सकारात्मक प्रत्युत्तर देते हुए इस राष्ट्रीय सुरक्षा निधि में पाँच टन सोना दान किया। यह इतनी बड़ी धनराशि थी कि इसकी घोषणा मात्र से ही लोग भौचक्के रह गए। आज के समय में इस सोने का मूल्य दो हजार करोड़ रुपए के करीब होता है।

देश निर्माण व उसकी सुरक्षा में शास्त्री सैनिकों व किसानों का महत्त्व अच्छे से समझते थे, इसीलिए उन्होंने उस दौर में 'जय जवान जय किसान' का नारा दिया, जो आज भी फिजा में गूँजता रहता है।

संयुक्त राष्ट्र सुरक्षा परिषद में पारित एक प्रस्ताव के आधार पर पाकिस्तान के साथ जारी युद्ध 23 सितम्बर, 1965 को थम गया। जैसा कि लालबहादुर शास्त्री ने पहले भी कहा था कि दोनों देशों को सिर्फ युद्ध विराम के साथ ही नहीं रहना है, बल्कि उनके बीच स्थायी शान्ति व परस्पर सहयोग का भाव भी होना चाहिए। जिस दिन युद्ध विराम लागू हुआ, उस दिन राष्ट्र के नाम सम्बोधन में उन्होंने इस स्थायी शान्ति स्थापना की एक रूपरेखा भी प्रस्तुत की। तब उन्होंने कहा था, "दोनों देशों की सशस्त्र सेनाओं के बीच टकराव खत्म हो गया है। अब संयुक्त राष्ट्र संघ और वे तमाम शक्तियाँ, जो शान्ति स्थापना के लिए प्रयासरत हैं, उन्हें इस गहन पेचीदा हो चुकी समस्या का कोई स्थायी हल खोजना है...। यह शान्ति कैसे स्थापित की जा सकती है? हमारी दृष्टि में शान्तिपूर्ण सह-अस्तित्व इस समस्या का स्थायी हल है।"

युद्ध विराम के बाद भारत के प्रधानमंत्री तथा पाकिस्तान के राष्ट्रपति को सोवियत रूस ने दोनों देशों के बीच शान्ति स्थापना की वार्ता के लिए ताशकन्द में आमंत्रित किया। छह दिन की चर्चा के बाद पाकिस्तान के राष्ट्रपति ने भारत के इस दृष्टिकोण की सराहना की कि दोनों देशों द्वारा अपनी सेनाएँ वापस बुलाने से वातावरण बदलेगा तथा भारत-पाक के बीच मतभेदों को सुलझाने में आसानी होगी। तब ताशकन्द में एक करार किया गया, ऐसा करार जिसे उचित ही 'शान्ति की विजय' करार दिया गया।

सार्वजनिक जीवन में सत्यनिष्ठा, ईमानदारी को लेकर आमजन की सोच शास्त्री मंत्री बनने से पहले ही भाँप चुके थे। इसीलिए 1956 में जब एरियालुर (तमिलनाडु) के निकट रेल हादसे में 144 लोगों की मौत हो गई तो उन्होंने रेल मंत्री के पद से इस्तीफा दे दिया। तब प्रधानमंत्री नेहरू से उन्होंने कहा था, "मुझे इसके लिए प्रायश्चित्त करना चाहिए। कृपया मुझे छोड़ दीजिए।"

ऐसे अद्वितीय कदम का संसद व देश की जनता ने भाव-विभोर होकर स्वागत किया। खुद प्रधानमंत्री नेहरू ने शास्त्री की निष्ठा व उच्चतम आदर्शों की सराहना करते हुए कहा कि शास्त्री इस दुर्घटना के लिए किसी भी तरह जिम्मेदार नहीं हैं, लेकिन यह त्यागपत्र इसलिए स्वीकार किया जा रहा है कि वह सार्वजनिक जीवन में काम करने वालों के लिए उदाहरण बन जाए। यह राष्ट्र की सम्पत्ति के निगहबानों के लिए भी उदाहरण हो। इस लोमहर्षक रेल दुर्घटना पर संसद में चली लम्बी बहस का जवाब देते हुए लालबहादुर शास्त्री ने कहा कि "हो सकता है मेरे दुबले-पतले शरीर, छोटे कद व मुलायम भाषा के कारण लोगों को लगता हो कि मैं मजबूत नहीं हो सकता। हालाँकि भले मैं शारीरिक रूप से बहुत मजबूत न हूँ, लेकिन मुझे लगता है कि मैं आन्तरिक रूप से बहुत कमजोर नहीं हूँ।"

महात्मा गांधी के राजनीतिक दर्शन से शास्त्री बहुत प्रभावित थे। एक बार उन्होंने कहा, "कठिन परिश्रम प्रार्थना करने जैसा है।" उनकी पुत्री की मृत्यु, बेटे की बीमारी, गरीबी जैसी कोई भी चुनौती या परीक्षा उन्हें पूर्णतः समर्पित होकर चुने गए देशसेवा के पथ से विचलित नहीं कर सकी। यहाँ तक कि जब वे केन्द्रीय मंत्री व बाद में प्रधानमंत्री बन गए तब भी उनके मन में राजसी जीवन जीने व ठाट-बाट से रहने के प्रति आकर्षण नहीं पनप पाया।

बतौर केन्द्रीय परिवहन मंत्री उन्हीं की पहल पर भारत में महिलाओं को परिवहन के साधनों में बतौर कंडक्टर नियुक्त किया जाने लगा। विरोध प्रदर्शन करने वालों को तितर-बितर करने के लिए लाठी चार्ज करने के बदले पानी की धार फेंके जाने का विचार भी लालबहादुर शास्त्री का ही था। राष्ट्र व

आमजन के लिए की गई शास्त्री की सेवाओं को देखते हुए कहा जा सकता है कि देश ने भी उन्हें इसका भरपूर प्रतिफल दिया।

समस्याओं को सुलझाने के लिए वे शान्ति से उसके तमाम बिन्दुओं पर चिन्तन-मनन करते, सहयोगियों से विचार-विमर्श करते एवं आपसी सहमति से किसी नतीजे तक पहुँचते। वे सामान्य भाषा बोलते थे और बहुत सावधानी से शब्दों का चुनाव करते। उनके बातचीत में आडंबर नहीं होता था। उनमें लोगों को जोड़ने की अद्भुत क्षमता थी। वे अपनी ईमानदारी व उच्च नैतिक आदर्शों के लिए जाने जाते थे। सत्ता उनके लिए सुख-वैभव भोगने का साधन नहीं थी, बल्कि इस तरह की बातों को वे अहंकार का प्रतीक मानते थे।

व्यापार-व्यवसाय और उसकी 'सामाजिक जिम्मेदारी' को लेकर शास्त्री का नजरिया अलग व आधुनिक था। 1965 में एक भाषण देते हुए उन्होंने कहा कि "राष्ट्र निर्माण में व्यापारियों की भूमिका अर्थशास्त्रियों व राजनीतिज्ञों से भी महत्त्वपूर्ण है। व्यापारियों को अमूमन आमजन स्वार्थी मानते हैं...यह छवि तभी बदली जा सकती है, जब कोई भी व्यापार सामाजिक दायित्वों का निर्वहन करते हुए किया जाए।"

शास्त्री करुणा तथा समानता जैसे विचारों पर चलने वाले सही अर्थों में एक 'सेवाभावी नेता' थे। जीवन और नेतृत्व को लेकर उनके विचार तड़क-भड़क, शब्दों से खेलने या बात घुमाने के नहीं थे, बल्कि वे मानवता, ईमानदारी और सिद्धान्तों के प्रति निष्ठावान होकर काम करने वाले व्यक्ति थे। उनके कामकाज से यह सिद्ध होता है कि नेतागिरी हमेशा माथा देखकर तिलक काढ़ने वाली नहीं होती बल्कि अच्छे व सर्वगुण सम्पन्न लोग भी महान नेता हो सकते हैं।

धर्मनिरपेक्षता में उनका अटूट विश्वास था। राजनीति के साथ धर्म के घालमेल को उन्होंने स्पष्ट रूप से नकार दिया। पाकिस्तान के साथ युद्ध विराम के चन्द दिन बाद ही दिल्ली के रामलीला मैदान में एक जनसभा को सम्बोधित करते हुए उन्होंने बीबीसी की एक रिपोर्ट पर नाराजगी जताई। इस रिपोर्ट में दावा किया गया था कि एक हिन्दू होने के चलते शास्त्री ने

पाकिस्तान पर हमला किया। शास्त्री ने उस जनसभा को सम्बोधित करते हुए इस पर टिप्पणी की, "यहाँ मैं हिन्दू हूँ, इस जनसभा की अध्यक्षता कर रहे मीर मुश्ताक एक मुसलमान हैं। आपको सम्बोधित कर चुके मिस्टर फ्रैंक एंथोनी ईसाई हैं। इनके अलावा सिख व पारसी भी यहाँ मौजूद हैं। हमारे देश की विशिष्टता यही है कि यहाँ हिन्दू, मुस्लिम, ईसाई, सिख, पारसी और अन्य धर्मों के लोग रहते हैं। हमारे यहाँ मन्दिर व मस्जिदें हैं, गुरुद्वारे व चर्च हैं। लेकिन हम इनको राजनीति में नहीं लाते हैं। भारत और पाकिस्तान में यही अन्तर है। जहाँ पाकिस्तान ने खुद को इस्लामी देश घोषित कर रखा है और धर्म को एक राजनीतिक हथियार के रूप में इस्तेमाल करता है, वहीं हम भारतीयों को पूरी स्वतंत्रता है कि हम जिस धर्म का चाहें पालन करें, तथा उसके अनुसार अपनी पूजा, प्रार्थना करें। ऐसे में जहाँ तक राजनीति का प्रश्न है, हममें से हर एक पूरी तरह भारतीय है, जैसे दूसरे हैं।"

असल में शास्त्री एक भिन्न भारत में रहते थे; ऐसा भारत जो शायद उनके भीतर सदैव जीवित रहता था।

ताशकन्द (रूस) में पाकिस्तान के साथ शान्ति समझौते पर हस्ताक्षर करने के बाद रात में लालबहादुर शास्त्री को दिल का घातक दौरा पड़ा और उचित चिकित्सा सुविधा मिलने से पहले ही रात में उनकी मौत हो गई। विदेश में हुई इस असामयिक मौत पर रहस्य के बादल छाए रहे। उनके परिजनों द्वारा विभिन्न मौकों पर इस मौत की जाँच की माँग भी की जाती रही। जैसे शास्त्री की मौत के बरसों बाद उनके बेटे सुनील शास्त्री ने भारत सरकार से माँग की कि उनके पिता की रहस्यमयी मौत से पर्दा उठाया जाए। कांग्रेस छोड़कर भारतीय जनता पार्टी में शामिल हुए सुनील शास्त्री ने यह दावा भी किया कि उनकी माता ललिता शास्त्री ने भी आरोप लगाया था कि शास्त्री को जहर देकर मारा गया है।

कुलदीप नैयर उस दौरे में शास्त्री के साथ थे। अपनी किताब में उन्होंने उस रात ताशकन्द में घटी घटनाओं का जीवन्त चित्रण किया है :

"दरवाजा सतत खटखटाए जाने से मेरी आँख खुली। कॉरिडोर में खड़ी महिला ने मुझसे कहा, 'तुम्हारे प्रधानमंत्री मौत का सामना कर रहे हैं।' मैंने जल्दी से कपड़े बदले और एक भारतीय अधिकारी के साथ थोड़ी ही दूर स्थित रूस की देहाती शैली में बने उस आरामगाह की ओर चल पड़े, जिसमें शास्त्री आराम कर रहे थे। मैंने देखा कि (सोवियत संघ प्रमुख अलेक्सेई) कोसीगिन बरामदे में ही खड़े हैं। उन्होंने हमें देख दूर से ही हाथ हिलाकर जता दिया कि शास्त्री की मृत्यु हो चुकी है। बरामदे के पीछे डाइनिंग रूम था, जहाँ एक लम्बी-चौड़ी अंडाकार टेबल के चारों ओर बैठी डॉक्टरों की टीम शास्त्री के चिकित्सक आर.एन. चुघ से घटना की जानकारी ले रही थी।

"इसके पीछे ही शास्त्री का कमरा था। बेहद लम्बा-चौड़ा। एक विशाल पलंग पर शास्त्री का शरीर ड्राइंग बोर्ड पर किसी बिन्दु की तरह दिखाई पड़ रहा था। कारपेट वाले फर्श पर उनकी स्लीपर सलीके से वैसी ही रखी हुई थी, बिना पहनी। कमरे के एक कोने में स्थित ड्रेसिंग टेबल पर एक थर्मस उलटा पड़ा था। ऐसा लग रहा था कि शास्त्री ने उसे खोलने की कोशिश की थी। कमरे में कोई घंटी नहीं थी। शास्त्री को बचाने में नाकाम रहने को लेकर संसद में किए जा रहे हमलों का सामना करते समय, यह वह बिन्दु था, जिस पर सरकार ने झूठ का सहारा लिया था।

"ड्रेसिंग टेबल के निकट साफ-सुथरा तिरंगा तह किया हुआ रखा था। सरकारी फोटोग्राफर के साथ मिलकर मैंने उसे शास्त्री के शरीर पर डाल दिया। शास्त्री को श्रद्धांजलि स्वरूप फूल अर्पित किए और मैं शास्त्री के सहायकों से मिलने चल पड़ा। एक खुले बरामदे को पार करके थोड़े से फासले पर ही उन्हें ठहराया गया था। शास्त्री के निजी सचिव जगन्नाथ सहाय ने मुझे बताया कि आधी रात के करीब शास्त्री ने उनका दरवाजा खटखटाकर पानी माँगा था। दो स्टेनोग्राफर्स और जगन्नाथ ने सहारा देकर उन्हें वापस कमरे तक पहुँचाया। डॉ. चुघ के मुताबिक यही समय बहुत घातक था।

"शास्त्री की मौत की सूचना भेजकर मैं वापस उनके सहयोगियों के कमरे में पहुँचा, ताकि उनकी मृत्यु की परिस्थितियों पर विस्तार से बात हो

सके। इधर-उधर से जुटाई गई जानकारी से सामने आया कि स्वागत समारोह से शास्त्री लगभग रात 10 बजे अपनी विश्राम-स्थली पहुँचे। उन्होंने अपने निजी सहायक रामनाथ से खाना माँगा जो भारतीय राजदूत टी.एन. कौल के घर से तैयार होकर आया था। कौल के बावर्ची जान मुहम्मद द्वारा तैयार किए गए इस भोजन में सब्जी की एक डिश, आलू और एक करी वाली डिश थी। शास्त्री ने बहुत थोड़ा खाना खाया।

"सोते समय शास्त्री को दूध पीने की आदत थी सो रामनाथ ने उन्हें दूध दिया। दूध पीने के बाद भारतीय प्रधानमंत्री एक बार फिर बेचैनी से चहलकदमी करने लगे, फिर उन्होंने पानी माँगा। रामनाथ ने ड्रेसिंग टेबल पर रखे थर्मस फ्लास्क में से उन्हें पानी दिया। (रामनाथ ने मुझे बताया कि पानी देने के बाद उसने थर्मस फ्लास्क बन्द कर दिया था।) आधी रात से कुछ पहले शास्त्री ने रामनाथ से कहा कि वह भी जाकर सो जाए, क्योंकि सुबह जल्दी उठकर उन लोगों को काबुल के लिए रवाना होना था। रामनाथ ने कहा भी कि वह वहीं शास्त्री के कमरे में फर्श पर सो जाएगा, लेकिन शास्त्री ने उसे ऊपर अपने कमरे में सोने भेज दिया। शास्त्री के निजी सचिव अपने कमरे में सामान पैक कर रहे थे कि (ताशकन्द के समय के मुताबिक) रात के 1 बजकर 20 मिनट पर शास्त्री उनके दरवाजे पर आए। जगन्नाथ ने बताया कि वे बहुत तकलीफ में दिख रहे थे। मुश्किल से उन्होंने पूछा, 'डॉक्टर साहब किधर हैं?' इस बीच शास्त्री को भयंकर खाँसी आने लगी, जिससे उनका पूरा शरीर कँपकँपा रहा था। निजी सहायकों ने उन्हें थामा और जल्दी से ले जाकर बिस्तर पर लिटाया। जगन्नाथ ने उन्हें पानी दिया और दिलासा भी, 'बाबूजी, आप ठीक हो जाओगे।' इस पर शास्त्री ने अपने सीने की ओर इशारा किया और बेहोश हो गए। जगन्नाथ ने दिल्ली में ललिता शास्त्री को जब यह बात बताई तो वे बोलीं कि 'तुम बहुत भाग्यशाली हो जो अन्तिम समय में तुमने उन्हें पानी पिलाया।' "

नैयर जब ताशकन्द से भारत लौटे तो ललिता शास्त्री ने उनसे पूछा कि शास्त्री का शरीर नीला क्यों पड़ गया था? तब नैयर का जवाब यह था :

"मुझे बताया गया कि जब शव को सुरक्षित रखने के लिए रासायनिक पदार्थ लगाए जाते हैं, तो शरीर नीला पड़ जाता है। तब उन्होंने शास्त्री के शरीर पर लगे 'कट के निशानों' की बाबत पूछा। मुझे उनके बारे में कुछ पता नहीं था, क्योंकि मैंने शास्त्री का शरीर नहीं देखा था। इसके अलावा उनकी इस बात ने मुझे आश्चर्यचकित कर दिया कि न तो ताशकन्द में, न ही दिल्ली में शास्त्री के शव का पोस्टमार्टम किया गया। यह था तो असामान्य ही। इसीलिए उन्हें व शास्त्री के दीगर परिजनों को उनकी मृत्यु के मामले में विभिन्न तरह की शंकाएँ थीं। कुछ दिनों बाद मैंने सुना कि लालबहादुर शास्त्री के दो निजी सहायकों पर ललिता शास्त्री गुस्सा हो गईं। कारण यह था कि इन सहायकों ने उस कागज पर हस्ताक्षर करने से इनकार कर दिया, जिसमें आरोप लगाया गया था कि शास्त्री की मौत प्राकृतिक नहीं थी।"

नैयर ने अक्टूबर, 1970 के अन्त में इस बारे में मोरारजी देसाई से बात की थी। उन्होंने देसाई से पूछा कि क्या सच में वे इस बात पर विश्वास करते हैं कि शास्त्री की मौत प्राकृतिक नहीं थी? इस पर देसाई बोले, "यह सब राजनीति है। मुझे विश्वास है कि इसमें कोई गड़बड़ नहीं थी। उनकी मौत दिल का दौरा पड़ने से ही हुई। मैंने इस बाबत उनके डॉक्टर तथा उनके सचिव सी.पी. श्रीवास्तव से पूछताछ की थी जो ताशकन्द में उनके साथ थे।"

# इन्दिरा गांधी

जन्म : 19 नवम्बर, 1919

निधन : 31 अक्टूबर, 1984

### कार्यकाल

• **पहला** : 24 जनवरी, 1966—4 मार्च, 1967 • **दूसरा** : 4 मार्च, 1967—15 मार्च, 1971 • **तीसरा** : 15 मार्च, 1971—24 मार्च, 1977 • **चौथा** : 14 जनवरी, 1980—31 अक्टूबर, 1984

---

7 नवम्बर, 1966 की बात है। हजारों की तादाद में गो-रक्षक, साधु व अन्य धार्मिक नेता गो-रक्षा की माँग करते हुए संसद की ओर बढ़ रहे थे। करनाल से भारतीय जनसंघ के सांसद स्वामी रामेश्वरानन्द के नेतृत्व में यह भीड़ संसद भवन की ओर बढ़ने लगी। उस समय सुरक्षा बल की कमी थी, सो खतरा देख संसद भवन का मुख्य प्रवेश द्वार बन्द कर दिया गया। इससे भीड़ हिंसक हो गई और पार्लियामेंट स्ट्रीट पर मौजूद सरकारी भवनों में तोड़-फोड़ मचाने लगी। स्थिति बिगड़ती देख पुलिस ने गोली चला दी, जिससे आठ साधुओं की मौत हो गई। इस फायरिंग की देशभर में व्यापक निंदा होने लगी। तब तत्कालीन प्रधानमंत्री इन्दिरा गांधी ने गृह मंत्री गुलजारीलाल नन्दा को पद से हटा दिया।

बतौर प्रधानमंत्री इन्दिरा गांधी का यह पहला साल था और उनके सामने कई चुनौतियाँ थीं। उनकी मित्र मेरी सेटॉन के मुताबिक 1962 में चीन से युद्ध हारने के दुख में तत्कालीन प्रधानमंत्री व इन्दिरा के पिता जवाहरलाल नेहरू का देहान्त हो चुका था। वर्तमान में जैसा माना जाता है कि इन्दिरा को प्रधानमंत्री बनाने के लिए उन्होंने बाकायदा प्रशिक्षित किया था, उसके विपरीत तब देश के नए प्रधानमंत्री की तलाश जारी थी। इन्दिरा तो इंग्लैंड में शिक्षा ग्रहण कर रहे अपने बेटे राजीव व संजय गांधी के पास रहने के

लिए जाने की योजना बना रही थीं। नेहरू की असामयिक मौत से मात्र 19 दिन पहले उन्होंने अपनी मित्र डोरोथी नॉर्मन को पत्र लिखकर अपनी योजना बताई थी कि 'वे कम-से-कम एक साल के लिए भारत से बाहर रहना चाहती हैं, और वहाँ की मुद्रा प्राप्त करने के लिए किसी काम की तलाश में हैं।'

नेहरू ने खुद उनकी परवरिश अपने राजनीतिक उत्तराधिकारी के रूप में नहीं की थी। इन्दिरा ने जब संसदीय सीटों के लिए चुनाव लड़ने से इनकार किया तो नेहरू ने उनका समर्थन किया तथा उनके भविष्य के लिए कोई खास योजना नहीं बनाई। फरवरी, 1959 में इन्दिरा गांधी को अखिल भारतीय कांग्रेस कमेटी का अध्यक्ष बनाया गया तो नेहरू विरोधियों ने इसे बेटी के लिए प्रधानमंत्री पद की राह आसान करना ठहराया। हालाँकि कांग्रेस के ही एक बड़े वर्ग का मानना था कि इन्दिरा ने अपने गुणों के आधार पर यह पद पाया था।

इन्दिरा गांधी पार्टी अध्यक्ष का पद पाने वाली चौथी महिला थीं और अध्यक्ष बनते ही उन्होंने अपनी दृढ़ इच्छाशक्ति जाहिर कर दी। केरल में मार्क्सवादी ई.एम.एस. नम्बूदरीपाद की सरकार ने भूमि सुधार लागू किए थे। राज्य सरकार ने एजुकेशनल बिल पारित करा लिया था, ताकि प्राइवेट स्कूलों को नियंत्रित किया जा सके। इससे समाज का प्रभावशाली वर्ग भड़क गया और उसने नम्बूदरीपाद सरकार को उखाड़ फेंकने का अभियान चला दिया। इन्दिरा ने मौके का फायदा उठाया और नम्बूदरीपाद सरकार बदल दी गई। भाषाई मामले पर तनाव बढ़ते देख उन्होंने महाराष्ट्र व गुजरात को अलग करने की सिफ़ारिश भी की।

फरवरी, 1960 में उनका अध्यक्षीय कार्यकाल पूरा हो गया। कांग्रेस कार्य समिति ने उनसे दोबारा इस पद पर बने रहने का आग्रह किया, लेकिन इन्दिरा ने विनम्रतापूर्वक उसे अस्वीकार करते हुए वरिष्ठ नेता के. कामराज को आगे कर दिया। अलबत्ता खुद को पीछे रखते हुए वे अपने पिता व देश के प्रधानमंत्री जवाहरलाल नेहरू की छाया बनी रहीं तथा द्वेष रखने वालों

से उनका बचाव करती रहीं। साथ ही उन्होंने इसका भी ध्यान रखा कि ये राजनीतिक गतिविधियाँ उनके सामाजिक कार्यों तथा अपनी संतानों की परवरिश में रुकावट न बनें।

**मुख्य उपलब्धियाँ**

- हरित क्रान्ति
- 14 बैंकों का राष्ट्रीयकरण
- प्रिवीपर्स की समाप्ति
- स्वतंत्रता सैनिक सम्मान पेंशन योजना
- सिक्किम का भारत में विलय
- पोखरन में पहला परमाणु परीक्षण
- पहली बार किसी भारतीय ने अन्तरिक्ष यात्रा की। अन्तरिक्ष यात्री राकेश शर्मा को सोयूज टी-11 में लॉन्च किया।
- जवाहरलाल नेहरू विश्वविद्यालय, दिल्ली की स्थापना

मगर नियति कुछ और खेल खेल रही थी। 27 मई, 1964 को नेहरू का निधन हो गया, जिसके कुछ घंटों बाद ही सिंडिकेट कहलाने वाले कांग्रेस के वरिष्ठ नेताओं ने लालबहादुर शास्त्री को देश का नया प्रधानमंत्री चुन लिया। राजनीतिज्ञों के राजनीतिज्ञ के. कामराज ने कट्टरपन्थी मोरारजी देसाई की जगह शास्त्री को प्राथमिकता दी।

इन्दिरा गांधी की निकटतम मित्र व सलाहकार पुपुल जयकर के अनुसार प्रधानमंत्री पद की शपथ लेने से पहले शास्त्री ने इन्दिरा को बुलाकर प्रधानमंत्री पद की पेशकश की थी। जयकर ने लिखा है कि 'इन्दिरा गांधी ने इसे अस्वीकार कर दिया।' क्योंकि 'वे महसूस करती थीं कि अगर अभी से प्रधानमंत्री बन गई तो बर्बाद होकर रह जाऊँगी।' फिर शास्त्री ने इस आग्रह के साथ कि उनके बिना वे एक मजबूत सरकार नहीं बना पाएँगे, उन्हें मंत्री पद ग्रहण करने का प्रस्ताव दिया। तब इन्दिरा ने सूचना व प्रसारण मंत्रालय की जिम्मेदारी स्वीकार कर ली।

सितम्बर, 1965 में पाकिस्तान ने जम्मू-कश्मीर स्थित अखनूर के चंब सेक्टर पर चढ़ाई कर दी। भारतीय सेना ने पश्चिमी पाकिस्तान पर धावा बोल दिया और लाहौर की ओर बढ़ चली। 22 सितम्बर को संयुक्त राष्ट्र

संघ ने हस्तक्षेप कर दोनों देशों के बीच युद्धबन्दी कराई। जनवरी, 1966 में सोवियत रूस के प्रधानमंत्री अलेक्सेई कोसिगिन ने शास्त्री व पाकिस्तान के राष्ट्रपति जनरल अय्यूब खान को उजबेकिस्तान स्थित ताशकन्द में सन्धि के लिए निमंत्रित किया। जिस रात इन दोनों प्रधानों ने सन्धि पर हस्ताक्षर किए, उसी रात लालबहादुर शास्त्री को दिल का घातक दौरा पड़ा और उन्होंने वहीं दम तोड़ दिया।

कामराज फौरन इन्दिरा को प्रधानमंत्री पद के लिए आगे करने लगे। मोरारजी देसाई के नेतृत्व में वरिष्ठ कांग्रेसियों का एक गुट इसके खिलाफ था लेकिन कामराज को लगता था कि इन्दिरा गांधी में 1967 का चुनाव जिताने की क्षमता है। चतुर सियासतदाँ के. कामराज की सोच यह थी कि इन्दिरा को अभी पर्याप्त अनुभव नहीं है और वह उनके इशारों पर काम करती रहेंगी। नरसिम्हा राव ने बाद में कहा कि तब इन्दिरा को 'वोट खींचने वाली मशीन' के तौर पर देखा गया, जिसे चुनाव के बाद दबाव डालकर अलग कर दिया जाएगा तथा किसी अनुभवी व्यक्ति को प्रधान का पद सौंप दिया जाएगा।

इसके खिलाफ देसाई ने कांग्रेस संसदीय दल का चुनाव कराकर नेतृत्वकर्ता चुनने का दबाव डाला। शास्त्री की मौत के 9 दिन बाद यह चुनाव हुआ। चुनाव अधिकारी ने संसद के सेंट्रल हॉल में अपराह्न 3 बजे के. कामराज को चुनाव परिणाम सौंप दिए। कामराज ने अपने विशुद्ध तमिल लहजे में चुनाव परिणाम घोषित किए, जिसे कांग्रेस के कुछ ही सांसद व पदाधिकारी समझ सके। तुरन्त ही कांग्रेस के एक उत्साही नेता ने घोषणा की कि इन्दिरा गांधी चुनाव जीत गई हैं। उन्हें 355 जबकि देसाई को केवल 169 वोट मिले।

24 जनवरी, 1966 को इन्दिरा गांधी ने राष्ट्रपति भवन में अवस्थित भगवान बुद्ध की प्रतिमा के सामने पद व गोपनीयता की शपथ ली, जहाँ लिखा हुआ था—'निर्भीक रहो।' प्रधानमंत्री बनने के बाद इन्दिरा गांधी ने दृढ़तापूर्वक काम करना शुरू किया। इससे कांग्रेस के कई वरिष्ठ नेताओं के अरमानों पर पानी फिर गया, जो समझ रहे थे कि वे इन्दिरा से मनमाने काम

करा सकेंगे। यही नहीं इन्दिरा का राजनीतिक करियर बनाने वाले के. कामराज को भी बाद में अहसास हुआ कि इन्दिरा अपने ढंग से काम करने वाली महिला हैं। इसीलिए एक मौके पर उन्होंने इन्दिरा के व्यक्तित्व को यूँ प्रस्तुत किया, 'एक बड़े आदमी की बेटी, एक छोटे आदमी की गलती।'

**साहसिक कदम**

- 1971 के भारत-पाक युद्ध में भारत की जीत। बांग्लादेश का निर्माण।
- ऑपरेशन ब्लू स्टार जिससे खालिस्तानी आन्दोलन को समाप्त किया गया।

प्रधानमंत्री बनने के बाद इन्दिरा के सामने कई चुनौतियाँ व संकट थे। देश में उसी साल ऐसा भयानक अकाल पड़ा कि कई राज्यों में आहार के लिए दंगे होने लगे। मिजो जनजातियों ने विद्रोह कर दिया तथा पंजाब में भाषाई आन्दोलन सर उठाने लगा। साथ ही उनके खिलाफ दुष्प्रचार ने जोर पकड़ लिया। दिल्ली व देश के कुछ भागों में उन्हें देश के लिए अशुभ बताने वाले पोस्टर लगाए गए। इनमें देशवासियों को याद दिलाया गया कि जिस दिन इन्दिरा गांधी ने शपथ ली, उसी दिन भूकंप आ गया। उसी दिन एक विमान दुर्घटनाग्रस्त हो गया, जिसमें देश के प्रख्यात वैज्ञानिक डॉ. होमी भाभा की जान चली गई। साथ ही यह कि वे विधवा थीं, जो देश के लिए अमंगलकारी था।

इन सबसे विचलित हुए बिना इन्दिरा ने अपना सफर शुरू कर दिया। गो-रक्षा मामले में उन्होंने सुप्रीम कोर्ट के सेवानिवृत्त मुख्य न्यायाधीश एके सरकार की अध्यक्षता में एक समिति गठित कर दी, जिसे यह रिपोर्ट देनी थी कि देशभर में गो-वध पर रोक लगाना उचित होगा। इसमें उन्होंने निर्भीकता के साथ राष्ट्रीय स्वयंसेवक संघ के मुखिया एमएस गोलवलकर को भी रखा। उनके अलावा पुरी के शंकराचार्य, राष्ट्रीय डेयरी विकास निगम अध्यक्ष वी. कुरियन, अर्थशास्त्री अशोक मित्रा सहित अन्य लोग शामिल थे। कुरियन ने बाद में लिखा कि गोलवलकर ने स्वीकार किया था कि नवम्बर, 1966 में उनके द्वारा चलाए गए गो-रक्षा अभियान का मूल उद्देश्य सरकार को

परेशान करना था तथा उनके मस्तिष्क में कई राजनीतिक उद्देश्य भी थे। समिति समय पर रिपोर्ट प्रस्तुत नहीं कर सकी तथा 1979 में मोरारजी देसाई सरकार ने इसे भंग कर दिया।

1967 में इन्दिरा गांधी पचास साल की हो गईं और इसी साल होने वाले लोकसभा चुनाव में उन्होंने पहली बार जनता से सीधा सामना करने यानी चुनाव लड़ने का मन बनाया। इसके लिए उन्होंने अपने दिवंगत फीरोज गांधी की सीट रायबरेली चुनी। यही नहीं उनकी क्षमता को लेकर के. कामराज ने जो अनुमान लगाए थे, उन्हें सिद्ध करते हुए इन्दिरा ने प्रचार के लिए 45 दिन के चुनाव अभियान में 25 हजार किलोमीटर से ज्यादा की यात्राएँ कीं।

इस चुनाव से पहले देश में समाजवादी आन्दोलन आकार लेने लगा था। इसमें यादव, जाट, रेड्डी, पटेल व मराठा जैसी पिछड़ी जातियाँ शामिल थीं, जिनका कांग्रेस से मोहभंग हो चुका था। कांग्रेस में रह चुके राममनोहर लोहिया के अनुसार सन् 1952, 1957 व 1962 के चुनाव कांग्रेस द्वारा लगातार जीते जाने से मतदाता को लगने लगा था कि कांग्रेस को कोई नहीं हरा सकता। इस सोच को बदलने के लिए उन्होंने विपक्ष को सलाह दी कि चुनाव में अपने अलग-अलग उम्मीदवार खड़े करने के बजाय सभी पार्टियों को मिलकर कांग्रेस के सामने एक साझा उम्मीदवार खड़ा करना चाहिए। लोहिया का यह फार्मूला काम कर गया और कांग्रेस को कई जगह हार का मुँह देखना पड़ा। देश के नौ राज्यों में गैर-कांग्रेसी सरकार भी बनी।

स्वतंत्र पार्टी के टिकट पर महारानी गायत्री देवी ने चुनाव लड़ा और खुद को इन्दिरा गांधी की प्रतिद्वंद्वी के रूप में पेश किया। जयपुर में एक आमसभा को सम्बोधित करते हुए इन्दिरा ने पूर्व राजे-महाराजों पर यह कहकर हमला किया कि 'जाओ और महाराजाओं व महारानियों से पूछो कि अपने राज में उन्होंने जनता के लिए क्या किया तथा जनता के धन से ऐश करने वाले इन लोगों ने अंग्रेजों के खिलाफ कितनी लड़ाइयाँ लड़ीं।'

बहरहाल 1967 का चुनाव कांग्रेस जीत तो गई, लेकिन उसे सीटों का नुकसान उठाना पड़ा।

**महत्त्वपूर्ण पहल**

- गो आयोग का गठन
- शिकार पर पाबन्दी
- रॉ का गठन
- पाँचवी पंचवर्षीय योजना के अन्तर्गत गरीबी हटाओ का नारा और निर्धनता समाप्त करने के बीस सूत्री कार्यक्रम
- संविधान में 'धर्मनिरपेक्षता' और 'समाजवाद' शब्दों को जोड़ना
- पाकिस्तान के साथ शिमला समझौता

वी. कृष्णा अनंत के मुताबिक 1967 के चुनाव ने भारत की सामाजिक व राजनीतिक संरचना को खासी ठेस पहुँचाई, बाद में जिसके दुष्परिणाम दिखते रहे। इस चुनाव में 'गठबन्धन, समझौतों के साथ धर्म, जाति आदि के नाम पर भी वोट माँगे गए।' इससे भारत को अपूरणीय क्षति पहुँची जो 1947 से एक साझा परिवार की तरह रहता आया था। वरिष्ठ राजनेताओं द्वारा इस तरह के हथकंडे अपनाए जाने का जवाब इन्दिरा ने खामोशी से दिया। ज्यादातर वरिष्ठ कांग्रेसी पार्टी से बाहर हो गए या कर दिए गए। साथ ही इन्दिरा ने दो भारी-भरकम फैसले कर डाले।

एक तो यह कि देश के राजे-महाराजों की सम्पत्तियाँ उन्होंने भारत सरकार में शामिल कर लीं तथा दूसरा देश के बड़े बैंकों को राष्ट्रीयकृत कर दिया। एक झटके में 14 बड़े बैंकों का राष्ट्रीयकरण अपने आपमें बड़ी घटना थी, जिसने आम नागरिकों का दिल जीत लिया। इन्दिरा के इस कदम से आमजन कितने उत्साहित थे, इसका अन्दाजा 'शू शाइन बॉयज यूनियन' द्वारा दिए गए एक प्रस्ताव से लगाया जा सकता है। यूनियन की ओर से घोषणा की गई थी कि कांग्रेस अधिवेशन में शामिल होने वाले ऑल इंडिया कांग्रेस कमेटी के तमाम प्रतिभागियों के जूतों पर मुफ्त में पॉलिश की जाएगी। राष्ट्रीयकृत किए जाने वाले बैंकों में सबसे बड़ा सेंट्रल बैंक था। टाटा द्वारा नियंत्रित इस बैंक में 4 अरब से अधिक रुपए जमा थे।

सबसे छोटे महाराष्ट्र बैंक में भी 70 करोड़ रुपए जमा थे। ये उस दौर के हिसाब से बहुत बड़ी-बड़ी रकमें थीं।

तब हुए एक आर्थिक सर्वे में बताया गया था कि देश के 20 प्रमुख बैंकों को बतौर डायरेक्टर 188 लोग चला रहे थे। यही लोग 1452 दूसरी कंपनियों के भी डायरेक्टर थे। इनके पास भारी धन-सम्पत्तियाँ थीं, जिन पर जनता का कोई अधिकार नहीं था।

'गरीबी हटाओ' वाले नारे के साथ सन् 1971 में इन्दिरा गांधी सत्ता में वापस लौटीं। वे एक शक्तिशाली प्रधानमंत्री के रूप में स्थापित हो चुकी थीं। इसी दौरान उन्होंने पाकिस्तान के दो टुकड़े कर दिखाए। इस अभियान के दौरान ढाका में पाकिस्तान के हजारों सैनिकों ने भारत के सम्मुख आत्मसमर्पण किया। इससे इन्दिरा को पूरे देश ने सिर-आँखों पर बिठा लिया।

1971 के भारत-पाक युद्ध में इन्दिरा गांधी ने धैर्य और हौसले से काम लिया, जिसकी बदौलत उन्होंने न सिर्फ यह युद्ध जीत लिया बल्कि बड़ी चतुराई से पाकिस्तान को दो भागों में विभाजित भी कर दिया। पड़ोसी देश के इस बँटवारे से जो नया देश यानी बांग्लादेश अस्तित्व में आया, वह पाकिस्तान की 60 प्रतिशत से ज्यादा आबादी वाला था।

'पूर्वी पाकिस्तान' से आने वाले एक करोड़ से ज्यादा शरणार्थियों का बोझ झेलते हुए इन्दिरा गांधी ने विस्तृत योजना बनाई। उन्होंने भारतीय सैन्य प्रमुखों को तैयारियों के लिए पूरी स्वतंत्रता के साथ समय भी दिया और तमाम जरूरी संसाधन उपलब्ध कराए। उनकी सिर्फ एक शर्त थी कि यह जंग जल्द निपट जानी चाहिए ताकि इसे लेकर अन्तरराष्ट्रीय स्तर पर कोई बखेड़ा न खड़ा हो और न ही किसी दूसरे देश को इसमें हस्तक्षेप का मौका मिल सके।

असली जंग 3 दिसम्बर, 1971 को शुरू हुई लेकिन इससे महीनों पहले 27 मार्च, 1971 को लोकसभा में उन्होंने कह दिया था कि "इस तरह के

नाजुक मौकों पर, सरकार कम ही बोलती है। मुझे भी लगता है कि यही बेहतर तरीका है।" उसी दिन उन्होंने राज्यसभा में कहा, "एक गलत कदम, एक गलत शब्द का असर पूरी तरह उससे भिन्न हो सकता है, जैसा कि सोचा गया था।"

> **ऐतिहासिक कलंक**
>
> • आपातकाल

1971 में मार्च से अक्टूबर तक छह माह से कुछ ज्यादा इन्दिरा गांधी सतत सक्रिय रहीं। उन्होंने अन्तरराष्ट्रीय नेतागण को पत्र भेजकर भारतीय सीमाओं की स्थिति से अवगत कराया। वे सोवियत संघ की राजधानी मॉस्को गईं तथा जर्मनी, फ्रांस, ब्रिटेन, बेल्जियम और अमेरिका का 21 दिवसीय दौरा किया। उन्होंने पूर्वी पाकिस्तान में जनरल टिक्का खान द्वारा किए जा रहे नृशंस अत्याचारों के खिलाफ दुनियाभर में जनमानस तैयार करने के प्रयास किए। उन्होंने अवामी लीग को कलकत्ता के निकट एक विस्थापित सरकार कायम करने की इजाजत तो दे दी लेकिन उसे किसी भी तरह की विधिवत मान्यता देने से मना कर दिया। जब बांग्लादेश को मान्यता देने के मामले में विपक्ष की बेंचों से ज्यादा शोर-शराबा होने लगा तो इन्दिरा ने अगस्त, 1971 में कहा, "देश में कुछ लोग हैं, जो बांग्लादेश की राजधानी के मामले में जल्दबाजी दिखा रहे हैं...यह ऐसे गैर जिम्मेदारी भरे कदम उठाने का वक्त नहीं है... सरकार (बांग्लादेश को मान्यता देने के सन्दर्भ में) तमाम पहलुओं का बारीकी से जायजा लेकर कोई फैसला करेगी।"

1970-71 के दौरान पाकिस्तान में गृह युद्ध चलता रहा, जिसमें मुल्क की बड़ी आबादी वाले पूर्वी भाग का प्रशासन पश्चिमी भाग से सम्बन्ध रखने वाले सिविल व सैन्य अधिकारी चलाते रहे। वे अधिकारी जो बांग्ला भाषा व संस्कृति तथा वहाँ के रीति-रिवाज से अत्यन्त घृणा करते थे। ऐसे माहौल में अवामी लीग के नेता शेख मुजीबुर्रहमान जब संसद की 313 सीटों में से 169 सीट जीत गए तो प्रधानमंत्री कार्यालय ने इस विजय को स्वीकार करने से इनकार कर दिया। पाकिस्तान के फौजी तानाशाह जनरल याह्या खाँ ने

शेख मुजीबुर्रहमान को गिरफ्तार कर देश के पूर्वी भाग में मॉर्शल लॉ लगा दिया। स्वतंत्र समीक्षकों का अनुमान है कि इस पूरी उथल-पुथल के दौरान कोई तीन से पाँच लाख लोग मारे गए। बांग्लादेश सरकार के मुताबिक यह संख्या तीस लाख है। कई विश्लेषकों का मानना है कि बलात्कार को एक मारक हथियार के रूप में पहली बार बांग्लादेश के स्वतंत्रता संग्राम के दौरान इस्तेमाल किया गया। एक अनुमान के मुताबिक तीन लाख बांग्ला महिलाएँ इस दौरान यौन हिंसा का निशाना बनाई गईं।

स्थिति यह आ गई कि मुक्ति वाहिनी ने बांग्लादेश के स्वतंत्रता संग्राम के लिए गुरिल्ला युद्ध छेड़ दिया। जगह-जगह हमले हुए। रेलवे लाइन व पुल खासतौर से निशाना बनाए जाने लगे। इस आन्दोलन को दबाने के लिए पाकिस्तान की सेना ने बर्बर तरीके अपनाए। इन्दिरा ने मुनासिब वक्त का इंतजार किया, यहाँ तक कि याह्या खाँ व टिक्का खाँ आपा खो चुके थे। 3 दिसम्बर, 1971 को भड़काऊ कदम उठाते हुए उन्होंने पहल कर दी और श्रीनगर से बाड़मेर तक वायु सेना के आठ सैन्य ठिकानों को निशाना बनाया गया। पड़ोसी मुल्क के इस हमले ने इन्दिरा को युद्ध में पहल करने के इल्जाम से बचा लिया। उस दिन वे कलकत्ता में थीं। हमलों की खबर मिलते ही वे राष्ट्र के नाम सन्देश देने फौरन दिल्ली पहुँचीं। अपनी संयत व ठहरी हुई आवाज में देश के नागरिकों को उन्होंने सूचित किया, "जंग हम पर थोप दी गई है।" इसके तीन दिन बाद ही इन्दिरा ने बांग्लादेश को एक स्वतंत्र देश के रूप में मान्यता दे दी। देश की थल, जल व वायु सेना ने बहादुरी का प्रदर्शन करते हुए दुश्मन के दाँत खट्टे कर दिए। विशाखापट्टनम तट के निकट गाजी नामक पनडुब्बी को ध्वस्त कर दिया गया। वहीं कराची पर हमले जैसा आश्चर्यजनक कदम उठाया गया।

बेहद प्रभावकारी रणनीति और भरपूर हौसले के साथ लड़े जा रहे इस युद्ध में भारत की विजय सुनिश्चित थी कि इस बीच अमेरिका ने दखल देने की कोशिश की। उसने अपना सातवाँ जहाजी बेड़ा बंगाल की खाड़ी की तरफ रवाना कर दिया। इन्दिरा आत्मविश्वास व चुप्पी

की मूरत बनी हुई थीं। चीन ने इस मामले से खुद को दूर रखा, जबकि रूस (उस समय सोवियत संघ) ने अमेरिकी युद्धक बेड़े का मुकाबला करने के लिए वाल्डी वोस्टोक से अपना समुद्री बेड़ा रवाना कर दिया। 13 दिन की लड़ाई के बाद 16 दिसम्बर को युद्ध का परिणाम आ गया। पाकिस्तान के कमांडर जनरल अमीर अब्दुल्लाह खान नियाजी ने ढाका में हथियार डाल दिए और अपना सर्विस रिवॉल्वर इंडियन लेफ्टिनेंट जनरल जेएस अरोरा को सौंप दिया।

इस जीत के बाद इन्दिरा ने फौरन ही युद्ध विराम की घोषणा कर दी। उन्होंने दुनिया के सामने इसे बखूबी स्पष्ट कर दिया कि भारत की इच्छा न इलाकों पर कब्जा करने की है, न बदला लेने की और न ही अपना प्रभुत्व फैलाने की। इस पूरे युद्ध के दौरान उन्होंने अपने सैन्य कमांडरों को पूरा महत्त्व व तवज्जो दी और किसी भी तरह का कदम जल्दबाजी में या भावनाओं में बहकर नहीं उठाया गया।

पाकिस्तान को इस तरह भारी पराजय का मजा चखाने पर तब विपक्ष में प्रथम पंक्ति के नेता अटल बिहारी वाजपेयी ने इन्दिरा गांधी को 'अभिनव चंडी दुर्गा' की उपाधि दी। वाजपेयी द्वारा प्रदान की गई इस उपाधि ने कांग्रेस की प्रधानमंत्री को एक महान व्यक्तित्व के तौर पर स्थापित होने में महत्त्वपूर्ण भूमिका निभाई।

1971 की यह विजय कई मायनों में बहुत महत्त्वपूर्ण थी। पूर्वी पाकिस्तान की पूरी आबादी पाकिस्तानी सेना और शासकों की घोर विरोधी हो गई थी। सो इस पूरी आबादी ने मुक्ति वाहिनी का खुले दिल से स्वागत किया। उस समय पूरा देश इन्दिरा गांधी के साथ खड़ा था। मिसाल के तौर पर मुस्लिम बुद्धिजीवियों के बीच सैयद शहाबुद्दीन को शासक वर्ग का एक कटु आलोचक समझा जाता था, मगर वे भी बांग्लादेश निर्माण के समर्थन में घोषित रूप से खड़े थे। सैयद शहाबुद्दीन उस वक्त भारत सरकार के विदेश विभाग से सम्बद्ध थे। उस समय तो ठीक, वे बाद में भी यह बात लिखते रहे कि 1971 का साल मुसलमानों के लिए बहुत फलदायी था।

"1971 के बाद भारतीय मुसलमानों को इस सच्चाई का पहली बार भान हुआ कि पाकिस्तान से उन्हें कोई उम्मीद नहीं रखनी चाहिए। वहाँ उनका कोई भविष्य नहीं है, क्योंकि पाकिस्तान का खुद कोई भविष्य नहीं है। भारतीय मुसलमान इससे सहमत थे और हैं कि उन्हें अपना तमाम सफर, उनके अपने वतन हिन्दुस्तान में ही तय करना है।" इन शब्दों के साथ ही सैयद शहाबुद्दीन ने यह भी लिखा कि "इस तथ्य से अवगत होना हिन्दुस्तानी मुसलमानों को न सिर्फ सीधी राह पर गतिमान रखेगा, बल्कि उन्हें इसका हौसला भी देगा कि वे अपनी समस्याएँ खुद हल करने के लिए, अपनी मदद आपके उसूल पर उठ खड़े हों।" शहाबुद्दीन के मुताबिक बांग्लादेश निर्माण ने भारतीय मुसलमानों को यह हौसला भी दिया कि वे देश की राजनीति के महत्त्वपूर्ण अंग के रूप में खुद को प्रस्तुत कर सकें। 1971 से पहले वे अमूमन खामोशी अपनाना पसन्द करते थे। यह 1971 का ही नतीजा है कि वे अपने विचार खुलकर प्रकट करने लगे और भारत की राष्ट्रीय राजनीति में सक्रिय होकर उसका अभिन्न अंग हो गए।"

पाकिस्तान पर भारत की भारी-भरकम जीत राष्ट्र के लिए गौरव का विषय थी। इसे 1962 में चीन से मिले जख्म की भरपाई भी माना गया। इस विजय से उत्साहित देश के राष्ट्रपति वी.वी. गिरि ने इन्दिरा को भारत रत्न दिए जाने की वकालत की।

'किसकी पूजा कर रहे हैं बहुजन' नामक लेख में दलित लेखक प्रेम कुमार मणि ने लिखा कि पाकिस्तान को बुरी तरह पराजित करने पर जनसंघ के नेता अटल बिहारी वाजपेयी ने इन्दिरा गांधी को 'अभिनव चंडी दुर्गा' कहा है। कम्युनिस्ट नेता एस.ए. डांगे ने इसका प्रबल विरोध किया। उनका कहना था कि वाजपेयी नहीं जानते कि वे क्या कह रहे हैं और इन्दिरा समझ नहीं पाईं कि वे क्या सुन रही हैं। उन्हें समझना चाहिए कि चंडी दुर्गा ने दलितों व पिछड़ों का वध किया था।

वाजपेयी द्वारा किया गया यह स्तुतिगान स्वीकारने से विनम्रता ने इन्दिरा को भले रोक लिया हो, लेकिन अपनी मित्र व जीवनी लेखक पुपुल जयकर को उन्होंने यह जरूर बताया कि 'उस पूरे युद्ध के दौरान और उससे पहले भी उन्हें किसी दिव्य शक्ति के मार्गदर्शन का अहसास होता रहा। उनके लिए यह बहुत ही आश्चर्यजनक अनुभव था।'

सन् 1974 में भारत द्वारा पोखरण में किए गए परमाणु परीक्षण ने इन्दिरा का रुतबा देश व संसार में और बढ़ा दिया। 1975 में सिक्किम के भारत में विलय से उनकी छवि ऐसे महान व्यक्तित्व के रूप में ढल गई, जो गलती कर ही नहीं सकता।

कांग्रेस के वरिष्ठ नेताओं से मिले कड़वे अनुभवों के कारण उन्होंने इस व्यक्तित्व के आभामंडल का उपयोग करते हुए पार्टी को पूरी तरह नियंत्रण में लेने के प्रयास शुरू कर दिए। इसके तहत कई राज्यों के मुख्यमंत्रियों को हटाकर वहाँ उन्होंने अपनी पसन्द के मुख्यमंत्री बिठाए। जैसे राजस्थान में मोहनलाल सुखाड़िया की जगह बरकतुल्लाह खान तो मध्य प्रदेश में श्यामाचरण शुक्ला के स्थान पर प्रकाशचन्द सेठी को कुर्सी सौंप दी गई। पार्टी फंड को भी उन्होंने अपने कब्जे में कर लिया, जो पार्टी के कामकाज और चुनाव के लिए बहुत जरूरी होता है। इस तरह सरकार व पार्टी पूरी तरह उन्हीं पर आश्रित हो गई।

क्रेवी स्थित विश्वविख्यात कार निर्माता कंपनी रोल्स रॉयस से प्रशिक्षित होकर सन् 1969 में इन्दिरा का छोटा बेटा संजय गांधी इंग्लैंड से लौटा। यहाँ आकर उसने छोटी व सस्ती कार बनाने का लाइसेंस लेने के लिए आवेदन दिया। 23 वर्षीय संजय ने अपने इस प्रोजेक्ट के लिए लोन लेने का आवेदन भी दे दिया, ताकि उसे लाइसेंस जारी किया जा सके। इससे स्वाभाविक ही प्रधानमंत्री पर अपनी सन्तान को लाभ पहुँचाने के आरोप लगने लगे। मामला संसद में उठाया गया और सदन ने देखा कि इन्दिरा मुँह बनाए बहस सुनती रहीं और कन्धे झटककर उन्होंने सारी आलोचनाओं को दरकिनार कर दिया। परन्तु बात इतने पर ही नहीं रुकी। हरियाणा में बंसीलाल के अधीन

चल रही कांग्रेस सरकार ने संजय के इस कारखाने के लिए 300 एकड़ से ज्यादा जमीन आवंटित कर दी। इसके लिए लगभग 15 हजार किसानों से उनकी जमीन छीन ली गई। 1973 तक इन्दिरा गांधी के मुख्य सचिव रहे पी.एन. हक्सर ने इस भूमि अधिग्रहण का विरोध किया तो उन्हें हटा दिया गया।

उधर देश के राजनीतिक परिदृश्य पर स्वतंत्रता संग्राम सेनानी जयप्रकाश नारायण का उदय होने लगा। जेपी के नाम से मशहूर जयप्रकाश नारायण तब बिहार में सार्वजनिक जीवन से दूर अपनी दिनचर्या में व्यस्त थे। 1973 में उन्होंने व्यक्तिगत अधिकारों तथा जनतांत्रिक मूल्यों की रक्षा का आह्वान करते हुए कई सांसदों को पत्र लिखे। उन्होंने 'गणतंत्र के लिए आमजन' नाम से एक समूह भी बना लिया, जिसमें दिन-प्रतिदिन सरकार के कामकाज से असन्तुष्ट लोग शामिल होने लगे। सरकार से नाराज इन लोगों की संख्या बढ़ती जा रही थी। संजय के मनमाने कामकाज इस समूह का मुख्य निशाना हुआ करते थे। इस विरोध का समर्थन करने वाले प्रकाशनों में संजय को दानव के रूप में प्रस्तुत किया जाने लगा।

संजय की बढ़ती सक्रियता के साथ ही कांग्रेस के भीतर एक गुट पनपने लगा, जो प्रधानमंत्री कार्यालय के समानान्तर काम कर रहा था। संजय के कमरे में अलग से एक टेलिफोन लाइन डाल ली गई थी। इस पर इन्दिरा के अतिरिक्त निजी सचिव आर. के. धवन, कांग्रेस शासित राज्यों के मुख्यमंत्रियों, दिल्ली के लेफ्टिनेंट गवर्नर व पुलिस कमिश्नर तथा पार्टी व सरकार के अनेक महत्त्वपूर्ण पदाधिकारियों से सम्पर्क में रहते थे। दिलचस्प बात यह है कि इस फोन द्वारा प्रधानमंत्री के पुत्र की ओर से इन महत्त्वपूर्ण लोगों, पदाधिकारियों को सीधे दिशा-निर्देश जारी किए जाते थे। हालाँकि कई बार तो इन्दिरा को अपने पुत्र व उसके गिरोह की ऐसी असंवैधानिक करतूतों का पता तक नहीं होता था।

12 जून, 1975 को इलाहाबाद हाईकोर्ट ने अपने एक महत्त्वपूर्ण फैसले में, 1971 के चुनाव में रायबरेली से इन्दिरा गांधी के निर्वाचन को चुनावी धाँधली के कारण शून्य घोषित कर दिया। यही नहीं, न्यायालय

ने इन्दिरा को आगामी 6 साल तक किसी भी संवैधानिक पद के लिए भी अयोग्य घोषित कर दिया। ऐसे कठिन समय में इन्दिरा के एक निकटस्थ सलाहकार सिद्धार्थ शंकर रे ने संविधान के अनुच्छेद 352 के तहत देश में आन्तरिक आपातकाल लगाने की सलाह दी। उधर, 25 जून, 1975 को जेपी, मोरारजी देसाई व अन्य दिग्गज नेताओं ने इन्दिरा गांधी को पद से हटाने के लिए दिल्ली के रामलीला मैदान में एक बड़ी जनसभा का आयोजन किया। इसमें जेपी ने एक जिद्दी व मनमानी पर उतारू सरकार को पदच्युत करने के लिए लोगों से असहयोग आन्दोलन चलाने का आह्वान किया। इसकी अगली सुबह ही इन्दिरा ने 'राष्ट्रीय सुरक्षा को खतरा' का हवाला देते हुए आपातकाल की घोषणा कर दी। इसके साथ ही विपक्ष के नेता गिरफ्तार कर लिए गए, सेंसरशिप लगा दी गई और जल्द ही आर.एस.एस. सहित देश के 13 संगठनों पर प्रतिबन्ध लगा दिया गया।

भारत जैसे विकासशील देश में आपातकाल कोई असामान्य बात नहीं थी। ब्रिटेन में तो एडवर्ड हीथ सरकार ने अपने कार्यकाल में पाँच बार आपातकाल लगाया था। 1962 व 1971 में हुए युद्ध के समय भारत में भी 'बाह्य' आपातकाल की घोषणा की गई थी, लेकिन 1975 की गर्मियों में लगाए गए आपातकाल को उचित नहीं ठहराया जा सकता। राजनीतिशास्त्र के जानकारों का विचार था कि अगर किसी राज्य, जैसे बिहार में समस्याएँ उभर रही थीं, तो वहाँ राष्ट्रपति शासन लगाया जा सकता था। बहरहाल आपातकाल की समीक्षा के लिए बनाए गए शाह आयोग ने 1978 में अपनी रिपोर्ट प्रस्तुत कर दी। इसमें बताया गया था कि उस समय देश में संविधान को ऐसा कोई बड़ा खतरा नहीं था, न ही कानून व्यवस्था की स्थिति ऐसी चिन्तनीय थी कि आपातकाल लागू कर दिया जाए।

आपातकाल के दौर में घटी कई चर्चित घटनाएँ संजय गांधी से जोड़ी जाती रहीं। जैसे दिल्ली के प्रसिद्ध स्थल कनॉट प्लेस स्थित कपड़ों की दुकान 'पंडित पैलेस' के 80 वर्षीय मालिक का मामला। वृद्ध दुकान मालिक पी.एन. हक्सर के अंकल थे और उन्हें एक दिन पुलिस हिरासत में इसलिए

बिताना पड़ा कि उनकी दुकान के तौलियों पर कीमत का टैग नहीं लगा था। हालाँकि तौलियों के बंडल पर मूल्य लिखा था। कनॉट प्लेस स्थित मशहूर जनता कॉफी हाउस का मामला भी कुछ ऐसा ही था। यहाँ प्रतिदिन पत्रकार, लेखक, उदारवादी चिन्तक, वकील व अन्य बुद्धिजीवी मिल बैठते थे। किसी ने संजय से कह दिया कि कॉफी हाउस में बैठने वाले आपातकाल की आलोचना कर रहे थे। बस फिर क्या था। एक सुबह उस कॉफी हाउस को बुलडोजर द्वारा पूरी तरह ध्वस्त कर दिया गया।

इसके बावजूद इन्दिरा गांधी संजय को पूरी तरह निर्दोष मानती रहीं। प्रख्यात लेखक, फिल्मकार ख्वाजा अहमद अब्बास ने इन्दिरा गांधी पर काफी काम किया है। 1977 में वे इन्दिरा गांधी से मिले तो जबरिया नसबन्दी से लेकर साम्प्रदायिक हिंसा तक पर खासी बातें हुईं। इन्दिरा ने किसी मामले में खुद का बचाव नहीं किया। अलबत्ता संजय की बात चली तो एक माँ ने अपने बेटे की सादगी व गम्भीरता का उत्साहित होकर उल्लेख किया। इन्दिरा ने संजय की प्रशंसा करते हुए बदनामी का ठीकरा कांग्रेस शासित राज्यों के मुख्यमंत्रियों, कांग्रेस कार्य समिति सदस्यों व कांग्रेस के अन्य पदाधिकारियों पर फोड़ दिया कि वे लोग संजय को चापलूसी भरे पत्र लिखकर अपना स्वार्थ सिद्ध कर लिया करते थे। उनके मुताबिक इन लोगों ने ही 'संजय की छवि धूमिल कर दी।'

आपातकाल के दौरान लोकसभा के पाँच साल पूरे होने पर नवम्बर, 1976 में 42वां संविधान संशोधन प्रस्तुत किया गया। इसे तैयार करने वालों में तात्कालीन कांग्रेस अध्यक्ष डीके बरुआ भी शामिल थे। बरुआ किस दर्जे के चापलूस थे, इसका अन्दाजा उनके द्वारा गढ़े गए नारे 'भारत ही इन्दिरा है, इन्दिरा ही भारत है' से लगाया जा सकता है। इस संशोधन द्वारा सर्वोच्च और उच्च न्यायालय के अधिकार कम करने के प्रयास किए गए थे। चापलूसी में बरुआ से आगे बढ़ते हुए 'लिंकन्स इन' जैसे प्रसिद्ध संस्थान से वकालत पढ़नेवाले एआर अन्तुले ने इस संशोधन प्रस्ताव की दिल खोलकर तारीफ की। तब बंसी लाल ने दोनों पर निशाना साधते हुए इन्दिरा के कजिन बी.के.

नेहरू से कहा कि ऐसा संशोधन क्यों नहीं कर देते, जिसके द्वारा इन्दिरा को 'आजीवन भारत का राष्ट्रपति ही बना दिया जाए।'

जनवरी, 1977 में इन्दिरा को महसूस हुआ कि आपातकाल हटा देना चाहिए। उन्होंने पहले से पंगु हो चुकी लोकसभा को भंग किया और नए चुनाव की घोषणा कर दी। तमाम राजनीतिक कैदियों को भी रिहा कर दिया गया और देश चुनाव की तैयारियाँ करने लगा। आपातकाल लगाना गलत था, फिर भी वह देश को भरपाई न हो सकने जैसा नुकसान न पहुँचा सकीं। आपातकाल में भी वैयक्तिक व राजनीतिक स्वतंत्रता बरकरार थी तथा राजनीतिक प्रतिद्वंद्वियों को गोलियों से नहीं उड़ाया गया। यहाँ तक कि सबसे डरावने 42वें संशोधन द्वारा भी सुप्रीम कोर्ट के अधिकार कम नहीं किए जा सके, न ही चुनाव खत्म किए जा सके। बाद में जनता पार्टी सरकार के कार्यकाल में इस संशोधन को खत्म कर दिया गया। दिलचस्प बात यह है कि इसके खिलाफ कांग्रेस के सांसदों तक ने वोट दिया।

संक्षेप में यह कि इन्दिरा व संजय द्वारा तानाशाही का जो खेल खेलने की कोशिश की गई, उसने भारतीय आमजन को आगाह कर दिया कि उनके जनतंत्र को कैसे खतरा उत्पन्न हो सकता है। इसने उन्हें भावनात्मक रूप से छलने वाले सम्बोधनों, किसी एक व्यक्तित्व को अति की हद तक ऊँचाई प्रदान करने, स्वतंत्रता की कद्र न करने तथा सत्ता की शक्ति महज कुछ हाथों में सौंप देने के नुकसानों के बारे में बताया। इसने उन्हें सिखाया कि किसी भी प्रधानमंत्री द्वारा फिर से कभी आपातकाल न लगाया जाए, इसके लिए उन्हें उसी तरह लगातार उपाय करते रहने होंगे, जिस तरह अमेरिका में मैकार्थिज्म (सत्ता विरोधियों को बिना किसी प्रमाण के कैद में डाल देना, शारीरिक-मानसिक उत्पीड़न का शिकार बनाना) के विरुद्ध सतत संघर्ष के जरिये वहाँ के लोगों ने किया।

1977 के चुनाव में कांग्रेस को शर्मनाक हार का सामना करना पड़ा। इन्दिरा व संजय दोनों चुनाव हार गए। उत्तर प्रदेश में तब लोकसभा की 84 सीटें थीं, वहाँ से कांग्रेस को एक सीट भी नहीं मिल पाई। पूरे उत्तर भारत में

कांग्रेस की यही हालत थी। इन्दिरा को इस पराजय का आभास हो गया था। रायबरेली की अपनी सीट के लिए चुनाव प्रचार के दौरान उन्होंने लंदनवासी उद्योगपति स्वराज पॉल से कहा कि वे इस सीट के बारे में बी.बी.सी. के प्रख्यात संवाददाता मार्क टुली की राय पूछकर बताएँ। टुली ने स्पष्ट कह दिया कि वे हार रही हैं। डिनर टेबल पर इन्दिरा ने पॉल से टुली के आकलन के बारे में पूछा तो पॉल ने दबे शब्दों में हिचकिचाते हुए स्थिति बताई। मगर उन्हें आश्चर्य हुआ जब इन्दिरा ने बिना विचलित हुए, शान्त भाव से स्वीकार किया कि 'उनका आकलन सही है।'

इस लोकसभा चुनाव में कांग्रेस महज 153 सीटों पर ठहर गई, जबकि जनता पार्टी को 298 सीटें मिलीं। इस जनता पार्टी में कांग्रेस (ओ), भारतीय जनसंघ, संयुक्त सोशलिस्ट पार्टी व भारतीय लोकदल शामिल थे। चुनाव से बमुश्किल एक माह पहले जल्दबाजी में यह जनता पार्टी बनाई गई थी। इसमें समाजवादी व दक्षिणपन्थी विचारधारा का मिश्रण साफ नजर आ रहा था। राष्ट्रीय स्वयंसेवक संघ से समर्थन प्राप्त दल जनसंघ (जो आगे चलकर भाजपा बना) का जनता पार्टी में खासा महत्त्व था। इसीलिए जब जनता पार्टी की सरकार बनी तो जनसंघ के नेता अटल बिहारी वाजपेयी व लालकृष्ण आडवाणी को महत्त्वपूर्ण मंत्रालयों का प्रभार सौंपा गया।

आर.एस.एस. ने आपातकाल को 'द्वितीय स्वतंत्रता संग्राम' करार दिया और इससे भारतीय राजनीति में अपने पैर जमा लिए। कई साल बाद मध्य प्रदेश में शिवराज सिंह चौहान के नेतृत्व में बनी भाजपा सरकार ने मीसाबन्दियों (आपातकाल के दौरान आन्तरिक सुरक्षा व्यवस्था अधिनियम (मीसा) के तहत गिरफ्तार किए गए लोग) के लिए पेंशन की घोषणा की। इसके तहत हजारों कार्यकर्ताओं को 8 हजार से लेकर 25 हजार रुपए मासिक तक पेंशन प्रदान की गई।

आपातकाल हटाए जाने को अपने प्रयासों की सफलता बताते हुए आर.एस.एस. व जनसंघ तभी से दावा करते चले आ रहे हैं कि उस दौर में देश का लोकतंत्र उन्हीं ने बचाया। आर.एस.एस. के पत्र-पत्रिकाओं व

पुस्तकों में आपातकाल के विरुद्ध जनता के संघर्ष को सीधे-सीधे दरकिनार कर दिया जाता है। 'हिन्दू नेशनलिज्म एंड रीशेपिंग ऑफ पब्लिक इन इंडिया' के लेखक व शोधकर्ता अरविंद राजगोपाल का विचार है कि आपातकाल ने ही जनसंघ को भारतीय जनता पार्टी में बदलने का मार्ग प्रशस्त किया, जो इस समय केन्द्र के साथ ही देश के कई राज्यों में सत्तासीन है।

दिलचस्प बात यह है कि जनता पार्टी की सरकार के अवसान में भी आर.एस.एस. का बड़ा योगदान रहा। जनता पार्टी में शामिल चरण सिंह व अन्य समाजवादी नेताओं ने सरकार में शामिल लोगों के अन्य संगठनों से सम्बद्ध होने का मुद्दा उठाया। जनता पार्टी बनाते समय तय किया गया था कि इसके सदस्य किसी ऐसे संगठन से सम्बन्ध नहीं रखेंगे, जिसके उद्देश्य जनता पार्टी से भिन्न हों। सो बागी धड़े ने प्रधानमंत्री मोरारजी देसाई से जनसंघ के नेताओं को हटाने की माँग की, जिनका सीधा सम्बन्ध आर.एस.एस. से था।

जनता पार्टी में निहित इन्हीं विरोधाभासों, वैचारिक मतभेद, उसके नेताओं की आपसी रस्साकशी का फायदा उठाकर 1980 में इन्दिरा गांधी ने वापस सत्ता हासिल कर ली। 1970 के दशक में धर्मनिरपेक्षता और समाजवाद को विस्तार देने का उनका जो रुझान दिखाई पड़ता था, वह अब गायब हो चुका था। देश की बहुसंख्यक आबादी यानी हिन्दुओं या हिन्दू वोटों को आकर्षित करने पर उनकी नजर थी। विश्व हिन्दू परिषद् की 'एकात्मता यात्रा' को रवाना करने वाले समारोह में उनकी उपस्थिति इस सिलसिले का पहला कदम कहा जा सकता है। उनके करीबी सीएम स्टीफन ने 1983 में घोषणा की कि 'हिन्दू संस्कृति व कांग्रेस की संस्कृति एक समान है।' अपनी हत्या से कोई छह माह पहले उन्होंने देश के बहुसंख्यक समुदाय को आश्वस्त करते हुए कहा था, 'उनके साथ होने वाले किसी भी तरह के अन्याय से देश की एकता खतरे में पड़ जाएगी।'

राजगोपाल का मानना है कि आपातकाल के विरोध में कोई महत्त्वपूर्ण योगदान दिए बिना आर.एस.एस. यह स्थापित करने में सफल रहा कि उस दौर में महज उसके कारण देश का लोकतंत्र बच पाया है। महात्मा गांधी की

हत्या ने संघ को राजनीतिक रूप से अछूत बना दिया था, लेकिन आपातकाल का फायदा उठाकर उसने देश की राजनीति पर अपनी पकड़ मजबूत कर ली।

आजादी के बाद कांग्रेस की पहली हार से पार्टी के कई नेता टूटने लगे, लेकिन इन्दिरा के भीतर मौजूद योद्धा विचलित नहीं था। कांग्रेस के तत्कालीन अध्यक्ष ब्रह्मानन्द रेड्डी ने सन् 1978 के पहले दिन ही इन्दिरा को पार्टी से निष्कासित करने की घोषणा कर दी। तब इन्दिरा ने अपने समर्थकों को लिया और नई कांग्रेस की घोषणा कर दी। इसे तब इन्दिरा कांग्रेस या कांग्रेस (आई) कहा जाने लगा। रेड्डी की पार्टी कांग्रेस (आर) हो गई। लोकसभा में कांग्रेस के 153 सांसदों में से 76 इन्दिरा की उस पार्टी में आ गए, जिसका अभी कोई कार्यालय तक नहीं था। यही नहीं इस आपसी विवाद में पार्टी का चिह्न गाय-बछड़ा भी दोनों के हाथ से जाता रहा।

कहा तो यह जाता है कि इन्दिरा ने खुद भी गाय-बछड़े को जाने दिया, क्योंकि इसे पूरे देश में अलग तरह से प्रचारित कर दिया गया था। इस दुष्प्रचार के मुताबिक कांग्रेस के चुनाव चिह्न में गाय इन्दिरा थीं और बछड़ा संजय गांधी। गाय-बछड़े से मुक्ति पाने के बाद इन्दिरा ने चुनाव आयोग से पार्टी के पुराने चुनाव चिह्न दो बैलों की जोड़ी के लिए गुहार लगाई परन्तु आयोग ने तब वह चुनाव चिह्न स्थगित कर दिया था।

उन्हीं दिनों इन्दिरा गांधी पी.वी. नरसिम्हा राव के साथ विजयवाड़ा के दौरे पर थीं। 24 अकबर रोड स्थित इन्दिरा गांधी का निवास स्थल कांग्रेस कार्यालय के रूप में भी काम आ रहा था। कार्यालय का कामकाज देख रहे अखिल भारतीय कांग्रेस कमेटी के महासचिव बूटा सिंह ने चुनाव आयोग में पार्टी चिह्न के लिए आवेदन दिया। आयोग ने तत्काल ही उनके सामने हाथी, साइकिल व पंजे के रूप में तीन विकल्प रख दिए। इस पर असमंजस में पड़े बूटा सिंह ने इन्दिरा गांधी से चुनाव चिह्न के बारे में सहमति लेने के लिए फोन बुक किया। सम्भवत: टेलिफोन लाइन ठीक काम नहीं कर रही थी, शायद कुछ असर बूटा सिंह के लहजे का भी होगा कि इन्दिरा गांधी उनकी बात ठीक से समझ नहीं पा रही थीं। बूटा सिंह 'हाथ' कह रहे थे

उधर इन्दिरा गांधी 'हाथी' समझे जा रही थीं। वे इसके लिए बार-बार मना कर रही थीं और बूटा सिंह उन्हें निरंतर समझाने की कोशिश में लगे थे कि वे हाथी की नहीं, 'हाथ' की बात कर रहे हैं। तंग आकर इन्दिरा ने फोन राव को थमा दिया। एक दर्जन से ज्यादा भाषाओं के जानकार राव तुरन्त ही समझ गए कि बूटा सिंह क्या कह रहे हैं। उन्होंने इसे और स्पष्ट करने के लिए तेज आवाज में बूटा सिंह से कहा, यह कहो न पंजा है। इतना सुनते ही इन्दिरा ने चैन की साँस ली और फोन वापस लेकर हाथ के पंजे पर तुरन्त अपनी सहमति दे दी।

जवाहरलाल नेहरू और नरेन्द्र मोदी की तरह देश की सबसे लोकप्रिय जन नेता इन्दिरा गांधी रहीं और उन्होंने अपने राजनैतिक जीवन के अधिकांश समय लोगों के दिलों पर राज किया। किन्तु इन्दिरा का निधन अन्त्यंत दुर्भाग्यपूर्ण परिस्थिति में हुआ। 31 अक्टूबर, 1984 को उनके सुरक्षाकर्मियों ने ही उनकी हत्या कर दी।

हत्या वाले दिन प्रधानमंत्री निवास के भीतर बाल धो रहीं सोनिया ने कुछ पटाखे छूटने जैसी आवाजें सुनीं, मगर कुछ असामान्य का आभास कर वे बाहर आईं तो रक्त में भीगी इन्दिरा गांधी फर्श पर पड़ी थीं। सोनिया ने 'मम्मी... मम्मी' आवाजें लगाते हुए फौरन उनका सिर अपनी गोद में रख लिया। जिस सफेद एंबेसेडर कार में इन्दिरा गांधी को घटनास्थल से 3 किलोमीटर दूर स्थित एम्स (ऑल इंडिया मेडिकल इंस्टीट्यूट ऑफ मेडिकल साइंसेज) अस्पताल ले जाया गया था, सोनिया उसमें भी इन्दिरा का सिर अपनी गोद में लिये बैठी थीं। मौके पर मौजूद लोगों के मुताबिक अस्पताल पहुँचते-पहुँचते इन्दिरा के प्राणपखेरू उड़ चुके थे, इसके बावजूद डॉक्टर चार घंटे तक उनके बेजान शरीर में जान फूँकने का प्रयास करते रहे।

31 अक्टूबर, 1984 की सुबह इन्दिरा ने अपनी पोती प्रियंका व पोते राहुल गांधी को स्कूल के लिए विदा करते समय चूमा। प्रियंका ने महसूस किया कि उस दिन दादी ने उसे सामान्य दिनों की अपेक्षा ज्यादा समय तक लिपटाए रखा। फिर इन्दिरा, राहुल की ओर मुड़ीं, जो उस समय बमुश्किल

14 साल के हो रहे थे और उनसे कुछ बातें कीं। वे अक्सर दोनों बच्चों से ऐसी बातें भी कर लिया करती थीं जो राजीव व सोनिया से नहीं कर पाती थीं। राहुल को उन्होंने समझा रखा था कि उनकी मौत होने पर वह ज्यादा दुखी न हो, रोए नहीं, बल्कि उनके आखिरी सफर की तैयारियाँ करे।

ऐसा पहली बार नहीं हुआ था कि इन्दिरा ने राहुल से अपनी असामयिक मौत के बारे में चर्चा की हो। कुछ दिन पहले ही उन्होंने कुछ अनहोनी होने पर अपनी अन्तिम यात्रा के बारे में समझाइश राहुल को दी थी और यह भी समझाया था कि उसे अपना जीवन अपने ढंग से जीना है। इसमें महत्त्वपूर्ण यह है कि इन्दिरा गांधी लोगों की पारखी मानी जाती थीं, वे राहुल गांधी के बचपन से ही उनकी दृढ़ इच्छाशक्ति, गम्भीरता व लगन की कायल थीं।

देश के हालात देखकर उन्हें अपने बारे में कुछ अन्दाजा हो गया था, मौत उनके विचारों में समा गई थी। इसीलिए अक्टूबर, 1984 में इन्दिरा ने लिखा कि अगर किसी हिंसा का शिकार होकर उनकी जान जाती है तो यह हिंसा हत्यारे के मस्तिष्क में होगी। बदले में उनकी मौत पर हिंसा नहीं होना चाहिए बल्कि हत्यारे के विचारों को खत्म किया जाना चाहिए। उनका मत था कि "कितनी भी गहन घृणा आमजन व देश के प्रति मेरे प्रेम को कम नहीं कर पाएगी। किसी में इतना सामर्थ्य नहीं है कि वह देश को विकास के पथ पर आगे बढ़ाने की मेरी अदम्य इच्छाशक्ति कमजोर कर सके।"

31 अक्टूबर, 1984 की उस सुबह इन्दिरा ने अपना कार्यालयी कामकाज पीटर उत्सीनोव को एक इंटरव्यू देने के साथ शुरू किया। सुबह 9 बजकर 12 मिनट पर उन्होंने कैमरे के सामने चलना शुरू किया। चमकीले केसरिया रंग की साड़ी पहने इन्दिरा गांधी ने अपने निवास स्थल 1, सफदरजंग रोड व कार्यालय 1 अकबर रोड के बीच स्थित गेट को पार किया और एक पगड़ीबन्द सुरक्षाकर्मी के अभिवादन का मुस्करा कर उत्तर देते हुए जैसे ही आगे बढ़ीं, एक गन उन्हें अपने सामने तनी हुई दिखाई दी। वे कुछ समझ पातीं इससे पहले ही हत्यारे बेअन्त सिंह व सतवंत सिंह ने उनके शरीर में 36 गोलियाँ उतार दीं। उनके ऊपर छतरी का साया किए साथ चल रहे नारायण

सिंह ने छाता फेंक मदद के लिए चिल्लाना शुरू किया। मामले को भाँप वहीं मौजूद भारत-तिब्बत सीमा सुरक्षा बल के जवान भी दौड़े, मगर तब तक इन्दिरा धराशायी हो चुकी थीं। दु:खद बात यह थी कि मौके पर कोई एम्बुलेंस मौजूद नहीं थी। एक एंबेसेडर कार में उन्हें लिटाया गया और सोनिया गांधी उनका सिर अपनी गोद में रखे अस्पताल के लिए भागीं। अस्पताल पहुँचने के काफी देर बाद डॉक्टर ने इन्दिरा गांधी की औपचारिक मृत्यु की घोषणा की, हालाँकि उनके प्राणपखेरू कार में ही उड़ चुके थे, तब जबकि उनका सिर सोनिया की गोद में था।

इन्दिरा गांधी को बुलेट प्रूफ जैकेट पहनने तथा सिख सुरक्षाकर्मियों को उनकी सुरक्षा से हटाने की सलाह दी गई थी। लेकिन इन्दिरा ने दोनों बातों को नकार दिया था। उन्हें घर में एक भारी-भरकम बुलेट प्रूफ जैकेट पहनना ठीक नहीं लगा तथा धर्म के आधार पर सिख सुरक्षाकर्मियों को हटाने जैसी भेदभाव भरी बात भी उन्हें पसन्द नहीं आई। वास्तव में अपनी मौत से चन्द सप्ताह पहले ही उन्होंने गर्व के साथ बेअन्त सिंह की ओर इशारा करते हुए कहा था कि "जब इस जैसे सिख सुरक्षाकर्मियों को मैं अपने आसपास देखती हूँ तो मुझे किसी का भी डर नहीं रहता।" उनकी हत्या के बाद कई लोगों ने इस पर आश्चर्य जताया कि इन्दिरा गांधी जैसी अति महत्त्वपूर्ण (वी.वी.आई.पी.) शख्सियत के सम्मुख उनकी सुरक्षा व्यवस्था का मामला रखा ही क्यों गया? क्योंकि किसी भी ऐसे व्यक्तित्व का उसकी खुद की सुरक्षा व्यवस्था से सीधे तौर पर कुछ लेना-देना नहीं होता।

अरुण नेहरू जब एम्स पहुँचे तो वहाँ उन्होंने बदहवास-सी सोनिया को पाया, जो प्रियंका व राहुल की सुरक्षा को लेकर बेहद चिन्तित थीं। इन्दिरा उनके सामने अक्सर आशंका जताया करती थीं कि बांग्लादेश के महान नेता शेख मुजीबुर्रहमान की तरह ही उनके भी सारे परिजनों को खत्म किया जा सकता है। एक दुर्दांत हमले में शेख मुजीबुर्रहमान की तीन पीढ़ियों को खत्म कर दिया गया था। सिर्फ उनकी बिटिया शेख हसीना, जो बाद में बांग्लादेश की प्रधानमंत्री बनीं, इस हत्याकांड से बच गई थीं। अरुण फौरन ही लौटे

और जब वे इन्दिरा, राजीव व सोनिया गांधी के संयुक्त आवास सफदरजंग रोड पहुँचे तो देखकर आश्चर्यचकित रह गए कि वहाँ राहुल व प्रियंका की हिफाजत के लिए कोई सुरक्षाकर्मी मौजूद नहीं था। हैरान-परेशान से इन बच्चों को किसी ने स्कूल से लाकर घर छोड़ दिया था। तब सुरक्षा की दृष्टि से अरुण उन दोनों को गुलमोहर पार्क स्थित तेजी बच्चन (अभिनेता अमिताभ बच्चन की माता) के घर ले गए।

इन्दिरा गांधी का पार्थिव शरीर अन्तिम दर्शन के लिए तीन मूर्ति भवन में रखा गया, जिसके बाहर गुस्साए लोगों की भीड़ 'खून का बदला खून' के नारे लगा रही थी। नादिरशाह दुर्रानी ने जब दिल्ली पर विजय प्राप्त की थी, उस समय हुए नरसंहार के बाद दिल्ली एक बार फिर खून से नहला दी गई। तीन दिन में ढाई हजार लोग मार दिए गए। इस बार मारे जाने वाले ज्यादातर सिख समुदाय से थे और हिंसक भीड़ ने इनमें से कई को जिन्दा जला दिया था।

पंजाब जैसे बड़े और महत्त्वपूर्ण प्रान्त के भाषाई आधार पर विभाजन का इन्दिरा ने सख्त विरोध किया था। प्रान्त में बसने वाले हिन्दू अल्पसंख्यकों से उनके घनिष्ठ सम्बन्ध थे और इस विभाजन को वे नुकसानदेह मानती थीं। अपनी हत्या के लगभग छह माह पहले उन्होंने बहुसंख्यक (हिन्दू) समुदाय को आश्वस्त करते हुए कहा कि "अगर उन्हें (बहुसंख्यकों को) अपने अधिकार नहीं मिलते या उनके साथ किसी प्रकार का अन्याय होता है तो यह देश की एकता व अखंडता के लिए घातक होगा।" (ईपीडब्ल्यू में 3 नवम्बर, 1990 को वरिष्ठ लेखक एजी नूरानी द्वारा उद्धृत)

मार्च, 1966 में इन्दिरा ने प्रधानमंत्री पद सँभाला ही था कि एक पंजाबी प्रान्त बनाए जाने की माँग उठने लगी। अपनी किताब 'माय ट्रुथ' (वीजन बुक्स, प्रकाशित 1980) में इन्दिरा गांधी ने बताया कि 1965 में जब वे लालबहादुर शास्त्री की कैबिनेट में सूचना व प्रसारण मंत्री थीं, तब लोकसभा अध्यक्ष सरदार हुकुम सिंह के नेतृत्व में गठित एक कमेटी ने पंजाबी सूबा बनाने का समर्थन किया था। भाषाई आधार पर पंजाबी सूबा बनाने का इन्दिरा

गांधी ने विरोध किया था, क्योंकि इससे कांग्रेस के हिन्दू समर्थकों के छिटक जाने का खतरा था। उनके शब्दों में, "पंजाबी सूबा बनाए जाने के बारे में अकाली बन्दों की माँग मान लेने से कांग्रेस की स्थिति वहाँ कमजोर होना तथा कांग्रेस के हिन्दू समर्थकों का छिटक जाना तय था...वहाँ कांग्रेस का इस प्रकार पराभव पूरी तरह अनपेक्षित था।"

आजादी के समय यानी सन् 1947 में भारत व पाकिस्तान के बीच पंजाब का विभाजन होने के बाद सिखों ने पंजाबी बोलने वालों के लिए अलग सूबे की माँग पुरजोर तरीके से उठाई, लेकिन सन् 1956 में जस्टिस फजल अली के नेतृत्व में बनाया गया प्रथम राज्य पुनर्गठन आयोग इस समस्या को हल करने में असफल रहा। तब प्रभावशाली अकाली नेताओं फतेह सिंह व तारा सिंह ने एक पृथक् राज्य की माँग लेकर आन्दोलन शुरू कर दिया। एक ऐसा राज्य जिसमें सिखों का धर्म, संस्कृति व भाषा सुरक्षित व संरक्षित रहें।

1961 की जनगणना के समय अकाली नेतागण आरोप लगाने लगे कि राज्य के हिन्दुओं की एक बड़ी संख्या पंजाबी प्रान्त बनने से रोकने तथा राज्य के 58 प्रतिशत सिखों का प्रशासनिक व राजनैतिक प्रभाव कम करने के लिए अपनी मातृभाषा हिन्दी बता रही है। आखिर 1966 में पंजाब तीन राज्यों पंजाब, हरियाणा व हिमाचल प्रदेश में विभाजित कर दिया गया।

ऐसे परिदृश्य में राज्य के हिन्दू मतदाताओं विशेषकर कांग्रेस समर्थक पंजाबी हिन्दुओं को लेकर इन्दिरा की चिन्ता समझ में आती है। इसीलिए 1980 में जब वे दोबारा प्रधानमंत्री बनीं तो कांग्रेस की नीतियों में हिन्दू समर्थकों की भावनाओं के लिए विशेष आग्रह दिखाई देने लगा। इन्दिरा की जीवनी लिखने वाले कैथरीन फ्रैंक, एसएस गिल व पुपुल जयकर जैसे लेखकों ने इसे महसूस किया कि 1980 में दोबारा सत्ता पाने के बाद इन्दिरा गांधी हिन्दू समुदाय के मुद्दों को लेकर खासी संवेदनशील हो गई थीं, बनिस्बत मुस्लिम व सिख समुदाय के। उस समय कई दल मिलाकर बनाई गई जनता पार्टी में जनसंघ का प्रभुत्व तथा कुछ समय बाद उग्र हिन्दूवादी विचारों पर आधारित भारतीय जनता पार्टी का वजूद में आना राजनैतिक रूप से उन्हें चिन्तित कर

रहे थे। अप्रैल, 1981 में मीनाक्षीपुरम में 1,300 हरिजनों द्वारा इस्लाम धर्म स्वीकार कर लेने की घटना ने भी उन्हें विचलित किया। तत्कालीन प्रधानमंत्री को लग रहा था कि देश के राजनीतिक परिदृश्य में अब साम्प्रदायिक मुद्दों को प्रमुखता हासिल हो सकती है, जो खासा खतरनाक होगा।

पंजाब में रहने वाले हिन्दुओं के तईं इन्दिरा की चिन्ता को आर.एस.एस. ने भी महत्त्वपूर्ण माना और इसकी प्रशंसा की। 31 अक्टूबर, 1984 को इन्दिरा की नृशंस हत्या के फौरन बाद आर.एस.एस. के वरिष्ठ चिन्तक नानाजी देशमुख ने 'प्रतिपक्ष' नामक पत्रिका में एक लेख लिखकर इन्दिरा गांधी की खासी प्रशंसा की। इस लेख में देशमुख ने जो कुछ लिखा, उसका आशय कुछ यह था, "...आखिरकार इन्दिरा गांधी ने इतिहास में एक महान शहीद के तौर पर अपना नाम अमर कर लिया। अपनी जन्मजात निडरता, बुद्धिमत्ता, ऊर्जा व चातुर्य के बल पर एक महापुरुष की भाँति एक दशक तक वे देश को प्रगति के पथ पर निरन्तर आगे ले जाने में सक्रिय रहीं... केवल उनमें यह क्षमता थी कि एक भ्रष्ट व विभाजित समाज की पतनशील राजनीतिक व्यवस्था में भी कुछ अच्छे काम कर दिखाएँ..."

# मोरारजी देसाई

जन्म : 29 फरवरी, 1896

निधन : 10 अप्रैल, 1995

**कार्यकाल**

- 24 मार्च, 1977—28 जुलाई, 1979

---

**मोरारजी** देसाई देश के छठे प्रधानमंत्री थे। वे पहले गैर कांग्रेसी प्रधानमंत्री थे जो गुजरात से सम्बन्ध रखते थे। इस तरह वे गुजरात से आने वाले पहले प्रधानमंत्री भी हुए। गांधीवादी देसाई अनुशासनबद्ध व्यक्ति थे और दूसरों से भी इसकी उम्मीद रखते थे कि वे अनुशासन का सख्ती से पालन करें। 1977 में आपातकाल विरोधी हवा ने इन्दिरा गांधी को उखाड़ फेंका, जिसके बाद मोरारजी देसाई जनता पार्टी द्वारा बनाई गई सरकार के प्रधानमंत्री बने।

हालाँकि वे मात्र दो साल तक ही प्रधानमंत्री रह पाए, मगर इस संक्षिप्त कार्यकाल में ही उन्होंने भारत-पाक मैत्री को स्थायी करने का अभिनव प्रयास किया। इसी की बदौलत वे इतिहास के ऐसे पहले भारतीय प्रधानमंत्री भी बन गए, जिन्हें दोनों देशों के शीर्ष सम्मान (उच्चतम नागरिक सम्मान) 'निशान-ए-पाकिस्तान' व 'भारतरत्न' से नवाजा गया।

देसाई ने दक्षिणपन्थी नेता अटल बिहारी वाजपेयी को देश का विदेश मंत्री बनाया। वाजपेयी ने भारत-पाक मैत्री की राह प्रशस्त की तथा 17 साल बाद दोनों देशों के बीच क्रिकेट स्पर्धा शुरू की। यही नहीं वाजपेयी ने बड़ी दूरदर्शिता के साथ भारत के अन्य पड़ोसी देशों से भी मधुर सम्बन्ध बनाने के गम्भीर प्रयास किए।

कहा जाता है कि देसाई ने कश्मीर समस्या हल करने की पूरी योजना तैयार कर ली थी और पाकिस्तान के राष्ट्रपति जनरल जियाउल-हक के साथ वे इस सम्बन्ध में करार करने वाले थे। जिया की इच्छा थी कि इसके लिए वे भारत दौरे पर आएँ और यहीं इसकी घोषणा की जाए। यह सब होता, इससे पहले ही भारत में देसाई की जनता पार्टी वाली सरकार गिरा दी गई। दोनों देशों के सम्बन्धों पर नजर रखने वाले विशेषज्ञों का कहना है कि कश्मीर समस्या पर इस्लामाबाद के साथ एक दीर्घकालिक और महत्त्वपूर्ण करार करने का यह अन्तिम मौका था।

देसाई ने देश की विदेश नीति में आमूलचूल परिवर्तन किया। जवाहरलाल नेहरू व इन्दिरा गांधी के सत्ताकाल में कम्युनिस्ट सोवियत संघ (रूस गणराज्य) की ओर झुकाव वाली 'गुटनिरपेक्ष' नीति चलाई जा रही थी। मोरारजी देसाई इसके विपरीत चले। उन्होंने दक्षिणपन्थी विचारकों का अनुसरण करते हुए, तब तक अछूत माने जाने वाले पूँजीवादी अमेरिका की ओर कदम बढ़ाए। उन्होंने अमेरिका का दौरा कर वाशिंगटन में अमेरिकी राष्ट्रपति निक कार्टर से भेंट की तथा 1978 में उनके भारत दौरे का मार्ग प्रशस्त किया।

मोरारजी देसाई का झुकाव अमेरिका की ओर जरूर था, लेकिन उन्होंने अमेरिका से मित्रता के लिए देशहित से समझौता नहीं किया। इसीलिए एक मौके पर उन्होंने एक प्रेस रिपोर्टर को स्पष्ट कह दिया था कि परमाणु अप्रसार सन्धि पर हस्ताक्षर करने के लिए अमेरिका द्वारा बनाया जा रहा दबाव पूरी तरह अव्यावहारिक व पाखंडपूर्ण था। उनके शब्द थे, "इससे आपके द्वारा दोहरे मानदंड अपनाए जाने का पता चलता है। आप खुद तो पूरे विश्व को तहस-नहस करने की क्षमता (वाले परमाणु हथियार) रखते हो और इस बाबत कुछ नहीं करते, लेकिन हम पर इस (परमाणु अप्रसार) का दबाव बनाना चाहते हैं।"

**महत्त्वपूर्ण फैसला**

- 16 जनवरी, 1978 को एक अध्यादेश जारी कर 1000, 5000 और 10,000 रुपये के नोटों को वापस लिया।

> **मुख्य उपलब्धियाँ**
>
> - पाकिस्तान के साथ रिश्ते सुधारने की दिशा में महत्त्वपूर्ण कदम उठाए।
> - पाकिस्तान ने उन्हें 'निशान-ए पाकिस्तान' सम्मान से नवाजा, भारत ने 'भारतरत्न' से।

संयम व योग के झंडाबरदार प्रधानमंत्री देसाई ने स्व-मूत्रपान की महिमा बखानकर लाखों भारतीय नागरिकों को अचंभित व व्याकुल कर दिया। निज अनुभव के आधार पर उन्होंने अपनी लम्बी उम्र का श्रेय रोजाना दो बार खुद के मूत्र-सेवन को दिया। उन्होंने इसे 'जीवनदायक जल' भी ठहराया। इसी तरह बढ़ती आबादी पर नियंत्रण के लिए संयम को उत्तम उपाय बताते हुए उन्होंने रहस्योद्घाटन किया कि पाँचवीं सन्तान के बाद उन्होंने पत्नी से सम्बन्ध बनाना छोड़ दिया। 'द स्टोरी ऑफ माय लाइफ' नामक अपनी आत्मकथा में देसाई ने लिखा है :

"मैं किसी को अपने से हीन नहीं मानता, न ही मैं खुद को दूसरों से श्रेष्ठ मानता हूँ। वयस्क होने के बाद से ही मैं समझ गया था कि सच बोलने की आदत डाल लेना चाहिए और सच के सिवा कुछ नहीं बोलना चाहिए। इसके अलावा पाल ली गईं दूसरी आदतें इनसान को अपना गुलाम बना लेती हैं। इससे वह कमजोर तथा दूसरों पर आश्रित हो जाता है।"

मोरारजी देसाई स्पष्ट व कड़वा बोलने वाले व्यक्ति थे। किसी भी तरह की आलोचना या निन्दा उन्हें अपनी बात कहने से रोक नहीं सकती थी। हर किसी से भिड़ जाने की अपनी आदत और आक्रामकता से वे विपक्षियों को एकदम चुप करा देते थे। पत्रकारों, राजनीतिज्ञों, यहाँ तक कि शासन प्रमुखों या अन्य सम्माननीय अतिथियों के सामने भी वे लच्छेदार भाषा बोलने के बजाय उनके मुँह पर ही खरी बात बोल जाते थे। फिर चाहे समय कैसा हो या उनके ऐसा बोल देने से भले ही कोई नुकसान हो जाए।

राजनीतिक बिसात पर मोरारजी देसाई सदैव प्रधानमंत्री पद के दावेदार रहे। सन् 1964 में जवाहरलाल नेहरू की मौत के बाद लालबहादुर शास्त्री

को प्रधानमंत्री बना दिया गया और मोरारजी कड़वा घूँट पी कर रह गए। जनवरी, 1966 में शास्त्री भी चल बसे, लेकिन मोरारजी एक बार फिर इस पद से वंचित कर दिए गए। उनकी जगह इन्दिरा गांधी को प्रधानमंत्री बना दिया गया।

दरअसल शास्त्री की असामयिक मृत्यु हो गई। उसके बाद कांग्रेस के तत्कालीन अध्यक्ष के. कामराज ने इन्दिरा गांधी को आहिस्ता-आहिस्ता शास्त्री की उत्तराधिकारी के रूप में प्रस्तुत करना शुरू कर दिया था। जबकि मोरारजी देसाई के नेतृत्व में कांग्रेस नेताओं के एक गुट ने इन्दिरा को भावी प्रधानमंत्री के रूप में प्रस्तुत करने का विरोध किया था। लेकिन मोरारजी अपने उद्देश्य में कामयाब नहीं हो सके थे।

# चरण सिंह

जन्म : 23 दिसम्बर, 1902

निधन : 29 मई, 1987

**कार्यकाल**

- 28 जुलाई, 1979—14 जनवरी, 1980

---

**चरण** सिंह, जिन्हें अमूमन चौधरी चरण सिंह या चौधरी साब भी कहा जाता था, बहुत थोड़े समय के लिए भारत के प्रधानमंत्री बन पाए। सियासी दगाबाजी का शिकार होकर जल्द ही उन्हें यह पद छोड़ना पड़ा। उन्हें देश के अग्रणी किसान नेताओं में रखा जा सकता है। ऐसा बड़ा नेता जिसने देश के बहुसंख्यक मगर उपेक्षित वर्ग यानी किसानों को राष्ट्रीय राजनीति के केन्द्र में रखा। उन्हें ऐसा चिन्तक भी कहा जा सकता है, जिसके कृषक वर्ग पर किए गए मौलिक चिन्तन के अध्ययन की आवश्यकता है। 1979 में जब मोरारजी देसाई के नेतृत्व वाली जनता पार्टी सरकार गिरी तो चौधरी चरण सिंह भारत के प्रधानमंत्री पद पर आसीन हुए। मोरारजी देसाई की सरकार में वे न केवल केन्द्रीय गृह मंत्री थे, बल्कि देश के उपप्रधानमंत्री भी बनाए गए थे। इससे पहले वे दो बार उत्तर प्रदेश के मुख्यमंत्री की कुर्सी सँभाल चुके थे।

अपने लम्बे राजनीतिक जीवन में पहले तो उन्होंने अपने राज्य व उत्तर भारत, फिर पूरे देश में कृषि आधारित अर्थव्यवस्था को प्रचलित करने के लिए खासा संघर्ष किया। यह चरण सिंह का महती योगदान है। वे देश के उन नेताओं में भी महत्त्वपूर्ण स्थान रखते हैं, जिन्होंने स्वतंत्रता पूर्व के आन्दोलनों में भी भाग लिया तथा स्वतंत्रता प्राप्ति के बाद भी देश की राजनीति में सक्रिय भूमिका निभाई।

अपनी राजनीतिक यात्रा में चरण सिंह ने जिला स्तर से लेकर प्रदेश तथा राष्ट्रीय स्तर तक काम किया और अपनी अथक मेहनत के बल पर कांग्रेस के विरुद्ध सशक्त आवाज बनकर उभरे।

वे एक निपुण राजनीतिज्ञ थे। ऐसा किसान नेता जिसका दावा तो सभी किसानों के प्रतिनिधित्व का था, लेकिन अमूमन वे किसानों के धनिक व मध्यवर्ग का प्रतिनिधित्व करते थे, खासतौर से जाट किसानों का। उन पर स्वार्थी तथा सत्तालोलुप होने के आरोप लगते रहे। मुख्यतः सन् 1979 के दौर में जब जनता पार्टी की सरकार गिराने में सक्रिय भूमिका निभाने के बाद वे खुद, थोड़े समय के लिए ही सही, प्रधानमंत्री बन बैठे।

दरअसल जनता पार्टी के सत्ताकाल (1977-79) में चरण सिंह ने प्रधानमंत्री मोरारजी देसाई के खिलाफ मोर्चा खोल दिया और दोनों के बीच मतभेद गहराते गए। करिश्माई नेता राजनारायण व कुछ अन्य समाजवादी नेताओं की मदद से सिंह ने सरकार में शामिल जनसंघ व आर.एस.एस. के सदस्यों की दोहरी सदस्यता का मामला उठाया तथा इन लोगों को सरकार से बाहर करने की माँग रखी। उन्होंने जून, 1979 में गुपचुप संजय गांधी से मुलाकात की और देसाई को प्रधानमंत्री पद से हटाने की योजना बना डाली। जल्दी ही योजना कार्यान्वित कर दी गई और चरण सिंह प्रधानमंत्री बन गए, जिनकी सरकार को कांग्रेस का बाहर से समर्थन हासिल था। सिंह की पार्टी भारतीय लोकदल व कांग्रेस के बीच तब सम्बन्ध इतने मधुर हो गए थे कि यह अजीब सा नारा लगाया जाता था—'चरण सिंह लाया ऐसी आँधी, देश की नेता इन्दिरा गांधी।' हालाँकि यह सम्बन्ध बहुत दूर तक नहीं जा पाए। इन्दिरा व संजय गांधी खुद सत्ता पाने को लालायित थे। चन्द दिनों बाद ही कांग्रेस ने चरण सिंह सरकार से समर्थन वापस ले लिया, जिससे यह सरकार भी गिर गई। सिंह के लिए यह बेहद अपमानजनक था कि वे महज गिनती के दिन प्रधानमंत्री रह पाए और भारत के इतिहास में ऐसे प्रधानमंत्री हो गए, जिसे संसद के एक भी सत्र में शिरकत का मौका नहीं मिला।

चरण सिंह को भले ही महज 'कुछ दिनों के प्रधानमंत्री' जैसी विकट स्थिति से गुजरना पड़ा हो, लेकिन वैसे उनकी राजनीतिक यात्रा खासी प्रभावशाली रही। उन्होंने वैचारिक तथा चारित्रिक स्तर पर दृढ़ता प्रदर्शित की। कांग्रेस में रहते हुए उन्होंने भारत के भावी विकास का मॉडल तय करने की प्रक्रिया में जवाहरलाल नेहरू तथा योजना आयोग के पहले प्रमुख पी.सी. महलनबीस से सीधी टक्कर ली। उन्होंने कृषि व ग्रामीण क्षेत्रों पर औद्योगीकरण व नगरीय विकास को प्राथमिकता देने की योजनाओं का खुला विरोध किया। उनका तर्क था कि भारत एक कृषि प्रधान देश है, जिसकी 80 प्रतिशत आबादी गाँवों में निवास करती है। यह आबादी पूरी तरह कृषि-क्षेत्र तथा उससे जुड़े हुए काम-धन्धों या उद्योगों पर आश्रित है सो उसकी अनदेखी नहीं की जानी चाहिए।

उनका मानना था कि उद्योगों को भी अपने विकास के लिए मजबूत कृषि व्यवस्था की जरूरत है सो केवल कृषि-क्षेत्र ही औद्योगिक कामगारों को अन्न तथा उद्योगों को कच्चा माल उपलब्ध करा सकता है। अपने इन्हीं विचारों के चलते उन्होंने द्वितीय पंचवर्षीय योजना से असहमति जताई, क्योंकि उसमें राज्य आश्रित औद्योगीकरण को प्राथमिकता दी गई थी। उनका विश्वास था कि औद्योगीकरण देश को समृद्धि का रास्ता नहीं दिखा सकता। यह काम कृषि के द्वारा हो सकता है, जिसके पीछे उद्योगों को चलना होगा।

चरण सिंह ने अपनी पहचान एक किसान नेता के रूप में बनाई न कि जाति आधारित नेता के रूप में। उन्होंने अपने पूरे जीवन में विभिन्न स्तर पर विभिन्न तरीकों से किसानों को सम्पन्न, समृद्ध व बलशाली बनाने का काम किया। सन् 1939 में उन्होंने उत्तर प्रदेश विधानसभा में कांग्रेस संसदीय दल के समक्ष किसानों के बेटों के लिए सरकारी नौकरियों में 50 प्रतिशत आरक्षण किए जाने का प्रस्ताव रखा। इसमें जातिगत भेदभाव नहीं था। सन् 1952 में बतौर कृषि मंत्री उन्होंने उत्तर प्रदेश जमींदारी व भूमि सुधार कानून का न सिर्फ मसौदा तैयार कराया, बल्कि उसे पारित करा के लागू भी किया। इसे वे अपने राजनीतिक जीवन की सबसे बड़ी उपलब्धि मानते थे। इस कानून

के लागू हो जाने पर खेतिहर किसानों को उन जमीनों का मालिकाना हक मिल गया, जिस पर वे स्वयं खेती करते आ रहे थे। इसका लाभ ज्यादातर मध्यम व निम्नवर्गीय तथा पिछड़ी जाति के किसानों को मिला। इसी ने उन्हें पूर्वी व पश्चिमी उत्तर प्रदेश के मध्यवर्गीय किसानों के बीच खासी लोकप्रियता दिलाई।

जवाहरलाल नेहरू द्वारा प्रस्तावित सामूहिक व सहकारी कृषि के भी चरण सिंह मुखर आलोचक थे। सन् 1959 में नागपुर में हुए कांग्रेस के वार्षिक अधिवेशन में उन्होंने कृषि सहभागिता के इस प्रस्ताव के विरुद्ध एक घंटे लम्बा भाषण दिया। अखबारों के साथ ही कांग्रेस के अनेक नेताओं द्वारा इस भाषण की खासी तारीफ की गई, लेकिन राष्ट्रीय स्तर के कई नेताओं ने उनके विचारों की आलोचना की। इसके बाद उन्होंने सहकारी कृषि की अवधारणा के विरोध में 'जॉइंट फार्मिंग एक्सरेड : द प्रॉब्लम एंड इट्स सॉल्युशन' नामक किताब लिखी। उनके मत में सहकारी कृषि का प्रयोग कभी सफल नहीं हो सकता, क्योंकि किसान का अपनी भूमि से भावनात्मक व आत्मिक लगाव होता है। इसकी सफलता कृषि कार्य को मशीनीकृत करने की माँग करती है। इसके बजाय उन्होंने इसकी वकालत की कि भूमि उन्हें सौंप दी जाए, जो उस पर खेती करते हैं। इस सम्बन्ध में उनके विचार गांधी के ग्रामीण प्रजातंत्र तथा आर्थिक संसाधनों के विकेन्द्रीकरण वाले दर्शन से प्रभावित थे।

1960 व 1970 के दशक में चरण सिंह पहले उत्तर प्रदेश, फिर राष्ट्रीय स्तर पर किसानों के राजनीतिक नेतृत्वकर्ता बनकर उभरे। उत्तर भारत की राजनीति को उन्होंने कृषि आधारित राजनीति का रुख दे दिया और संसदीय राजनीति में किसानों की सशक्त आवाज बन गए। 1967 में कांग्रेस से अलग होने के बाद उन्होंने दूसरे दलों को मिलाकर भारतीय किसान दल (भाकिद) गठित किया और उत्तर प्रदेश में पहली गैर कांग्रेसी सरकार बनाई, जिसके मुख्यमंत्री वे खुद थे। भारतीय गाँवों में जनाधार रखने वाला आजादी के बाद यह पहला राजनीतिक दल था, जो किसानों की समस्याओं तथा उनके मुद्दों की बात करता था तथा जिसका नेतृत्व भी किसान नेताओं के ही हाथ में

**मुख्य उपलब्धियाँ**

- लेखपाल के पद का सृजन
- अनाज योजना को लागू किया
- जोत अधिनियम, 1960 को लाने में महत्त्वपूर्ण भूमिका

था। जमींदारी उन्मूलन ऐक्ट के ज्यादातर लाभान्वितों, खासतौर से पिछड़ा वर्ग में दल ने अपनी गहरी पैठ बनाई और उत्तर प्रदेश में कांग्रेस के बाद दूसरी सबसे बड़ी राजनीतिक शक्ति के रूप में उभरा। 1969 में भाकिद के इस उदय ने हिन्दू राष्ट्रवादी एजेंडे को लेकर चल रहे जनसंघ के प्रभाव को उत्तर प्रदेश में कम कर दिया। 1974 के चुनाव में भाकिद ने अपनी ताकत दिखाते हुए इन्दिरा गांधी की पार्टी यानी कांग्रेस को परास्त कर दिया।

इस चुनाव में अपनी शक्ति दिखाने के बाद चरण सिंह केन्द्र की ओर चल पड़े। थोड़े समय बाद ही प्रधानमंत्री इन्दिरा गांधी ने देश में आपातकाल लगा दिया और चरण सिंह को भी जेल भेज दिया गया। आपातकाल के बाद जेल से छूटते ही वे फिर अपने काम में जुट गए और कांग्रेस का विरोध कर रहे विभिन्न दलों को मिलाकर जनता पार्टी बनाने में महत्त्वपूर्ण भूमिका निभाई। इस महती कार्य में उनका भरपूर योगदान इसी से समझा जा सकता है कि भाकिद का निशान 'हलधर किसान' ही 1977 के आम चुनाव में जनता पार्टी का चुनाव चिह्न रखा गया। चरण सिंह द्वारा किसानों में तैयार जनाधार ने जनता पार्टी का दिल से स्वागत किया और उसे आम चुनाव में भारी जीत मिली। चरण सिंह केन्द्रीय मंत्री बनाए गए और उन्होंने किसान हित में अनेक फैसले लिए, जैसे साधारण तम्बाकू से उत्पादन शुल्क हटाना, रासायनिक खादों तथा अन्य कृषि उपयोगी वस्तुओं पर उत्पादन शुल्क कम करना इत्यादि।

चरण सिंह के प्रयासों से पहले उत्तर प्रदेश और फिर राष्ट्रीय स्तर पर जो किसान राजनीति शुरू हुई, वह दूरगामी सिद्ध हुई। स्थिति यह हो गई कि 1960 से लेकर 1980 अन्त तक कोई सरकार ऐसी नहीं थी, जो किसान हित या उनकी समस्याओं की अनदेखी कर सके। कर घटाने व अनुदान

बढ़ाने, मुफ्त बिजली, पानी प्रदान करने आदि जैसी अपनी माँगें मनवाने के लिए कृषक वर्ग सरकारों पर दबाव बनाने की स्थिति में था।

चरण सिंह अपने अग्रजों जैसे महात्मा गांधी, स्वामी दयानन्द सरस्वती तथा सरदार वल्लभभाई पटेल के दर्शन से प्रभावित थे। गांधी का अनुयायी होने के नाते वह सादा जीवन जीते थे तथा पूरा जीवन ग्रामीण व कृषि-क्षेत्रों के लिए समर्पित रहे। लघु और कुटीर उद्योगों का समर्थन करते हुए उन्होंने अर्थव्यवस्था के विकेन्द्रीयकरण पर बल दिया। अपनी पुस्तक 'इंडियाज इकोनॉमिक पॉलिसी : द गांधियन ब्लू प्रिंट' (1978) में उन्होंने भारतीय अर्थव्यवस्था के सामने मौजूद समस्याओं का गांधीवादी हल सुझाया है। स्वामी दयानन्द सरस्वती के विचारों का अनुसरण करते हुए वे अपनी पूरी शक्ति से जाति आधारित व्यवस्था की मुखालिफत करते रहे। इस समस्या से निपटने के लिए उन्होंने अन्तर्जातीय विवाह का तरीका सुझाया। उनका यह भी विचार था कि जिन शिक्षण संस्थानों के नाम जाति विशेष आधारित हैं, सरकार को उनकी आर्थिक सहायता रोक देनी चाहिए। उन्होंने तो यह प्रस्ताव तक रख दिया कि उन लोगों को राजपत्रित अधिकारी के रूप में न रखा जाए, जिन्होंने अपनी ही जाति में विवाह किया हो। पटेल से उन्होंने सीखा कि आम किसान का नेता तथा एक सख्त प्रशासनिक शक्ति कैसे बना जाता है।

किसी भी इनसान की तरह चरण सिंह की भी सीमाएँ थीं। उन्होंने छात्र राजनीति का विरोध किया तथा सन् 1970 में जब वे दोबारा उत्तर प्रदेश के मुख्यमंत्री बने तो छात्रसंघ चुनाव पर रोक लगा दी। गांधीवादी होने के बावजूद स्वतंत्र भारत में उन्होंने असहयोग आन्दोलन व सत्याग्रह की राजनीति का विरोध किया। उनका मानना था कि जब एक बार लोकतंत्र स्थापित हो गया है तो हमें असहयोग आन्दोलन के बजाय चुनावी या दलीय राजनीति का रास्ता अपनाना चाहिए।

भारत के कम्युनिस्ट नेता चरण सिंह को 'जमींदार' कहकर ताना कसते थे और चरण सिंह खुद इन नेताओं को पसन्द नहीं करते थे। अलबत्ता कम्युनिस्टों

का संयम व सादा जीवन शैली चरण सिंह को बहुत पसन्द थी। आलस्य व भ्रष्टाचार में डूबे सार्वजनिक क्षेत्र और बड़े पूँजीपतियों के चरण सिंह घोर विरोधी थे। पूँजीवाद के विकास में भयानक असमानता देख, वे इसकी कटु आलोचना करते थे। नौकरशाहों से वे मित्रता नहीं रखते थे। विशेषाधिकार प्राप्त कर चुके या उद्योगपतियों द्वारा पाले जा रहे संगठित मजदूर संगठनों के भी वे पक्षधर नहीं थे।

विचारों से चरण सिंह पूरी तरह ग्रामीण परिवेश की मानसिकता रखते थे, सो उन्होंने देश की समस्याओं के लिए उपाय भी उसी प्रकार के सुझाए। गांधीवाद से वह बहुत प्रभावित थे, इसीलिए नव-पूँजीवादी वर्ग द्वारा उन्हें 'पिछड़ा' कहकर हमला भी किया जाता रहा। वैसे जितनी उन्होंने इच्छा की और पाया वह जाति व्यवस्था की ही देन थी, साथ ही दरकिनार कर दिए गए, छोटे व मध्यम दर्जे के किसानों की देन भी।

चरण सिंह बहुत अच्छे लेखक भी थे। उन्होंने कई किताबें व पैम्फलेट्स लिखे। इनमें भारत के विकास की परिष्कृत व सुसंगत वैकल्पिक नीतियाँ नजर आती हैं। यह जवाहरलाल नेहरू व इन्दिरा गांधी के दृष्टिकोण से बिलकुल भिन्न नीतियाँ हैं। चरण सिंह द्वारा प्रस्तुत की गई यह प्रकाशित सामग्री उसे अब तक दिए गए महत्त्व से कहीं ज्यादा महत्त्वपूर्ण है। दरअसल वे देश के धनी व मध्यवर्गीय कृषक वर्ग के अपरम्परागत व मौलिक चिन्तक थे। उनका राजनीतिक करियर व वैचारिक परम्परा दोनों अति महत्त्वपूर्ण व ध्यान दिए जाने योग्य हैं। चरण सिंह का सम्यक् मूल्यांकन होना अभी बाकी है।

# राजीव गांधी

जन्म : 20 अगस्त, 1944

निधन : 21 मई, 1991

**कार्यकाल**

• **पहला :** 31 अक्टूबर, 1984—31 दिसम्बर, 1984 • **दूसरा :** 31 दिसम्बर, 1984—2 दिसम्बर, 1989

---

31 अक्टूबर, 1984 को प्रधानमंत्री इन्दिरा गांधी की हत्या से उपजी असाधारण परिस्थिति में उनके पुत्र राजीव गांधी ने देश का सर्वोच्च पद सँभाला।

राजीव गांधी उस समय अमेठी से सांसद व कांग्रेस महासचिव थे। वे बंगाल का दौरा कर रहे थे कि उन्हें प्रधानमंत्री व अपनी माँ की हत्या की दुख भरी खबर मिली। दौरा अधूरा छोड़ तुरन्त वह दिल्ली के लिए उड़ चले। दिल्ली पहुँचते ही इन्दिरा गांधी के सचिव पी.सी. अलेक्जेंडर व दीगर विश्वस्त व्यक्तियों ने उन्हें बताया कि कैबिनेट तथा कांग्रेस पार्टी चाहती है कि प्रधानमंत्री का पद सँभालें। राजीव की पत्नी सोनिया गांधी इस निर्णय के खिलाफ थीं और उनसे बार-बार याचना कर रही थीं कि यह प्रस्ताव अस्वीकार कर दें। अलेक्जेंडर के मुताबिक एम्स में बाकायदा प्रयास करके उन्होंने राजीव व सोनिया को दूर-दूर रखा। इस पद ग्रहण को राजीव ने अपना दायित्व समझा, जबकि इन्दिरा की हत्या के सदमे से उबरने में सोनिया को कई माह लगे।

प्रधानमंत्री बनने के बाद युवा राजीव गांधी ने तयशुदा कार्यक्रम को दरकिनार करते हुए समय से पहले ही देश में आम चुनाव की घोषणा कर दी तथा आक्रामक चुनाव अभियान में जुट गए। तब पंजाब में अलगाववादी आन्दोलन चल रहा था। उग्र सिख अलगाववादी अपने लिए अलग देश की

माँग कर रहे थे। राजीव का चुनाव अभियान इसी आन्दोलन पर केन्द्रित रखा गया था, जिसका परोक्ष एजेंडा हिन्दू बहुसंख्यकों में पनप रही असुरक्षाबोध की भावना को भुनाना तथा राजीव के नेतृत्व वाली कांग्रेस को ऐसी एकमात्र पार्टी के रूप में प्रस्तुत करना था जो उनकी सुरक्षा करने में सक्षम थी।

निश्चित ही उस समय राजीव के पक्ष में जबर्दस्त लहर थी। चुनाव में कांग्रेस को लोकसभा की 543 सीटों में से 415 पर जीत हासिल हुई। यह वह संख्या थी, जहाँ तक राजीव की माँ इन्दिरा गांधी तथा नाना जवाहरलाल नेहरू भी नहीं पहुँच पाए थे। इन्दिरा की निर्मम हत्या से मिली सहानुभूति के साथ ही यह राजीव द्वारा की गई अनथक मेहनत की भी जीत थी। चुनाव प्रचार के 25 दिनों में उन्होंने कार, हेलिकॉप्टर व वायुयान द्वारा 50 हजार किलोमीटर से ज्यादा की यात्राएँ कीं।

चुनाव में मिली अपार सफलता के बाद इस तरह की बातें भी कही जाने लगीं कि राजीव व आर.एस.एस. के तत्कालीन मुखिया बाला साहब देवरस के बीच गुप्त बैठक हुई थी। परिणामस्वरूप आर.एस.एस. ने अपने राजनीतिक संगठन भाजपा के होते हुए भी 1984 के इस चुनाव में कांग्रेस को समर्थन देने का फैसला किया। हालाँकि भाजपा अब राजीव गांधी की कांग्रेस के साथ आर.एस.एस. के किसी भी समझौते का खंडन करती है।

इस लोकसभा चुनाव में कांग्रेस की ऐसी आँधी चली कि विपक्ष की धज्जियाँ उड़ गईं।

कांग्रेस की इस भारी-भरकम जीत को राष्ट्रीय व अन्तरराष्ट्रीय मीडिया ने भी अभूतपूर्व माना। 'टाइम' मैगजीन ने इसे परिवर्तन, सुधार तथा कार्यकुशलता के लिए जनादेश बताया। 'न्यूजवीक' ने इसे जे.एफ. केनेडी को मिली जीत के समतुल्य ठहराया तो 'इंडिया टुडे' ने कांग्रेस की अति की हद तक प्रशंसा करते हुए इन परिणामों को कई मिथक तोड़ने वाला कह दिया। पहली और शायद आखिरी बार भी 24, अकबर रोड, दिल्ली स्थित ऑल इंडिया कांग्रेस कमेटी मुख्यालय, महाविजय की इस खुशी में तीन दिन तक रौशनी से जगमगाता रहा।

1984 के आम चुनाव ने देश की आन्तरिक राजनीति को गहरे तक प्रभावित किया। नवगठित भारतीय जनता पार्टी को मात्र दो सीटें मिल पाईं। भाजपा के पितृ पुरुष कहे जाने वाले अटल बिहारी वाजपेयी को ग्वालियर से माधवराव सिंधिया ने हरा दिया, तो उत्तर प्रदेश के दिग्गज नेता हेमवती नन्दन बहुगुणा को बॉलीवुड के महानायक अमिताभ बच्चन ने परास्त किया। बेशक इसमें इन्दिरा गांधी की दर्दनाक हत्या से उपजी सहानुभूति लहर का भी बड़ा हाथ था। तभी तो चुनावी सभा को सम्बोधित करते हुए अमिताभ याद दिलाते थे, 'जब मैंने इन्दिरा जी के शरीर को इन्हीं दोनों हाथों में उठाया।'

**दूरगामी फैसले**

- दूरसंचार क्रान्ति
- कम्प्यूटर क्रान्ति
- टेक्नोलॉजी मिशन
- वोट देने की न्यूनतम आयु सीमा घटाकर 18 साल की।
- ईवीएम मशीनों की शुरुआत
- पंचायती राजव्यवस्था को सशक्त किया।
- आर्थिक सुधारों का रास्ता खोला।

राजीव को मिली इस अपार सफलता का कांग्रेस पर भी भारी प्रभाव पड़ा। इन्दिरा व संजय गांधी के निकट रहे कई वरिष्ठ नेता एकदम बेआसरा से हो गए। राजीव का दरबार परम्परागत दरबारों से कुछ अलग था। इसमें तकनीकी विशेषज्ञ, राजनीति के चाणक्य, स्वतंत्र व प्रयोगधर्मी उद्यमी तथा समय गति पहचानने वाले शामिल थे। इनके अलावा पी.वी. नरसिम्हा राव तथा एन.डी. तिवारी जैसे सलाहकारों, पी. चिदम्बरम व मणिशंकर अय्यर जैसे विषय-विशेषज्ञों के साथ ही बूटा सिंह, अरुण नेहरू व सीताराम केसरी जैसे राजनीतिक जोड़-तोड़ के माहिर भी शामिल थे।

तब राजीव की छवि बेहद साफ-सुथरी थी। उन पर किसी गड़बड़, घोटाले के दाग नहीं थे। उज्ज्वल छवि वाले, दून स्कूल तथा सेंट स्टीफेंस

कॉलेज के कुछ ऐसे ही सहपाठी भी उनके साथ थे। मीडिया ने उन्हें 'मिस्टर क्लीन' पुकारना शुरू कर दिया था, हालाँकि यह सिलसिला लम्बा नहीं चल सका। कुछ समय बाद ही बोफोर्स, फायरफैक्स तथा एचडीडब्ल्यू पनडुब्बी डील में हुए घोटालों की खबरें सामने आने लगीं। इससे कई लोगों के साथ उनके आपसी सम्बन्ध खराब हो गए। 'मिस्टर क्लीन' वाली इमेज को भी इससे धक्का पहुँचना ही था।

बोफोर्स घोटाले में राजीव का नाम घसीटे जाने पर उनके निकट सहयोगी मणिशंकर अय्यर ने इसमें अरुण नेहरू की भूमिका पर खुलकर लिखा। अरुण नेहरू भी राजीव के निकटस्थ थे और केन्द्रीय मंत्रिमंडल में शामिल थे। एक लेख में मणिशंकर अय्यर ने लिखा, "अगले चुनाव अभी तीन साल दूर हैं। अगर उन्होंने (राजीव गांधी ने) एई सर्विस पेमेंट से कोई लाभ अर्जित किया है, तो उनके लिए उस अकाउंट को खत्म करना जरूरी नहीं था, क्योंकि वह तो पहले ही खत्म किया जा चुका था। बोफोर्स-एई सर्विसेज कंट्रैक्ट के रद्द किए जाने से समझा जा सकता है कि अगस्त-सितम्बर, 1986 में क्या हुआ था?"

अय्यर के मुताबिक जब एई सर्विसेज कंट्रैक्ट समाप्त हो रहा था, तब केन्द्रीय ऊर्जा राज्य मंत्री अरुण नेहरू को मंत्रिमंडल से निकाला जा चुका था। "अप्रैल, 1986 में जब एक सघन हृदयाघात के बाद अरुण श्रीनगर में स्वास्थ्य लाभ ले रहे थे, तब राजीव उन्हें देखने नहीं जा सके। अरुण के करीबी रिश्तेदार, प्रभावशाली नेता तथा पार्टी व सरकार में गहरी पैठ रखने वाले व्यक्ति थे। इसलिए अरुण व राजीव के सम्बन्धों में आई खटास पर राजनीतिक क्षेत्रों तथा मीडिया में काफी कुछ कहा गया। किसी भी सामान्य व्यक्ति की तरह बोफोर्स व ए.ई. सर्विसेज भी जानते थे कि अरुण सत्ताधारी दल के प्रभावशाली व्यक्ति हैं। उनके राजनीतिक प्रभाव के चलते ही एई सर्विसेज का करार एकदम रद्द कर दिया गया था।"

अरुण नेहरू ताउम्र पूरे समय अय्यर के इन आरोपों का खंडन करते रहे कि बोफोर्स का मुद्दा वही चर्चा में लाए हैं। उन्होंने कहा, "जनमोर्चा

गठित करने के साथ ही हमने राजीव का विरोध शुरू कर दिया था। तभी अमिताभ बच्चन व अजिताभ बच्चन के फ्लैटों की जानकारियाँ सामने आईं। राजीव व कांग्रेस के दीगर लोगों ने कहना शुरू कर दिया कि यह अरुण नेहरू व वी.पी. सिंह की कलाकारी है, परन्तु बाद में भेद खुला कि बच्चन परिवार के दस्तावेज किसी और ने आम किए थे। बहरहाल यह राजनीतिक युद्ध था, हमें अपने प्रतिद्वंद्वियों का जो भी कमजोर बिन्दु मिला, हमने उसका इस्तेमाल किया।" हालाँकि बोफोर्स मामले में अपना नाम घसीटे जाने पर बच्चन परिवार के सदस्य एक स्वीडिश प्रकाशन संस्थान के विरुद्ध मानहानि का मुकदमा जीत गए।

**महत्त्वपूर्ण पहल**

- राष्ट्रीय शिक्षा नीति का विस्तार
- नवोदय विद्यालय
- पर्यावरण को प्राथमिकता

इससे इतर आज भी बहुत से कांग्रेसी मानते हैं कि यह अरुण नेहरू ही थे, जिन्होंने फरवरी, 1986 में राजीव गांधी को अयोध्या स्थित बाबरी मस्जिद-राम मन्दिर का ताला खोलने की सलाह दी थी।

इसी तरह के एक और विवाद में राजीव गांधी तब फँस गए जब उन्होंने 1985-86 में सुप्रीम कोर्ट द्वारा शाह बानो केस में सुनाए गए फैसले को संसद के जरिये उलट दिया। इंदौर (मध्य प्रदेश) के एक वकील मुहम्मद अहमद ने अपनी पत्नी शाह बानो को तलाक दे दी। शाह बानो ने गुजारा-भत्ते का केस लगा दिया कि उनकी आय का कोई अन्य साधन नहीं है। एक लम्बी जंग के बाद मामला सुप्रीम कोर्ट जा पहुँचा और देश के सर्वोच्च न्यायालय ने भारतीय दंड विधान के अनुच्छेद 125 के तहत फैसला सुना दिया। इस फैसले में एक तलाकशुदा महिला को उसके पूर्व पति द्वारा गुजारा भत्ता दिए जाने के निर्देश दिए गए थे।

मुस्लिम धर्मगुरु इस निर्णय को इस्लामी शरीअत में दखलन्दाजी करार देकर कड़ा विरोध करने लगे। विरोध बढ़ते देख राजीव गांधी ने सुप्रीम कोर्ट का यह फैसला उलट दिया।

उस दिन से आज तक हिन्दू कट्टरपन्थी व लिबरल तबका राजीव गांधी को निरंतर निशाना बनाते हैं कि उन्होंने मुस्लिम तुष्टीकरण की खातिर पुरातनपन्थी मुस्लिम धर्मगुरुओं के आगे घुटने टेक दिए। कुछ समकालीन इतिहासकार मानते हैं कि शाह बानो केस में मुस्लिम कट्टरपंथियों के आगे समर्पण करने के बाद अयोध्या में राम मन्दिर का ताला खुलवाना राजीव का 'सॉफ्ट हिन्दुत्व' तथा सन्तुलन बनाने का एक प्रयास था।

लेकिन राजीव के साथी और विश्वासपात्र आई.ए.एस. अधिकारी वजाहत हबीबुल्लाह इस तथ्य से बिलकुल इनकार करते हैं।

जम्मू-कश्मीर कैडर के आई.ए.एस. हबीबुल्लाह, उस वक्त राजीव गांधी के पी.एम.ओ. में थे। उन्होंने अपनी किताब 'माई इयर्स विद राजीव : ट्राइम्फ एंड ट्रेजेडी' में कहा है कि जब उन्होंने तत्कालीन प्रधानमंत्री से पूछा कि क्या वह ताला खोलने से जुड़े इन फैसलों में शामिल थे, तो राजीव का जवाब त्वरित और सीधा था—"किसी सरकार का ये काम नहीं होता कि वह पूजास्थलों के कामकाज तय करने जैसे मामलों में दखल दे। मुझे इस घटनाक्रम का तब तक पता नहीं था। आदेश पारित होने और उस पर अमल होने के बाद तक मुझे बताया नहीं गया था।"

राजीव का ये जवाब सुनकर थोड़ा चौंकने वाले हबीबुल्लाह ने उनसे अगला सवाल किया—"लेकिन, सर, आप प्रधानमंत्री थे।" इस पर राजीव का जवाब था, "मैं असल में था। फिर भी मुझे इस कार्रवाई के बारे में सूचित नहीं किया गया, और मैंने वीर बहादुर सिंह से स्पष्ट करने को कहा था। (वीर बहादुर सिंह उस वक्त उत्तर प्रदेश के मुख्यमंत्री थे, जिनकी निगरानी में, और जैसी कि अफवाहें थीं, जिनके निर्देशों पर मजिस्ट्रेट ने यह फैसला लिया जिसके दूरगामी प्रभाव पड़े)। मुझे सन्देह है कि यह अरुण (नेहरू) और फोतेदार (माखनलाल) थे जो जिम्मेदार थे, लेकिन मैं यह वेरीफाई करा रहा हूँ। अगर यह सच है तो मैं कार्रवाई करने पर विचार करूँगा।"

**महत्त्वपूर्ण कदम**

- पंजाब, असम, मिजोरम शान्ति समझौते
- चीन की ऐतिहासिक यात्रा

दून स्कूल में राजीव गांधी के साथ पढ़े हबीबुल्लाह के मुताबिक यह बातचीत सितम्बर 1986 में हुई जब वह बोइंग के अन्दर पीएम के केबिन में राजीव के सामने बैठे थे और सूखे की मार झेल रहे गुजरात के लिए उड़ान पर थे। 1 फरवरी, 1986 को फैजाबाद की एक स्थानीय अदालत ने बाबरी मस्जिद-राम जन्मभूमि स्थल पर यथास्थिति बरकरार रखने सम्बन्धी स्टे ऑर्डर को हटा दिया था जो 1949 में पास हुआ था।

राजीव गांधी ने बाबरी मस्जिद-राम जन्मभूमि पर 'अविवेक' दिखाने के लिए चचेरे भाई अरुण नेहरू के खिलाफ कार्रवाई की और नवम्बर, 1986 में उन्हें आन्तरिक सुरक्षा राज्य मंत्री पद से हटा दिया। अरुण नेहरू राजीव के करीबी और दमदार मंत्री माने जाते थे। यह थोड़ा हैरतअंगेज था कि अरुण ने इस तरह अपनी छुट्टी किए जाने पर थोड़ी ही कड़वाहट दिखाई और सांसद और परिवार के सदस्य के तौर पर तब तक अपना काम करते रहे, जब तक कि जुलाई, 1987 में राजीव के खिलाफ वी.पी. सिंह के साथ कंधा मिलाकर नहीं खड़े हो गए।

बाबरी मस्जिद-राम जन्मभूमि स्थल का ताला खुलने को लेकर राजीव, अरुण नेहरू और वीर बहादुर सिंह के बीच जो कुछ हुआ, उसका हबीबुल्लाह दिलचस्प अन्दाज से खाका खींचते हैं। अपनी याददाश्त पर भरोसा करते हुए हबीबुल्लाह ने अपनी किताब में पी.एम.ओ. के काम करने के तरीके का ब्योरा दिया है।

अधिकतर सारी जानकारी रखने वाले राजीव किस तरह अयोध्या में अहम घटनाक्रम को लेकर पूरी तरह अनजान रहे, इस बारे में हबीबुल्लाह ने लिखा है, "वीर बहादुर सिंह को उनसे (अरुण नेहरू) जो भी निर्देश मिले वे उन्होंने बतौर मुख्यमंत्री प्रधानमंत्री के आदेश की तरह लिए।

संयोगवश वे अपना पद उनकी (अरुण नेहरू) ही मेहरबानी मानते थे। पी.एम.ओ. में उस वक्त चल रही फाइलों में मस्जिद को लेकर किसी भी मामले पर कोई विमर्श नहीं हुआ। यह मैं जानता था, क्योंकि मैं साम्प्रदायिक सम्बन्धों से जुड़े मसलों को डील करने वाला अधिकारी था।"

हबीबुल्लाह ने अपनी किताब में सितम्बर, 1986 में गुजरात यात्रा के दौरान राजीव से पूछे गए अपने इस सवाल को भी दर्ज किया है, "मैं समझ सकता हूँ कि तालों को हटाने से किसी भी तरह से यथास्थिति नहीं बदलने वाली थी, लेकिन हिन्दू समुदाय के वर्गों से आपकी पार्टी को समर्थन मिल सकता था, क्या यह महसूस नहीं किया गया कि इस तरह का लाभ केवल सीमित हो सकता है और क्योंकि कांग्रेस का सार धर्मनिरपेक्षता में निहित है, ऐसे में घटनाक्रम को अधिकतम अपने हक में नहीं भुनाया जा सकता क्योंकि ये धुर दक्षिणपन्थी होंगे जो नतीजे को अपहृत कर लेंगे और फिर इसे अपनी जीत के बिगुल की तरह बजाएँगे।"

यही था जो आखिरकार सामने आया, काफी खून, नफरत और अशान्ति के साथ।

कारण जो भी रहे हों, राजीव अपनी नैसर्गिक सादगी के चलते ऐसी कई उपलब्धियों को प्रस्तुत कर उनका फायदा उठाने में नाकाम रहे, जो पूरी तरह उनकी ही देन हैं। जैसे देश में तकनीकी विशेषकर संचार क्रान्ति का पदार्पण, शिक्षा के क्षेत्र में नवाचार तथा आर्थिक सुधार। बाद में एम.एस. गिल ने आकलन किया कि राजीव की असफलता यह नहीं थी कि वे अपने वादे पूरे नहीं कर पाए, बल्कि यह थी कि अन्त में वे उन्हीं शक्तियों के साथ खड़े हो गए, जिनके विरुद्ध उन्होंने सतत जंग लड़ी थी।

भारत के संसदीय इतिहास में राजीव की चुनावी जीत सबसे बड़ी थी। 50 प्रतिशत से ज्यादा वोट प्राप्त करने के साथ ही संसद के दोनों सदनों में उन्हें भारी बहुमत प्राप्त था जो किसी पार्टी को कभी नहीं मिला। इसके

बावजूद अगले चार सालों में कांग्रेस असम, पंजाब, जम्मू-कश्मीर व मिजोरम जैसे प्रान्तों में चुनाव हार गई, वह भी तब जबकि सरकार इन संकटग्रस्त राज्यों में स्थिति बेहतर करने के प्रयासों में लगी थी।

**विवादित फैसले**

- श्रीलंका में भारतीय सेना का दखल
- शाहबानो प्रकरण में मुस्लिम लॉ को महत्त्व
- अयोध्या के राम मन्दिर का ताला खुलवाया

असम में दिसम्बर, 1985 में असम गण परिषद् की सरकार बनी। राजीव के नेतृत्व में चल रही कांग्रेस सरकार के हाथ से निकल जाने वाले आठ राज्यों में यह पाँचवाँ ऐसा राज्य था, जहाँ किसी क्षेत्रीय दल की सरकार बन गई। सन् 1986 में लालडेंगा को ब्रिटेन से बुलाकर मिजोरम का मुख्यमंत्री बनाया गया, साथ ही मिजोरम को पूर्ण राज्य का दर्जा भी दिया गया। 1986 में ही राजीव ने जम्मू-कश्मीर के वरिष्ठ नेता फारूक अब्दुल्लाह की नेशनल कॉन्फ्रेंस के साथ मिलकर साझा सरकार बना ली। इससे घाटी में कांग्रेस के महत्त्वपूर्ण नेता नाराज हो गए और उन्होंने पार्टी छोड़ दी। राजीव सरकार में केन्द्रीय मंत्री रहे प्रभावशाली नेता मुफ्ती मुहम्मद सईद ने विरोधस्वरूप कांग्रेस छोड़कर पीपुल्स डेमोक्रेटिक पार्टी (पीडीपी) के नाम से अपनी पार्टी बना ली। पंजाब में भी ऐसा ही कुछ हुआ, जब सेक्यूलर व सबको साथ लेकर चलने वाले मुख्यमंत्री दरबारा सिंह को खुद उनकी संरक्षक इन्दिरा गांधी ने हटा दिया। सितम्बर 1985 में राजीव ने पंजाब विधानसभा के चुनाव कराए, जिसके बाद वहाँ अकाली दल की सरकार बन गई। इन उदाहरणों से साफ नजर आता है कि राजीव की सत्ता छोड़कर पुन: उसे हासिल करने की नीति नाकाम रही और ज्यादातर प्रान्तों में कांग्रेस को हार का मुँह देखना पड़ा। इससे पार्टी में बेचैनी फैलने लगी।

1989 के आम चुनाव में कांग्रेस को जबरदस्त हार का सामना करना पड़ा और राजीव सत्ता से बेदखल हो गए। भारत का प्रशासनिक ढाँचा ऊपर से नीचे तक भ्रष्टाचार के शिकंजे में फँस चुका था। इन्दिरा के समय,

आपातकाल के दौरान यह पतन शुरू हो चुका था। 1989 तक आते-आते कानून, मानवीय गरिमा तथा व्यक्तिगत अधिकारों का हनन आम हो गया। नौबत यह आ गई कि प्रशासनिक स्तर पर कोई इन मूल्यों की बात करने वाला तक नहीं रहा।

राजीव द्वारा अपने सत्ताकाल में एक मानहानि निरोधक कानून पारित कराया गया, जिसके द्वारा 'अश्लील व फूहड़ लेखन' को 'आपराधिक कृत्य' करार दिया गया था। समाचार जगत व देश के प्रबुद्धजनों ने इस कानून का भरपूर विरोध किया, जिससे राजीव सरकार को यह कानून वापस लेना पड़ा।

सितम्बर, 1988 में चर्चित लेखक सलमान रुश्दी का उपन्यास 'द सेटेनिक वर्सेज' इंग्लैंड में प्रकाशित हुई। छपते ही यह पुस्तक विवादों में आ गई और प्रकाशित होने के सिर्फ 9 दिन बाद इस पर आश्चर्यजनक रूप से भारत में प्रतिबन्ध लगा दिया गया। एक और अजीब बात यह थी कि यह पुस्तक भारतीय कस्टम्स ऐक्ट के तहत प्रतिबन्धित की गई थी, जिसका सम्बन्ध वित्त मंत्रालय से होता है। उक्त पुस्तक के खिलाफ ईरान के तत्कालीन सुप्रीमो आयतुल्लाह खुमैनी ने फतवा जारी किया था तथा भारत में इस पुस्तक को प्रतिबन्धित करते हुए सरकार द्वारा 'देश की सुरक्षा' तथा 'देश के भीतर शान्ति' स्थापित रहने जैसे शब्द इस्तेमाल किए गए थे।

रुश्दी की पुस्तक को इस तरह प्रतिबन्धित किए जाने से देश के उदारवादी तबके व बहुसंख्यक वर्ग की नजर में राजीव गांधी की छवि खराब हुई। उधर देश में पुस्तक का जगह-जगह विरोध होने लगा। फरवरी, 1989 में दक्षिण मुम्बई में हुए ऐसे ही प्रदर्शन के दौरान पुलिस व प्रदर्शनकारियों के बीच हिंसक झड़पें हुईं, जिनमें 12 लोगों की मौत हो गई।

रुश्दी की किताब को लेकर जब देश में उपद्रव चल रहे थे, राजीव सरकार विभिन्न मोर्चों पर चुनौतियों से जूझ रही थी। बोफोर्स घोटाले को लेकर एकजुट हो चुका विपक्ष मुखर था और वी.पी. सिंह के नेतृत्व में एक राष्ट्रीय मोर्चा बन चुका था। मानहानि कानून पारित करने

जैसे कदम से मीडिया भी राजीव गांधी के खिलाफ था ही। अन्य कई मुद्दे भी सर उठा चुके थे। नतीजतन 1989 के चुनाव में राजीव सरकार को हार का मुँह देखना पड़ा।

**बहुचर्चित घोटाला**

- बोफोर्स रक्षा सौदा

राजीव गांधी जब प्रधानमंत्री थे, तब श्रीलंका में आतंकवादियों का जोर चल रहा था। पड़ोसी देश से इन आतंकी गुटों का सफाया करने के लिए राजीव ने वहाँ भारतीय सेना भेज दी। कोलम्बो स्थित भारतीय उच्चायोग की सलाह पर यह कदम उठाया गया था। तब भारतीय सैन्य कमांडर्स तथा गुप्तचर एजेंसियों ने एक खतरनाक मिशन की कमान सँभाली। इसमें कई भारतीय सैनिकों को जान की आहुति देनी पड़ी। श्रीलंका में सक्रिय आतंकी संगठन लिबरेशन टाइगर ऑफ तमिल इलम (लिट्टे) का भी खासा नुकसान हुआ, लेकिन भारतीय सेना उसे समूल नष्ट नहीं कर सकी। नतीजा यह हुआ कि लिट्टे राजीव गांधी की जान का दुश्मन बन गया।

श्रीपेरम्बदूर में लिट्टे द्वारा किए गए आतंकी हमले में 21 मई, 1991 को जान गँवाने से कुछ समय पहले राजीव का इंटरव्यू करने वाली पत्रकार नीना गोपाल कहती हैं कि राजीव को अपनी मौत का अहसास हो गया था। अपनी किताब 'द असेसिनेशन ऑफ राजीव गांधी' में गोपाल ने लिखा है, "मैंने राजीव से पूछा था कि क्या उन्हें अपनी जान का खतरा महसूस होता है। राजीव ने इसका उत्तर एक प्रश्न से दिया, 'क्या तुमने कभी इसे नोटिस किया कि दक्षिणी एशिया का कोई भी महत्त्वपूर्ण नेता जब कभी ताकतवर होने लगता है, अपने या देश के लिए कोई उपलब्धि प्राप्त करने की ओर बढ़ने लगता है तो उसे रोका जाता है, हमले किए जाते हैं या मार दिया जाता है... भले वह श्रीमती (इन्दिरा) गांधी हों, शेख मुजीबुर्रहमान हों, जुल्फिकार अली भुट्टो, जिया-उल-हक या भंडारनायके हों...'"

गोपाल के अनुसार, "जरा सी देर में हड्डियों तक सिहरन दौड़ा देने वाली यह भविष्यसूचक बातें कहकर राजीव ने गोया जता दिया था कि दुश्मन ताकतें उनका पीछा कर रही हैं और यह उन्हें भलीभाँति पता है। वे जानते थे कि उन्हें निशाना बनाया जा सकता है। ऐसा लगता है, मानो वे खुद मौत की ओर बढ़ चले थे।

गोपाल ने भारतीय गुप्तचर एजेंसी रिसर्च एंड एनैलेसिस विंग (रॉ) के वरिष्ठ अधिकारी चन्द्रन चन्द्रशेखरन की उस बात का भी जिक्र किया है, जो बाद में उन्होंने गोपाल से कही थी, "हम असफल रहे, हम उनकी जान बचाने में असफल रहे।"

गोपाल ने अपनी किताब में इस पर जोर दिया है कि अप्रैल, 1990 से मई, 1991 के बीच ऐसे कई प्रयास हुए, जिनसे लगता था कि लिट्टे का इरादा राजीव की हत्या करने का है। इस सन्दर्भ में उन्होंने कर्नल हरिहरण की बात का भी उल्लेख किया है जो लिट्टे पर नजर रखने के लिए जाफना तमिल्स नामक सैनिक विंग के साथ काम कर रहे थे। तब उन्हें एक कैसेट दिया गया था, जिसमें लिट्टे के गुप्त सन्देश थे। विशेषज्ञों ने इन सन्देशों का अध्ययन कर बताया कि इनमें राजीव गांधी की हत्या की बात कही गई है। ये सन्देश कुछ इस प्रकार के थे, 'राजीव गांधी अवारुंडे मंडलाई एड्डीपोडलम।' 'डंप पन्नीडुंगो।' राजीव गांधी का सिर काट लाओ। उसे खत्म कर दो। 'मरानाई वेचिडुंगो।' उसे मार डालो।

# विश्वनाथ प्रताप सिंह

जन्म : 25 जून, 1931

निधन : 27 नवम्बर, 2008

**कार्यकाल**

- 2 दिसम्बर, 1989—10 नवम्बर, 1990

---

प्रधानमंत्री के रूप में विश्वनाथ प्रताप सिंह का सबसे अहम योगदान यह रहा कि उन्होंने देश व समाज में सामाजिक न्याय की धारणा को पुख्ता कर दिया। देश के सामाजिक व शैक्षणिक रूप से पिछड़े लोगों के लिए उन्होंने मंडल आयोग की रिपोर्ट लागू कर दी, जिसका प्रभाव प्रत्यक्ष या परोक्ष रूप से देश के प्रत्येक नागरिक पर पड़ा।

देश का सातवाँ प्रधानमंत्री बनने के बाद अगस्त, 1990 में उन्होंने मंडल आयोग की रिपोर्ट संसद में पेश की। यह रिपोर्ट लम्बे समय से धूल फाँक रही थी। संसद में इस पर चर्चा होने के बाद पिछड़ा वर्ग यानी ओबीसी से सम्बन्ध रखने वाले लोगों को केन्द्र सरकार की नौकरियों में आरक्षण का लाभ मिलने के रास्ते खुल गए।

मंडल आयोग ने सामाजिक, शैक्षणिक व आर्थिक समेत 11 मानदंडों के आधार पर देश की 3,743 जातियों व समुदायों को अन्य पिछड़ा वर्ग यानी ओबीसी की श्रेणी में चिन्हित किया। एक अनुमान के मुताबिक ओबीसी में शामिल लोग देश की कुल जनसंख्या का 52 प्रतिशत थे, जिनके लिए सरकारी नौकरियों, स्कूलों व कॉलेजों में 27 प्रतिशत आरक्षण का प्रावधान करने के साथ प्रत्येक स्तर की पदोन्नति में भी उनके लिए कोटा निर्धारित करने की सिफ़ारिश की गई थी।

मंडल आयोग की रिपोर्ट लागू होते ही देशभर में हिंसक विरोध प्रदर्शनों का दौर शुरू हो गया। ओडिशा से लेकर बिहार व दिल्ली तक विद्यार्थी, उच्च अधिकारी तथा शिक्षकगण इन विरोध प्रदर्शनों में शामिल थे। इन प्रदर्शनों के दौरान बड़े पैमाने पर सार्वजनिक सम्पत्तियों को ध्वस्त किया गया तथा रास्ते अवरुद्ध किए गए। यह विरोध प्रदर्शन तब और मुखर हो उठा, जब 19 सितम्बर, 1990 को राजीव गोस्वामी नामक एक युवक ने खुद को आग के हवाले कर दिया। गोस्वामी को बचा लिया गया, लेकिन इससे उसके शरीर को भारी क्षति पहुँची थी। आखिरकार सन् 2004 में उसकी मौत हो गई। उस समय उसकी आयु 33 वर्ष थी। इस रिपोर्ट के लागू होने से सवर्ण जाति के लोगों में बहुत नाराजगी थी। एक अनुमान के अनुसार मंडल आयोग रिपोर्ट लागू किए जाने के विरोध में हो रहे प्रदर्शनों के दौरान पुलिस फायरिंग व हिंसक झड़पों में 100 लोगों की मौत हुई थी।

मंडल आयोग की रिपोर्ट लागू किए जाने की माँग दशकों से लम्बित थी, जिसे पूरी कर देने के कारण विश्वनाथ प्रताप सिंह, जो लोगों के बीच वी.पी. सिंह के नाम से मशहूर थे, को केवल मौखिक रूप से 'मंडल मसीहा' जैसी उपाधियाँ ही मिलीं। लेकिन यह विडम्बना ही कही जाएगी कि अन्य पिछड़ा वर्ग या दीगर तबकों ने कभी उन्हें हीरो या आदर्श पुरुष का स्थान नहीं दिया। प्रधानमंत्री पद जाने के बाद तो उनका राजनीतिक प्रभाव भी मानो समाप्त हो गया।

वी.पी. सिंह की एक बड़ी खूबी विभिन्न विरोधाभासी विचारधाराओं को साथ लेकर चलने की थी। वह पहले प्रधानमंत्री थे, जिन्हें दक्षिणपन्थी भाजपा के साथ ही वामपन्थी पार्टियों का समर्थन भी प्राप्त था। सिंह के नेतृत्व वाले राष्ट्रीय मोर्चे में तेलुगु देशम पार्टी (टीडीपी), द्रविड़ मुन्नेत्र कड़गम (डीएमके) तथा असम गण परिषद (अगप) जैसी पार्टियाँ शामिल थीं। इन सबका मंतव्य एक था, वी.पी. सिंह की पुरानी पार्टी कांग्रेस को सत्ता से दूर रखना।

कहना न होगा कि सिंह द्वारा बनाई गई सरकार में उदारवादियों, वामपन्थियों के साथ ही कट्टर दक्षिणपंथियों का अजीब संयोजन था। उन्होंने बड़ी चतुराई से भाजपा व आर.एस.एस. तथा वामपन्थी पार्टियों को केवल 'राजीव गांधीइज्म' (राजीव गांधीवाद) के विरोध में जमा ही नहीं किया था, बल्कि इसके साथ उन्होंने 'भ्रष्टाचार का धुर विरोधी' तथा 'राष्ट्रीय सुरक्षा का प्रबल पक्षधर' जैसी अपनी छवि का भी इस्तेमाल किया था। यही खेल उन्होंने ज्योति बसु व लालकृष्ण आडवाणी के साथ भी खेला।

**मुख्य उपलब्धियाँ**

- राजीव गांधी के खिलाफ अपने अभियान को कांग्रेस विरोधी दक्षिणपन्थी व वामपन्थी दलों की असम्भव एकता तक ले जाकर प्रधानमंत्री बने।
- मंडल कमीशन की सिफारिशों को मानकर देश में वंचित समुदायों की सत्ता में हिस्सेदारी पर मुहर लगा दी। भारत की तीन हजार से ज्यादा पिछड़ी जातियों को एक वर्ग में समेटकर उन्हें आरक्षण के साझा हित में बाँध दिया सामाजिक न्याय के मसीहा कहलाए।

सियासी दाँव-पेच के माहिर व महत्त्वाकांक्षी वी.पी. सिंह ने एक ईमानदार नेता की अपनी छवि बहुत सावधानी से गढ़ी। 1989 के आम चुनाव में प्रचार के दौरान उनके समर्थक जोर-शोर से यह नारा बुलन्द करते थे, 'राजा नहीं फकीर है—देश की तकदीर है।' फकीर व तकदीर की यह तुकबन्दी लोगों को बहुत भाती थी।

वे उत्तर प्रदेश की मांडा रियासत के राजा थे, इसीलिए उन्हें 'राजा ऑफ मांडा' भी कहा जाता है। पाँच भाइयों में सबसे छोटे विश्वनाथ प्रताप सिंह को पड़ोस के एक राजा ने गोद लिया था। उस राजा को कोई बेटा नहीं था। युवावस्था में ही उन्होंने अपनी राजनीतिक प्रतिभा दिखानी शुरू कर दी और उनकी छवि ऐसे राजनीतिज्ञ की बनने लगी जो अपनी ईमानदारी के कारण

पहचाना जाता है। इस छवि को और मजबूत करने के लिए उन्होंने अपने हिस्से की पुश्तैनी भूमि दान कर दी। अपने बड़े भाई संत बख्श सिंह का अनुसरण करते हुए वे इन्दिरा गांधी की कांग्रेस पार्टी में शामिल हुए और अपने गृह राज्य यानी उत्तर प्रदेश के मुख्यमंत्री पद तक पहुँच गए। संजय गांधी की सहायता से वे 1980 से 1982 तक देश के सबसे बड़े राज्य के मुख्यमंत्री रहे। उस समय उन्होंने उत्तर प्रदेश विधानसभा चुनाव प्रचार के लिए अपने कार्यकर्ताओं को जीप का इस्तेमाल करने से मना कर दिया जो प्रमुख प्रचार वाहन हुआ करता था। इसके बजाय उन्होंने कार्यकर्ताओं को साइकिल या बाइक इस्तेमाल करने को कहा और स्वयं मांडा के राजा चुनाव प्रचार के लिए बस से जाने लगे।

मुख्यमंत्री रहते उन्होंने जनता से वादा किया कि वे आपराधिक गिरोहों का सफाया कर देंगे, जिन्होंने प्रदेश को पंगु बना रखा था। पुलिस ने इस दिशा में काम शुरू किया और उसे सफलता भी मिलने लगी, मगर इसी बीच फूलन देवी के दस्यु गिरोह ने दो वारदातों में 16 लोगों की हत्या कर दी। जिनमें 6 दलित भी थे। मांडा के राजा ने इसे अपनी असफलता माना और मुख्यमंत्री पद से इस्तीफा दे दिया। उनका यह कदम ईमानदार राजनीति का एक साक्षात् उदाहरण माना गया। कहा जाने लगा कि कोई तो नेता है जो आमजन के दुख-दर्द को महसूस करता है।

वी.पी. सिंह के प्रधानमंत्री पद तक पहुँचने का रास्ता ईमानदारी के पुल से होकर ही गुजरा। राजीव गांधी प्रधानमंत्री बने तो सिंह को उन्होंने वित्तमंत्री बनाया। सिंह ने बतौर वित्तमंत्री, कर चोरी के खिलाफ अभियान छेड़ दिया। तब कर चोरी करने वाले कथित बड़े लोग राजीव गांधी व कांग्रेस के अन्य बड़े नेताओं पर निशाना साधने लगे। इस अजीब सी स्थिति से बचने के लिए सिंह से वित्त मंत्रालय लेकर रक्षा मंत्रालय सौंप दिया गया, लेकिन सिंह ने यहाँ भी अपना अभियान जारी रखा। तब बातें चल रही थीं कि जर्मनी से पनडुब्बियाँ खरीदने में कमीशन खाया गया है। यह बात जब सिंह तक पहुँची तब उन्होंने प्रधानमंत्री राजीव गांधी की सहमति लिये बिना इस सौदे की जाँच

के आदेश जारी कर दिए। तब केन्द्र सरकार को बाकायदा एक आदेश जारी कर इसे रद्द करना पड़ा। इस पर सिंह इस्तीफा देकर कांग्रेस से बाहर हो गए और उसके खिलाफ अभियान शुरू कर दिया। इसमें वे खुद को एक ईमानदार व ऐसे आदर्शवादी व्यक्ति के रूप में प्रस्तुत कर रहे थे, जिसने अपने सिद्धान्तों के लिए बेईमानी से समझौता नहीं किया। ऐसा व्यक्ति जो अपने पदों का बलिदान देता रहा, लेकिन सत्यनिष्ठा के पथ से नहीं डिगा। सिंह की यह मेहनत रंग लाई, जिससे अगले चुनाव में राजीव गांधी सरकार को हार का मुँह देखना पड़ा।

चुनाव के बाद मोर्चा सरकार बनी, जिसमें प्रधानमंत्री का चुनाव भी बड़ा नाटकीय रहा। महारत से गढ़ी गई जीत का श्रेय खुद को देते हुए वी.पी. सिंह का आग्रह था कि मोर्चे में शामिल पार्टियों द्वारा उन्हें सर्वसम्मति से प्रधानमंत्री चुन लिया जाए। उधर जनता पार्टी के अध्यक्ष चन्द्रशेखर उनके सामने चुनाव लड़ने पर अड़े हुए थे। इस पर सिंह ने फिर एक तरीका निकाल लिया। उन्होंने चन्द्रशेखर से कहा कि प्रधानमंत्री के रूप में हरियाणा के वरिष्ठ नेता देवीलाल उन्हें स्वीकार्य हैं। इस पर देवीलाल सर्वसम्मति से राष्ट्रीय मोर्चा के अध्यक्ष चुन लिए गए। तब धनी-मानी हरियाणवी किसानों के नेता देवीलाल उठे और अपने चयन पर सभा के प्रति आभार प्रकट करते हुए बोले कि अब उनकी उम्र खासी हो चुकी है; पूरा हरियाणा उन्हें 'ताऊ' बोलता है; इसे देखते हुए वे प्रधानमंत्री पद स्वीकार नहीं कर पाएँगे। इसके बजाय उन्होंने सुझाव दिया कि वी.पी. सिंह को प्रधानमंत्री बनाया जाना चाहिए। शुभकामनाओं के बीच देवीलाल उर्फ ताऊ का प्रस्ताव स्वीकार कर लिया गया और चन्द्रशेखर आगबबूला होकर रह गए।

वी.पी. सिंह कई मामलों में क्रान्तिकारी थे। देश में जारी एक अलिखित परिपाटी को तोड़ते हुए उन्होंने कश्मीर के मुस्लिम नेता मुफ्ती मुहम्मद सईद को देश का गृह मंत्री बना दिया। यह अब तक का पहला और आखिरी उदाहरण रहा कि गृह मंत्रालय का जिम्मा एक मुसलमान को सौंपा गया।

हालाँकि प्रधानमंत्री का यह प्रयोग देश के लिए कुछ ठीक नहीं

रहा; न कश्मीर के लिए और न ही मुसलमानों के लिए। बल्कि इसके चलते घाटी से कश्मीरी पंडितों की बड़ी संख्या को पलायन करना पड़ा। 8 दिसम्बर, 1990 को 'जम्मू एंड कश्मीर लिबरेशन फ्रंट' (जे.के.एल.एफ.) के आतंकवादियों ने केन्द्रीय गृह मंत्री मुफ्ती मुहम्मद सईद की बेटी रुबैया सईद का अपहरण कर लिया। उसे छोड़ने के बदले में जे.के.एल.एफ. के पाँच उग्रवादियों को रिहा करने की माँग रखी गई। राज्य के मुख्यमंत्री फारूक अब्दुल्ला ने आतंकियों की माँग के आगे झुकने से साफ इनकार कर दिया मगर प्रधानमंत्री अर्थात् वी.पी. सिंह उनसे सहमत नहीं थे। नतीजतन पाँच दिनों बाद आतंकियों को जेल से रिहा कर दिया गया। श्रीनगर की सड़कों पर अवाम के भारी हुजूम ने उनका स्वागत किया तथा देशविरोधी भड़काऊ नारों के बीच जुलूस के रूप में उन्हें वहाँ से रवाना किया गया। इस तरह रुबैया सईद वापस अपने घर पहुँचीं।

एक उग्रवादी संगठन के सामने सरकार द्वारा किए गए इस आत्मसमर्पण को आतंकवादियों ने जीत माना तथा घाटी में अपनी गतिविधियाँ और बढ़ा दीं। कश्मीर में लगातार बिगड़ते हालात को भाँपकर वी.पी. सिंह ने जगमोहन को जम्मू-कश्मीर का राज्यपाल नियुक्त कर दिया। कार्यभार सँभालते ही जगमोहन व राज्य के मुख्यमंत्री फारूक अब्दुल्ला के बीच टकराव शुरू हो गया। आखिर जगमोहन ने हठधर्मिता दिखाते हुए विधानसभा भंग कर दी तथा राज्य में राष्ट्रपति शासन लागू कर दिया। इससे घाटी में हिंसा और तेज हो गई, जिससे वहाँ रह रहे कश्मीरी पंडितों को घरबार छोड़कर दूसरे स्थानों का रुख करना पड़ा।

अपने सतत संघर्ष में सफल होते हुए जब वी.पी. सिंह प्रधानमंत्री बन गए, तब लेखक व स्तम्भकार इन्दर मल्होत्रा ने राजीव गांधी का यह कथन प्रस्तुत किया कि "मुहम्मद अली जिन्ना के बाद वी.पी. सिंह सबसे बड़े दगाबाज हैं।" उधर वी.पी. सिंह ने अपने पास मौजूद सबसे बड़ा पाँसा फेंकते हुए मंडल आयोग की अनुशंसाएँ लागू कर दीं, जिसके खिलाफ कांग्रेस खुलकर मैदान में आ गई। भाजपा व उसकी मातृ संस्था आर.एस.एस. में

इस पर गरमागरम बहस चल रही थी कि मंडल आयोग रिपोर्ट तथा इसके माध्यम से पिछड़े वर्गों को मिलने वाले आरक्षण का समर्थन किया जाए या विरोध? इसमें एक पक्ष का कहना था कि एक क्षण की भी देरी किए बिना मंडल आयोग रिपोर्ट लागू किए जाने का विरोध करना चाहिए। जबकि दूसरे पक्ष का कहना था कि इससे पिछड़े वर्ग के लोगों को आरक्षण का लाभ मिलने वाला है, इसलिए इसका विरोध नहीं करना चाहिए।

बहरहाल आखिर में यह तय किया गया कि मंडल आयोग पर कोई चर्चा करने के बजाय अयोध्या में राम मन्दिर निर्माण का मुद्दा जोर-शोर से उठाना चाहिए। इस निर्णय पर पहुँच जाने के बाद भाजपा अध्यक्ष लालकृष्ण आडवाणी ने गुजरात के सोमनाथ से अयोध्या तक रथयात्रा शुरू की। इसके लिए विदेशी गाड़ी टोयोटा को पुराने जमाने के रथ की शक्ल दी गई थी। साथ ही इसकी घोषणा कर दी गई कि रथयात्रा लगभग पाँच सप्ताह में अपनी मंजिल तक पहुँचेगी। वहाँ पहुँचते ही कारसेवक राम मन्दिर का निर्माण शुरू कर देंगे। इसके लिए रास्ते भर लोगों से एक-एक ईंट जमा करने का आह्वान भी किया गया। 25 सितम्बर को यह रथ यात्रा शुरू कर दी गई।

आडवाणी की यह रथयात्रा बहुत आक्रामक ढंग से निकाली जा रही थी। वी.पी. सिंह चिन्तित थे कि इस आक्रामकता से कहीं देशभर में साम्प्रदायिक हिंसा न फैल जाए। लेकिन उन्हें इसका भी अहसास था कि रथयात्रा को रोकने या भाजपा अध्यक्ष को गिरफ्तार करने के परिणाम भी ठीक नहीं निकलने वाले हैं। रथयात्रा दिल्ली पहुँची तो आडवाणी ने वहाँ कई दिन गुजारे और प्रधानमंत्री को खुली चुनौती दी कि वे उन्हें गिरफ्तार करके दिखाएँ। इसका उत्तर चुप्पी से दिया गया। रथयात्रा देश के हिन्दी हृदय प्रदेश में पहुँची तो तनाव चरम पर पहुँच गया तथा जगह-जगह दंगे भड़कने लगे। इसके दो कारण थे—पहला, रथयात्रा की आगवानी करने वाले विश्व हिन्दू परिषद् के कार्यकर्ता बहुत उग्र हो चले थे; दूसरा, हर पड़ाव के बाद आडवाणी के भाषणों में आक्रामकता बढ़ती जा रही थी। वे सरकार पर मुसलमानों के

'तुष्टीकरण' तथा हिन्दू बहुसंख्यकों की भावनाओं व उनके हितों की अनदेखी करने के आरोप लगाते हुए आगे बढ़ रहे थे।

इस बीच वी.पी. सिंह कांग्रेस के कई सांसदों से उम्मीद लगाए बैठे थे कि वे राजीव गांधी को छोड़कर उनकी राष्ट्रीय मोर्चा सरकार में शामिल हो जाएँगे। मगर उनकी यह आस टूट गई। मीठे बोल व सिद्धान्तों की दुहाई देते हुए 'केन्द्रीकृत राजनीतिक शक्तियों को पुनः संगठित' करने के उनके प्रयास निष्फल रहे। कांग्रेस का एक भी सांसद अपनी पार्टी छोड़कर उनके पाले में नहीं आया। अलबत्ता देवीलाल और चन्द्रशेखर अपने सांसदों के साथ उनकी सरकार से जरूर बाहर हो गए।

लेकिन अपनी तमाम आक्रामकता और देशभर में साम्प्रदायिक उन्माद फैला देने के बावजूद आडवाणी की रथयात्रा अपने मुकाम तक नहीं पहुँच पाई। प्रधानमंत्री जो नहीं कर सके थे, बिहार के पिछड़ा वर्ग से आने वाले दबंग मुख्यमंत्री लालू प्रसाद यादव ने वह कर दिखाया। उन्होंने लालकृष्ण आडवाणी को हिरासत में ले लिया। भाजपा ने तुरन्त ही केन्द्र सरकार से समर्थन वापस ले लिया और इस प्रकार सिर्फ 11 महीने प्रधानमंत्री रहने के बाद वी.पी. सिंह की सरकार गिर गई।

राजनीति में सिंह अकेले चलते रहे। कई बार वे सामान्य से उलटे क्रम में चलने लगते, इससे उनके साथियों ने उन्हें कभी पसन्द नहीं किया, न ही उन पर बहुत भरोसा किया। ऐसे व्यवहार के बाद उन पर पाखंडी होने के आरोप लगना स्वाभाविक था। ऐसे लोग भी हैं जो कहते हैं कि उत्तर प्रदेश के मुख्यमंत्री का पद उन्होंने सिद्धान्तों की लड़ाई के लिए नहीं छोड़ा था, बल्कि प्रधानमंत्री इन्दिरा गांधी उन्हें हटाने ही वाली थीं। हालाँकि सिंह ने हमेशा इसका खंडन किया। इसके बाद बतौर वित्तमंत्री कर चोरी के खिलाफ अभियान या बतौर रक्षा मंत्री पनडुब्बी खरीद में कमीशनखोरी के खिलाफ जाँच को भी उनके ऐसे खेल के रूप में देखा गया, जिनके माध्यम से वे खुद को राजीव गांधी के समकक्ष खड़ा नेता सिद्ध करना चाहते थे।

सिंह शर्मीले स्वभाव के थे। उन्हें जानने वालों के मुताबिक अपनी नर्वस-सी हँसी के साथ वे ईमानदार राजनेता की सार्वजनिक छवि से पूरी तरह न्याय करने वाले व्यक्ति थे। अपने करियर के किसी भी पहलू पर चर्चा के लिए वे सदैव तत्पर रहते थे तथा आलोचना का स्वागत करते थे।

सिंह की जिन्दगी के आखिरी दस साल बीमारियों से जूझते गुजरे। कैंसर से लड़ते हुए उन्हें सप्ताह में तीन दिन डाइलेसिस भी कराना पड़ता था। सादगी भरा जीवन जीते हुए उन्होंने अपना ज्यादातर समय पेंटिंग बनाते या कविताएँ लिखते हुए बिताया। बाद में वे कांग्रेस का समर्थन करते रहे और संयुक्त प्रगतिशील गठबन्धन (संप्रग या यूपीए) को आकार देने में उनकी महती भूमिका रही। इसी गठबन्धन के चलते सन् 2004 में डॉ. मनमोहन सिंह को प्रधानमंत्री पद मिल पाया।

# चन्द्रशेखर

जन्म : 17 अप्रैल, 1927

निधन : 8 जुलाई, 2007

**कार्यकाल**

- 10 नवम्बर, 1990—21 जून, 1991

---

कांग्रेस के समर्थन से नवम्बर, 1990 में एक अल्पमत सरकार बनाने के साथ ही प्रधानमंत्री चन्द्रशेखर ने सर्वप्रथम डॉ. मनमोहन सिंह को याद किया। मनमोहन सिंह उस समय किसी राजनीतिक पार्टी से नहीं जुड़े थे, बल्कि भारत सरकार में उच्च पद पर सेवाएँ दे रहे थे। वरिष्ठ आई.ए.एस. अफसर पी.के. लाहिरी उस समय राजस्व सचिव थे तथा यशवंत सिन्हा वित्तमंत्री थे। 'ए टाइड इन द अफेयर्स ऑफ मेन : ए पब्लिक सर्वेंट रिमेंबर' नामक अपनी संस्मरणात्मक किताब में लाहिरी लिखते हैं, "मुझे याद है कि उस दिन वाकई देर हो गई थी। रात के कोई 11 बज रहे होंगे। वित्तमंत्री यशवंत सिन्हा के साथ हम सचिवगण साउथ एवेन्यू स्थित प्रधानमंत्री कार्यालय में अस्थायी रूप से तैयार किए गए एक कमरे में मौजूद थे। उस कमरे के फर्श पर सिर्फ दरी बिछी थी और पीठ टिकाने के लिए कुछ गावतकिये वहाँ रख दिए गए थे। फर्श पर ही बीच में प्रधानमंत्री बैठ गए और हम सब उनके चारों ओर थे। निश्चित ही देसी शैली की इस बैठक व्यवस्था में प्रधानमंत्री की पसन्द का दखल रहा होगा, क्योंकि हममें से कुछ लोग देश के वार्षिक बजट को अन्तिम रूप देने के लिए होने वाली बैठक ज्यादा आरामदायक चाहते थे।"

लाहिरी के मुताबिक, वे उस समय अचंभित रह गए जब चन्द्रशेखर ने अचानक कहा कि बजट में किए गए प्रावधानों को लेकर वे प्रधानमंत्री

के वित्तीय मामलों के सलाहकार डॉ. मनमोहन सिंह से भी विचार-विमर्श करना चाहते हैं। वहाँ मौजूद नौकरशाहों ने इसे ठीक नहीं माना, क्योंकि बजट में किए गए प्रावधान गोपनीय रखे जाते हैं तथा वित्त मंत्रालय के अति विश्वस्त लोगों के बीच ही इनकी चर्चा या इन पर विचार-विमर्श किया जाता है। बहरहाल, आधी रात होने को थी, तब चन्द्रशेखर ने मनमोहन सिंह को फोन लगाकर आग्रह किया कि वे बजट सम्बन्धी इस बैठक में आ जाएँ। वह 1990 का दौर था, तब मोबाइल फोन की सुविधा उपलब्ध नहीं थी। कुछ देर में ही फोन बजा और खुद प्रधानमंत्री चन्द्रशेखर ने फोन उठाया। फोन मनमोहन सिंह ने लगाया था, जिन्हें विश्वास नहीं हो रहा था कि उन्हें फोन खुद प्रधानमंत्री ने किया था, सो वे इसकी पुष्टि करना चाह रहे थे कि फोन वास्तव में प्रधानमंत्री कार्यालय से ही आया है। फिर सिंह ने निवेदन किया कि रात बहुत हो गई है और उनके पास प्रधानमंत्री कार्यालय तक पहुँचने का कोई उचित साधन नहीं है। क्या उनके लिए कोई कार भेजी जा सकती है। संकोची स्वभाव के सिंह को तब चन्द्रशेखर ने मानो और उपकृत करते हुए कहा कि उन्हें लेने के लिए एक कार भेजी जा रही है।

चन्द्रशेखर सरकार ने जब प्रभार सँभाला, उस समय की स्थितियों का ब्योरा बाद में यशवंत सिन्हा ने दिया है। उन्होंने लिखा कि वे वित्तमंत्री नहीं बनना चाहते थे, बल्कि उनकी मंशा विदेश मंत्री बनने की थी। क्योंकि तब देश की आर्थिक स्थिति बहुत दयनीय थी। खाड़ी युद्ध के चलते कच्चे तेल की कीमतें आसमान छू रही थीं और विदेशी मुद्रा भंडार बहुत तेजी से घटता जा रहा था। अनिवासी भारतीय देश में जमा अपना धन वापस निकाले जा रहे थे। निर्यातक इस उम्मीद में डॉलर नहीं मँगा रहे थे कि रुपए का मूल्य और गिरने वाला है। वित्तीय घाटा तथा बजट के बीच भारी अन्तर था। मुद्रा स्फीति ने सिर उठा रखा था और इन सबसे बदतर स्थिति भुगतान में असन्तुलन की थी।

देश की इस बिगड़ी आर्थिक स्थिति का जिम्मेदार राजीव गांधी की पाँच वर्षीय सरकार को बताया जा रहा था। आई.जी. पटेल के मुताबिक यह

समस्या इसलिए गहरा गई क्योंकि सरकार ने अपने धन को अपना धन नहीं समझा। उसने अपने रुपये व डॉलर ऐसे खर्च किए, मानो कल होने ही वाली नहीं हो और फिर वित्तीय घाटे तथा अल्प अवधि ऋण दोनों का सारा बोझ देश के कंधों पर डाल दिया। राजीव गांधी के बाद वाली वी.पी. सिंह सरकार कुछ कर सकती थी, मगर तात्कालीन वित्तमंत्री मधु दंडवते ने ज्यादा कुछ करने के बजाय फौरन ही अन्तरराष्ट्रीय मुद्राकोष का रुख किया। हालाँकि तब देश का माहौल अन्तरराष्ट्रीय मुद्राकोष के विरुद्ध था।

**प्रमुख उपलब्धि**

- खाड़ी युद्ध के दौरान 1.75 लाख भारतीयों को खाड़ी देशों से सुरक्षित स्वदेश लाने का सफल अभियान

उत्तर प्रदेश के एक राजपूत घराने से सम्बन्ध रखने वाले चन्द्रशेखर सिंह यानी चन्द्रशेखर संयोग से ही प्रधानमंत्री बने। उनके पूर्ववर्ती प्रधानमंत्री वी.पी. सिंह सदन में विश्वासमत प्राप्त न कर पाए और जनता दल के नेतृत्व में बनी राष्ट्रीय मोर्चे की 11 महीने पुरानी साझा सरकार गिर गई। सरकार गिराने में चन्द्रशेखर ने महत्त्वपूर्ण भूमिका निभाई। विश्वासमत से ऐन पहले वे अपने मुट्ठी भर सांसदों के साथ मोर्चे से अलग हो गए और राजीव गांधी के नेतृत्व वाली कांग्रेस ने समर्थन देकर उनकी सरकार बनवा दी।

इस घटनाक्रम के बारे में बंगाल के तत्कालीन मुख्यमंत्री व राजनीतिक पुरोधा ज्योति बसु ने कहा था कि "सार्वजनिक जीवन में अनैतिकता व अवसरवादिता के लिए कोई स्थान नहीं होता," तथा "जनादेश के विरुद्ध काम करना अनैतिक गठबन्धनों की मजबूरी बन जाती है। यह गठबन्धन ज्यादा दिन चलने वाला नहीं है।"

ज्योति बसु की भविष्यवाणी शत-प्रतिशत सच साबित हुई और एक निहायत सतही बहाना बनाते हुए कांग्रेस ने चन्द्रशेखर की अल्पमत सरकार से समर्थन वापस ले लिया। कांग्रेस का बहाना था कि हरियाणा पुलिस के दो कांस्टेबल राजीव गांधी की निगरानी कर रहे हैं, जबकि

हक़ीक़त यह थी कि कांग्रेस ने भीतर ही भीतर चुनाव की तैयारियाँ शुरू कर दी थीं। असल में पार्टी के मुखिया राजीव गांधी को विश्वास हो गया था कि अगर अभी चुनाव करा लिए जाएँ तो कांग्रेस भारी बहुमत हासिल कर सकती है।

अपने संक्षिप्त सत्ताकाल में चन्द्रशेखर ने यही एक अच्छा काम नहीं किया कि देश की अर्थव्यवस्था डॉ. मनमोहन सिंह के हवाले कर दी, बल्कि उन्होंने बाबरी मस्जिद-रामजन्मभूमि विवाद हल करने के भी गम्भीर प्रयास किए। उस समय बुरी तरह उबल रहे इस मुद्दे को लेकर देश में कई बार साम्प्रदायिक दंगे हुए जिनमें अनेक जानें जा चुकी थीं। विश्व हिन्दू परिषद् व मुस्लिम इतिहासकारों को गम्भीर प्रयास कर चन्द्रशेखर बातचीत की टेबल तक ले जा चुके थे। इसी दौरान विहिप के कार्यकर्ताओं ने 16वीं शताब्दी की इस मस्जिद को क्षति पहुँचा दी, जिससे बातचीत बन्द हो गई। जबकि चन्द्रशेखर सरकार एक अध्यादेश लाकर इस मुद्दे को स्थायी रूप से हल करने पर काम कर रही थी।

कहा जाता है कि चन्द्रशेखर सरकार द्वारा बाबरी मस्जिद–राम जन्मभूमि विवाद हल करने के लिए अध्यादेश लाए जाने की बाबत जानकारी मिलने पर कांग्रेस अध्यक्ष राजीव गांधी व उनके करीबी लोग बेचैन हो गए। उन्हें अच्छा नहीं लग रहा था कि चन्द्रशेखर के नेतृत्व में बनी एक कमजोर सरकार को इतिहास में इसलिए याद रखा जाए कि उसने देशभर को उद्वेलित कर देने वाले एक विध्वंसक विवाद को सुलझा दिया।

राज्यसभा के वर्तमान उपसभापति हरिवंश के अनुसार इस मुद्दे से सीधे जुड़े विश्व हिन्दू परिषद् तथा बाबरी मस्जिद एक्शन कमेटी (बीएमएसी) के अति आक्रामक नेताओं को नियंत्रण में करने के लिए बतौर प्रधानमंत्री चन्द्रशेखर ने सख्त रुख दिखाने से भी गुरेज नहीं किया। रवि दत्त वाजपेयी के साथ लिखी अपनी किताब 'चन्द्रशेखर—द लास्ट आइकॉन ऑफ आइडियोलॉजिकल पॉलिटिक्स' में हरिवंश ने लिखा है, "इस मुद्दे का शान्तिपूर्ण हल खोजने के लिए चन्द्रशेखर दोनों पक्षों को बातचीत की टेबल तक ले आए।"

इस कवायद में चन्द्रशेखर ने अपने पुराने मित्र, भाजपा के वरिष्ठ नेता तथा तब राजस्थान के मुख्यमंत्री भैरोंसिंह शेखावत को शामिल किया। इसी तरह वे कांग्रेस में शामिल अपने ऐसे ही एक मित्र, वरिष्ठ नेता तथा महाराष्ट्र के मुख्यमंत्री शरद पवार को भी इसमें साथ लाए। उत्तर प्रदेश के तत्कालीन मुख्यमंत्री मुलायम सिंह यादव तो इस कवायद का हिस्सा थे ही।

**सकारात्मक कदम**

- रामजन्म भूमि-बाबरी मस्जिद मसले को उसके सर्वमान्य समाधान के करीब पहुँचाया।
- असम चुनाव, पंजाब समस्या, कश्मीर समस्या सबके समाधान की दिशा में कदम बढ़ाए।

हरिवंश लिखते हैं कि "देश के तीन प्रान्तों के मुख्यमंत्रियों से बातचीत के बाद विहिप व बीएमएसी नेता इस विवाद को सर्वोच्च न्यायालय भेजने पर राजी हो गए। यह एक बड़ी और महत्त्वपूर्ण सफलता थी कि दोनों पक्ष सुप्रीम कोर्ट में विवाद का फैसला करा लेने वाली बात मान गए तथा उसके निर्णय को स्वीकार करने की हामी भर ली।" इसके साथ ही चन्द्रशेखर इस मुद्दे के ऐतिहासिक, पुरातात्त्विक, वैधानिक तथा राजस्व रिकॉर्ड अध्ययन हेतु विशेषज्ञों की चार समितियाँ बनाने में भी सफल रहे। इन समितियों को जिम्मेदारी दी गई कि वे विहिप तथा बीएमएसी द्वारा प्रस्तुत दस्तावेज का बारीकी से अध्ययन व परीक्षण करें।

भारत का यह आठवाँ प्रधानमंत्री औपचारिकताओं से ज्यादा बँधा हुआ नहीं था और देश का कामकाज कई बार हरियाणा के भोंडसी स्थित एक आश्रम से भी चला लिया करता था। सहज और विनम्र चन्द्रशेखर कोमल हृदय रखते थे सो अपने निवास पर ड्यूटी करने वाले सुरक्षाकर्मियों के लिए अक्सर चाय की व्यवस्था करते रहते। इसी तरह देश में या विदेश दौरे के समय (बतौर प्रधानमंत्री उन्होंने केवल दो विदेश यात्राएँ कीं) वे

इसका ध्यान रखते थे कि उनकी सुरक्षा में लगे अमले को भी वही भोजन परोसा जाए जो प्रधानमंत्री को परोसा गया हो।

इसके अलावा महत्त्वपूर्ण मुद्दों पर उनकी सोच एकदम स्पष्ट हुआ करती थी, जिसे वह सटीक ढंग से प्रस्तुत कर देते थे। उत्तर-पूर्व कैडर के एक आईपीएस अधिकारी को उन्होंने ऐसी ही एक सीख दी। उल्फा उग्रवादियों द्वारा घात लगाकर किए गए हमले में उक्त अधिकारी की पत्नी की मौत हो गई। अतिवादियों ने इस अधिकारी को भी जान से मारने की धमकी दे रखी थी। इस पर अस्थायी रूप से उनका तबादला गृह राज्य बिहार कर दिया गया था। इस अधिकारी के भाई भी वरिष्ठ आईपीएस अधिकारी थे। वे प्रधानमंत्री चन्द्रशेखर से मिले और निवेदन किया कि उल्फा का आतंक देखते हुए उनके भाई का कैडर स्थायी रूप से परिवर्तित कर दिया जाए। इस पर चन्द्रशेखर ने तुरन्त उत्तर दिया, "पुलिस सेवा में जाने वालों को पता होता है कि उनके काम में खतरे हैं। अगर स्वयं की जान बचाने के लिए संकटग्रस्त इलाकों से अधिकारी यूँ ही तबादलों की गुहार लगाते रहे तो आततायी शक्तियों से कौन निपटेगा?"

चन्द्रशेखर आत्मविश्वास से भरे व्यक्ति थे। उनकी भंगिमा हमेशा सकारात्मक सन्देश प्रदान करने वाली होती थी। एक बार पंजाब के अलगाववादी नेता सिमरनजीत सिंह मान लम्बी तलवार धारण किए उनसे मिलने पहुँच गए। सुरक्षाकर्मियों ने उन्हें रोक लिया कि ऐसा प्राणघातक शस्त्र लेकर प्रधानमंत्री से नहीं मिल सकते। चन्द्रशेखर तक बात पहुँची तो उन्होंने मान को तलवार के साथ ही आने की इजाजत दे दी। जिस सुरक्षा अधिकारी पर चन्द्रशेखर की निजी सुरक्षा की जिम्मेदारी थी, उसने सावधानीवश दरवाजा अधखुला रहने दिया, जिससे वह मान व उनकी तलवार पर नजर रख सके। उसने प्रधानमंत्री व मान के बीच की वार्ता सुनी और देखा कि चन्द्रशेखर के सामने पहुँचकर मान ने आधी तलवार खींची और बोले : "यह पुरखों से मेरे पास है और बहुत घातक है।" इस पर चन्द्रशेखर ने मुँहतोड़ जवाब दिया उन्होंने मान से कहा, "इसे म्यान में रख लो। मेरे पुरखों के घर बलिया में इससे बड़ी तलवार मौजूद है जो

इससे ज्यादा संहारक है।" इतनी सी बात ने मान और उनकी तलवार दोनों को ठिकाने लगा दिया।

**संकट का निर्णय**

- देश का सोना गिरवी रखा।

राजीव गांधी की हत्या का कलंक उनके माथे मढ़ने की कोशिश की गई, क्योंकि तमिलनाडु के श्रीपेरम्बदूर में जब राजीव गांधी की हत्या हुई, उस समय चन्द्रशेखर कार्यवाहक प्रधानमंत्री थे। कांग्रेसियों का आरोप था कि राजीव गांधी की सुरक्षा व्यवस्था पर्याप्त नहीं थी, जिससे उन्हें निशाना बना लिया गया।

राजीव गांधी के अन्तिम संस्कार में शामिल होने के बाद पाकिस्तान के प्रधानमंत्री नवाज शरीफ की भेंट चन्द्रशेखर से हुई। पाकिस्तान की गुप्तचर एजेंसी आई.एस.आई. सदा की तरह कश्मीर में समस्याएँ खड़ी कर रही थी तथा आतंक को प्रश्रय दे रही थी। चन्द्रशेखर ने कूटनीतिक भाषा के बजाय नवाज शरीफ से सीधे-सीधे कह दिया कि वे सीमा पर अपनी सेना की लगाम कसें तथा भारत में विध्वंसक गतिविधियाँ बन्द कराएँ। शरीफ को इस तरह साफ-साफ कुछ सुनने की आशा नहीं थी। चन्द्रशेखर की बात सुन, कुछ पलों के लिए वे मानो ठहर-से गए; फिर बोले, आई.एस.आई. ने मेरा निर्देश मानना बन्द कर दिया है। ऐसी हरकतें वह अपनी मनमर्जी से कर रही है। इस बातचीत के दौरान पाकिस्तान के प्रधानमंत्री का रंग पीला पड़ गया था।

चन्द्रशेखर के आलोचक उन्हें लगातार बखेड़ा करने वाला ठहराते हुए कपटी व कुटिल कहते हैं। वे उन्हें स्वार्थी व षड्यंत्र करते रहने वाला भी बताया करते। चन्द्रशेखर पर पाखंडी होने के साथ भ्रष्टाचारी व जमीन दबाने जैसे मामलों में लिप्त होने के आरोप लगे। ये निन्दक उन्हें सिद्धान्तविहीन व्यक्ति ठहराते थे। ऐसा व्यक्ति जो आमजन के बीच समाजवाद की बात करता है, लेकिन बड़े उद्योगों को प्रश्रय देता है; जिसका अपने स्वार्थ हल करने का

गुप्त एजेंडा है; जिसने आमजन की भूमि दबाकर एकान्त में एक आश्रम बना लिया है; जिसने 1983 की अपनी प्रसिद्ध पदयात्रा के दौरान गरीबों के दान से खुद की जेबें भर लीं। निश्चित ही जब भारतीय प्रेस किसी पर कीचड़ उछालने लगता है तो वह पूरी तन्मयता से यह काम करता है।

उदारता, सदाशयता, सादगी व दृढ़ता चन्द्रशेखर के विशेष गुण थे। उन्हें हर किसी से निभाना आता था। परिजन, रिश्ते-नातेदार, मित्र मंडली यहाँ तक कि राजनीतिक प्रतिद्वंद्वियों के साथ भी उनके सम्बन्ध अच्छे थे। वह सबसे दोस्ती निभाना जानते थे, उन लोगों से भी जिनकी छवि कुछ अच्छी नहीं थी। अच्छा या बुरा, समय कैसा भी हो, उन्होंने कभी किसी दोस्त का साथ नहीं छोड़ा। उनके आसपास चकाचौंध का माहौल नहीं होता था। साधारण इनसान का जीवन व साफ-सुथरी बात करना उन्हें पसन्द था। वे दूसरों का खयाल भी खूब रखते थे। भारतीय राजनीति में चन्द्रशेखर को जो मुकाम हासिल था, उस स्तर के आदमी में ये गुण कम ही मिलते हैं।

चन्द्रशेखर पूर्व में कांग्रेस से जुड़े थे और उस छोटे से जोशीले समूह का हिस्सा थे, जिससे जुड़े जूनियर नेताओं को युवा तुर्क का नाम दिया गया था। प्रारम्भ में वे इन्दिरा गांधी समर्थक थे लेकिन 1970 में उनके खिलाफ हो गए। यह वह दौर था जब इन्दिरा गांधी कई चुनौतियों से जूझ रही थीं। कांग्रेस की नीतियों, कार्यक्रमों, नेतृत्व में बदलाव के प्रयास उग्र हो रहे थे, जिसके नतीजे में खासी उथल-पुथल मची हुई थी। इसी के चलते इन्दिरा गांधी को बाद में हार का मुँह भी देखना पड़ा।

बैंकों के राष्ट्रीयकरण तथा राजघरानों को दिए जाने वाले विशेष भत्ते व सुविधाएँ बन्द कर देने जैसे निर्णय के बाद इन्दिरा गांधी कांग्रेस में खासे विरोध का सामना कर रही थीं। कई शक्तिशाली गुट इन फैसलों के खिलाफ थे। इन विरोधियों में मोरारजी देसाई, यशवंतराव बलवंतराव चव्हाण, एस.के. पाटिल व एस. निजलिंगप्पा जैसे वरिष्ठ नेता शामिल थे। दूसरी तरफ युवा परिवर्तनकामी नेताओं में समाजवादी विचारधारा से प्रभावित चन्द्रशेखर, मोहन

धारिया, कृष्णकांत, सी. सुब्रह्मण्यम, चन्द्रजीत यादव आदि थे, इन्हें ही युवा तुर्क या बरांडा बॉयज कहा जाता था।

ये युवा तुर्क तब नई नस्ल के आदर्श बनकर उभरे, जब उन्होंने रामगढ़ के राजा कामाख्या नारायण सिंह को बिहार में मंत्री बनने से रोक दिया। बिहार के मुख्यमंत्री हरिहर सिंह ने कामाख्या नारायण सिंह को मंत्रिमंडल में शामिल कर लिया था। जबकि इससे पहले यह निर्णय लिया जा चुका था कि जो राजे-महाराजे कांग्रेस से नहीं जुड़े हैं, उन्हें पार्टी शासित राज्यों की सरकार में शामिल नहीं किया जाएगा। इसी आधार पर युवा तुर्कों ने राजाजी को मंत्री बनाए जाने का प्रबल विरोध किया। तब तमिलनाडु कांग्रेस के अध्यक्ष सी. सुब्रह्मण्यम ने विरोधस्वरूप कांग्रेस कार्य समिति की सदस्यता से इस्तीफा दे दिया। आखिर युवा तुर्कों की जीत हुई। 14 मई, 1969 को कांग्रेस कार्य समिति ने सुब्रह्मण्यम से कहा कि वे अपना इस्तीफा वापस ले लें। साथ ही बिहार के मंत्रिमंडल से राजा कामाख्या को बाहर कर दिया गया। इस तरह सुब्रह्मण्यम व चन्द्रशेखर जैसे युवा तुर्क एक बड़ी जंग जीतने में कामयाब रहे।

बहरहाल इन्दिरा गांधी की कांग्रेस में चन्द्रशेखर का उदय देर तक नहीं टिक पाया। 28 मई, 1970 को अखिल भारतीय कांग्रेस समिति का दिल्ली में एक लघु सत्र चल रहा था। उसमें चन्द्रशेखर की 'अव्यावहारिक आलोचना' से नाराज होकर इन्दिरा गांधी ने उन्हें खुलेआम डाँट पिलाई। उन्होंने गुस्से में कहा, ऐसा लगता है कि मैंने अपना काम ठीक से नहीं किया तो पार्टी अपना नेतृत्व बदलने को स्वतंत्र है। इन्दिरा गांधी से असहमत जो नेतागण बाद में धीरे-धीरे कांग्रेस से बाहर होते गए, उनमें चन्द्रशेखर भी थे।

परन्तु चन्द्रशेखर जल्द ही एक सशक्त नेता के रूप में उभरे। अब वे जनता पार्टी के अध्यक्ष थे। वह जनता पार्टी जिसने 1977 से 1979 के संक्षिप्त काल में देश पर राज भी किया। चन्द्रशेखर अपने आपमें तो सशक्त नेता थे ही, उन्होंने अपने बाद आने वाले लोगों का मार्गदर्शन भी किया। इसीलिए उन्हें मुलायम सिंह यादव सहित भारतीय राजनीति में सक्रिय कई महत्त्वपूर्ण नेताओं का मार्गदर्शक भी माना जाता है।

# पी.वी. नरसिम्हा राव

जन्म : 28 जून, 1921

निधन : 23 दिसम्बर, 2004

**कार्यकाल**

- 21 जून, 1991—16 मई, 1996

---

पी.वी. नरसिम्हा राव भारत के प्रधानमंत्री की कुर्सी पर आसीन होने वाले ऐसे पहले नेता थे, जिनके यहाँ तक पहुँचने का पहले से किसी को शायद ही अन्दाजा था। एक वरिष्ठ व अनुभवी राजनीतिज्ञ के रूप में, सर्वोच्च पद पर पहुँचने के बाद उन्होंने देश के लिए कई महत्त्वपूर्ण काम अंजाम दिए। सरकार सँभालने के बाद उन्होंने राजनीतिक स्थिरता का माहौल बनाया; कांग्रेस को सुदृढ़ किया, साथ ही अपने कामकाज से यह सन्देश भी दिया कि नेहरू-गांधी परिवारों से ही राजकाज चलेगा, ऐसा नहीं है। इनसे हटकर दूसरे लोग भी हैं। राव ने आर्थिक सुधारों पर विशेष ध्यान दिया तथा शीत युद्ध के बाद विश्व में भारत को विशेष स्थान दिलाया। राव ने न सिर्फ अपना कार्यकाल सफलतापूर्वक पूरा किया, बल्कि अपनी नीतियों से उन्होंने देश को गति और राजनीति को एक नई दिशा दी। अचानक प्रधानमंत्री बना दिए गए राव के कार्यकाल में यानी सन् 1991 में देश पर आया भीषण आर्थिक संकट पिछली सरकार की गलत आर्थिक नीतियों का परिणाम था।

राव ने जो महत्त्वपूर्ण काम किए उनमें आर्थिक सुधारों का जिक्र करना जरूरी है। अपने प्रधानमंत्रित्व काल में राव ने सुस्थापित अर्थशास्त्री, जो बाद में भारत के प्रधानमंत्री भी हुए, डॉ. मनमोहन सिंह को वित्त मंत्रालय का प्रभार सौंपा तथा उन्हें आर्थिक सुधारों के लिए सकारात्मक वातावरण

उपलब्ध कराया। वह भी तब, जब मनमोहन सिंह को राजनीति का अनुभव नहीं था। राव को सिंह पर पूरा विश्वास था। अपने मत—'दुनिया बदल चुकी है, देश को भी बदलना जरूरी है'—को साकार करते हुए उन्होंने मनमोहन सिंह को खुली छूट दी कि आर्थिक सुधारों की राह में आने वाली तमाम अनावश्यक रुकावटें वे बेहिचक हटाते चलें। सो राव के नेतृत्व में ही देश की अर्थव्यवस्था में आमूलचूल परिवर्तनों का दौर शुरू हुआ।

वैसे राव के कार्यकाल में देश ने कई उपलब्धियाँ हासिल कीं, लेकिन साथ ही साथ उन पर भ्रष्टाचारियों को प्रश्रय देने, बाबरी मस्जिद विध्वंस, साम्प्रदायिक हिंसा पर लगाम न लगा पाने तथा पार्टी के भीतर गुटबाजी को बढ़ावा देने जैसे आरोप लगे। परिणाम यह हुआ कि पार्टी का देश में प्रभाव कम होने लगा। बाद वाले चुनाव में ही जनता ने उसे सत्ता से बेदखल कर दिया।

सन् 1991 में राव की उम्र 71 साल थी, जब उन्होंने प्रधानमंत्री का ओहदा सँभाला। आमजन उनके बारे में ज्यादा जानता नहीं था। हालाँकि अपने लम्बे सार्वजनिक जीवन में राव आन्ध्रप्रदेश के मुख्यमंत्री रहे। बाद में वे केन्द्रीय गृह, विदेश, वित्त, मानव संसाधन जैसे महत्त्वपूर्ण मंत्रालयों के मंत्री रहे। दिल्ली में लम्बे समय तक सक्रिय रहने के कारण राव की स्थिति उनके स्वयं के राज्य में बाहरी व्यक्ति जैसी हो गई। इसके उलट स्वाभाविक ही दिल्ली में उनके अच्छे-खासे मित्र व प्रशंसक हो गए थे।

कई भाषाओं के ज्ञाता व विद्वान राव को पूर्व प्रधानमंत्री इन्दिरा गांधी का पूर्ण विश्वास प्राप्त था। वे राव की बड़ी प्रशंसक थीं। आन्ध्रप्रदेश में सक्रिय बड़े नेताओं जैसे एम, चेन्ना रेड्डी, ब्रह्मानन्द रेड्डी तथा विजय भास्कर रेड्डी के विरोध की अनदेखी करते हुए इन्दिरा ने राव को अनेक महत्त्वपूर्ण काम सौंपे। वे उन चन्द लोगों में से थे, जिन्हें प्रधानमंत्री इन्दिरा गांधी के निवास में सीधे प्रवेश दिया जाता था। इन्दिरा के बाद प्रधानमंत्री बने राजीव गांधी भी राव की खूबियों के प्रशंसक थे और उन पर पूरा भरोसा करते थे। सादा जीवन जीने वाले राव को संकट काल में शान्त रहकर समस्याओं का हल निकालने में महारत हासिल थी। राजीव को उनकी

यह शैली बहुत पसन्द थी। कांग्रेस के कई दिग्गज नेता उन्हें हानि न पहुँचाने वाले साथी, कामचलाऊ व्यवस्था और जल्दी सेवानिवृत्त होने वाले कारिन्दे के रूप में देखते थे।

**प्रमुख उपलब्धियाँ**

- व्यापक आर्थिक सुधार। मनमोहन सिंह को वित्तमंत्री बनाकर देश को आर्थिक भँवर से बाहर निकाला।
- पंजाब में आतंकवाद का सफाया
- जम्मू-कश्मीर में चुनाव कराया।
- मध्याह्न भोजन योजना शुरू की।
- भारत को क्षेत्रीय शक्ति के रूप में आगे बढ़ाने और चीन के साथ शक्ति-सन्तुलन कायम करने के उद्देश्य से दक्षिण-पूर्व एशियाई देशों के साथ सम्बन्ध बढ़ाने के लिए 'लुक ईस्ट' नीति अपनाई। ईरान, इजरायल से भी रिश्ते मजबूत किए।

अर्जुन सिंह व शरद पवार जैसे कांग्रेस के दो बड़े खेमों का आकलन था कि वृद्ध राव के दिन ज्यादा नहीं बचे हैं तथा राव के बाद राजगद्दी पर उनका ही कब्जा होगा। सोनिया गांधी को राव के बारे में ज्यादा जानकारी नहीं थी। दूसरों की तरह उनकी नजर में भी राव एक बुद्धिमान, विश्वसनीय तथा पार्टी के परम सम्माननीय वरिष्ठ नेता थे। वे देखा करती थीं कि राव अक्सर इन्दिरा गांधी से मिलने आते हैं। तभी उनमें अभिवादन का आदान-प्रदान हो जाया करता था।

वृद्ध हो चले राव को विपरीत परिस्थितियों में देश के प्रधानमंत्री तथा कांग्रेस अध्यक्ष का पद सँभालना पड़ा। वे राजनीति से सेवानिवृत्त होने का फैसला कर चुके थे, इसीलिए सन् 1991 के आम चुनाव में उन्होंने हिस्सा नहीं लिया। वे संगठन के बारे में उच्च स्तरीय निर्णय लेने वाली कांग्रेस कार्य समिति के सदस्य भी नहीं थे। तमिलनाडु के श्रीपेरम्बदूर में हुई राजीव गांधी की जघन्य हत्या के बाद राव पर दबाव बनाकर उनकी सेवानिवृत्ति का निर्णय वापस कराया गया। हालाँकि यह पहला अवसर नहीं था, जब कांग्रेस एक सक्षम नेतृत्वकर्ता के संकट से जूझ रही थी। 1984 में इन्दिरा

गांधी की हत्या हुई, तब भी कांग्रेस के सामने यह संकट आ खड़ा हुआ था और पार्टी ने युवा राजीव गांधी पर दबाव बनाकर उन्हें प्रधानमंत्री मनोनीत किया था।

राजीव की हत्या के 18 घंटे बाद दिल्ली स्थित कांग्रेस मुख्यालय 24 अकबर रोड पर पार्टी के दिग्गज पदाधिकारियों की बैठक हुई। इसमें कांग्रेस कार्य समिति के 12 सदस्य, 2 स्थायी तथा 4 विशेष आमंत्रित सदस्य शामिल थे। सफेद झक चादरों पर मसनद के सहारे बैठे पार्टी नेताओं के बीच आदरांजलि स्वरूप राजीव गांधी की जगह खाली छोड़ दी गई थी। वरिष्ठतम तथा कोई प्रतिद्वंद्वी न होने के चलते राव को इस बैठक की अध्यक्षता सौंपी गई। वैसे पार्टी में अर्जुन सिंह, शरद पवार, डॉ. शंकरदयाल शर्मा और माधवराव सिंधिया सहित प्रधानमंत्री पद के कोई आधा दर्जन दावेदार थे, मगर राव बाजी मार ले गए।

राव जब प्रधानमंत्री तथा कांग्रेस अध्यक्ष बने, तब सोनिया गांधी राजनीति में सक्रिय नहीं थीं। अर्जुन सिंह के नेतृत्व में कांग्रेस के एक धड़े ने सोनिया गांधी के दिल्ली स्थित निवास स्थल 10 जनपथ लगातार आना-जाना बनाए रखा, जिसके परिणामस्वरूप ही सन् 1998 में सोनिया गांधी का राजनीति में बाकायदा पदार्पण हुआ।

नरसिम्हा राव मितभाषी थे और सोनिया गांधी भी। प्रधानमंत्री बनने के बाद भी राव की सोनिया से कभी-कभार ही बात होती होगी। दोनों के बीच वजाहत हबीबुल्लाह व रामू दामोदरन के माध्यम से संवाद होता था। वजाहत हबीबुल्लाह जम्मू-कश्मीर कैडर के आई.ए.एस. अफसर थे, जिन्हें राजीव गांधी फाउंडेशन (आरजीएफ) का मुख्य कार्यकारी अधिकारी बनाया गया था। इस फाउंडेशन की अध्यक्ष सोनिया गांधी थीं। दामोदरन, राव के निजी सचिव थे।

प्रधानमंत्री बनने के चन्द दिनों बाद ही राव ने एक ऐसा उदाहरण प्रस्तुत किया, जिसने सोनिया को गहरे तक प्रभावित किया। राव आरजीएफ के ट्रस्टी भी थे और इस संस्थान की पहली बैठक होने वाली थी, परन्तु बैठक

स्थल को लेकर निश्चित नहीं हो पा रहा था कि यह प्रथम बैठक कहाँ रखी जाए। सोनिया की इच्छा थी कि यह बैठक उनके निवास स्थल 10 जनपथ पर ही हो जाए। इस पर कुछ लोगों ने प्रोटोकॉल का मामला उठाया कि देश के प्रधानमंत्री की हैसियत से राव का वहाँ आना उचित नहीं था। इस मौके पर वजाहत हबीबुल्लाह तथा दामोदरन की कार्य कुशलता काम आई। आर. दामोदरन ने सोनिया का यह सन्देश राव तक पहुँचाया कि प्रधानमंत्री निवास 7 रेसकोर्स रोड बतौर प्रधानमंत्री राजीव गांधी का भी कार्यालय था, इसलिए वे वहाँ आने की मानसिक स्थिति में नहीं हैं। राव ने उनकी भावनाओं को समझते हुए कहलवा दिया कि वे खुद 10 जनपथ पहुँच जाएँगे। हालाँकि विरोधियों ने राव की इस सदाशयता का गलत अर्थ लिया तथा इसे देश के प्रधानमंत्री का एक सामान्य नागरिक के समक्ष समर्पण करार दिया।

ऐसा कहा जाता है कि अयोध्या विवाद हल करने में राव की अक्षमता, आर्थिक सुधारों की पहल, राजीव गांधी हत्या षड्यंत्र मामले में जाँच की सुस्त रफ्तार तथा राव के करीबी लोगों पर भ्रष्टाचार के आरोप जैसे मुद्दों ने 10 जनपथ व 7 रेसकोर्स रोड के बीच की खाई को गहरा कर दिया। हो सकता है कि इन मुद्दों ने दोनों के बीच मतभेद बढ़ाए हों, लेकिन इसके पीछे असली कारण सोनिया का यह विचार था कि राव बहुत योजनाबद्ध ढंग से नेहरू-गांधी परिवार की विरासत के महत्त्व को लगातार कम करते जा रहे हैं।

फिर जनवरी 1992 में ऐसी घटना घटी, जिसका सतह पर तो ज्यादा असर नजर नहीं आया, लेकिन बाद में वह राव को बहुत भारी पड़ी। मामला सोनिया गांधी के निजी सचिव विंसेंट जॉर्ज को राज्यसभा भेजने का था। कांग्रेस को राज्यसभा के लिए कर्नाटक से कुछ नेता नामांकित करने थे। पार्टी के कुछ नेता मार्गरेट अल्वा का विरोध कर रहे थे कि वे सतत चौथी बार राज्यसभा का टिकट पाने की जुगाड़ में लगी थीं। इन लोगों ने मार्गरेट अल्वा की जगह विंसेंट जॉर्ज का नाम चला दिया, हालाँकि जॉर्ज का सम्बन्ध केरल से था। राव भी जॉर्ज के नामांकन को लेकर संशय में थे। अलबत्ता पार्टी के

ज्यादातर दिग्गज नेता विशेषकर के. करुणाकरन और अर्जुन सिंह, जॉर्ज का नामांकन चाहते थे। राव उस समय रूस यात्रा पर जा रहे थे। उन्होंने सोनिया की मंशा जानने के लिए उनसे सम्पर्क किया कि जॉर्ज को राज्यसभा का टिकट दे दिया जाए? तब सोनिया ने साफ कह दिया कि अगर पार्टी चाहती हो तो जॉर्ज को राज्यसभा का टिकट दे दिया जाए। यह निर्णय पूरी तरह किसी भी सदस्य की राजनीतिक उपयोगिता को देखकर किया जाना चाहिए। राव बात को समझ गए। सो राव की यात्रा के दौरान राज्यसभा उम्मीदवारों की जो सूची विदेश से फैक्स की गई, उसमें मार्गरेट अल्वा का नाम तो शामिल था, मगर जॉर्ज का नहीं था।

बाद के चार सालों (1992-96) में 10 जनपथ व 7 रेसकोर्स रोड के बीच अविश्वास की खाई गहरी करने में इस मुद्दे ने बहुत अहम भूमिका निभाई। कहा जाता था कि टिकट न दिए जाने के बाद सोनिया के निजी सचिव राव के कट्टर दुश्मन हो गए। प्रधानमंत्री व सोनिया गांधी के सम्बन्धों में कटुता के लिए जॉर्ज को जिम्मेदार माना जाता है। उन्होंने यह स्थिति पैदा कर दी कि आखिर कांग्रेस दो भागों में विभाजित हो गई और एक धड़े ने अलग होकर सन् 1995 में तिवारी कांग्रेस बना डाली।

1991 से 96 के बीच कांग्रेस के भीतर जबर्दस्त खींचतान चलती रही। राव के खेमे में मतंग सिंह, भुवनेश चतुर्वेदी, विद्याचरण शुक्ला, मनिंदर सिंह बिट्टा व अन्य नेता थे, जिन पर वी. जॉर्ज, के. करुणाकरन, अर्जुन सिंह, माखनलाल फोतेदार, नटवर सिंह व अन्य लोगों के खिलाफ षड्यंत्र रचने के आरोप लगते रहते थे। इस खींचतान के बीच राव सरकार के कामकाज से असन्तुष्ट नेताओं के लिए सोनिया गांधी ने अपने दरवाजे खोल दिए। तब वी. जॉर्ज ने पार्टी सांसदों को फोन करके बताया था कि सोनिया गांधी कुछ निश्चित दिनों में शाम 5 से 7 के बीच उनकी समस्याओं की सुनवाई करेंगी। इस सन्देश के पीछे छुपा आशय स्पष्ट था कि वे सरकार के विरुद्ध अपनी भड़ास निकाल सकते हैं। कांग्रेसियों ने इस पहल का ऐसी गर्मजोशी से स्वागत किया कि मुलाकात के लिए निश्चित दिनों में

10 जनपथ के आगे लगने वाली लाइन कभी छोटी नहीं हुई। इस सबका उद्‌देश्य सोनिया तक यह बात पहुँचाना था कि राव सरकार में सब कुछ ठीक नहीं चल रहा है।

1994 में एक स्वतंत्र टीवी प्रोड्यूसर ने विधानसभा चुनाव में कांग्रेस की प्रचार मुहिम के लिए एक कार्यक्रम बनाया। इसे राव व उनके करीबी नेताओं ने देखा और इस आधार पर अस्वीकार कर दिया कि इसमें पार्टी के अतीत का जिक्र ज्यादा हो गया है। यह पंडित जवाहरलाल नेहरू से शुरू हो रहा है तथा इन्दिरा व राजीव गांधी का भी इसमें खासा स्तुतिगान किया गया है। इसके कुछ घंटों बाद ही वह प्रोड्यूसर अपनी शिकायत लेकर सोनिया गांधी के समक्ष उपस्थित हो गया। 'मैडम' को उसने बताया कि कैप्सूल बनाते वक्त नेहरू-गांधी परिवार की उपलब्धियों का उल्लेख करने से कैसे उसे हतोत्साहित किया जाता रहा।

सन् 2004 में सोनिया गांधी के नेतृत्व वाले संयुक्त प्रगतिशील गठबन्धन (संप्रग या यूपीए) की सरकार केन्द्र में सत्तासीन हुई। इसके 8 माह बाद पी.वी. नरसिम्हा राव की मौत हो गई। उन दिनों एकान्त, बीमारी तथा सम्भवत: आत्मग्लानि से भी घिरे राव स्वीकार करते थे कि दिसम्बर, 1992 में बाबरी मस्जिद विध्वंस ने उनका सम्पूर्ण राजनीतिक करियर तबाह करके रख दिया जो अन्यथा स्वर्णिम था।

अन्तिम समय में वे 'अयोध्या : 6 दिसम्बर 1992' नामक अपनी पुस्तक पर काम करने में लगे रहे। मृत्यु से पूर्व वे किताब तैयार कर चुके थे, लेकिन इसे उन्होंने अपने जीवन में प्रकाशित नहीं होने दिया, बल्कि यह इच्छा जताई कि किताब उनकी मौत के एक साल बाद प्रकाशित की जाए।

300 से अधिक पृष्ठों की अपनी किताब में राव ने एकमात्र सूत्र दिया है—भाजपा ने अयोध्या समझौते को विफल कराया। शब्द चयन में हमेशा सतर्क रहने वाले दिवंगत प्रधानमंत्री ने जोर देकर कहा, भाजपा ने मन्दिर विवाद के हर सम्भावित हल का प्रतिकार किया, ताकि अयोध्या मुद्‌दा सुलगता रहे।

राव ने लिखा, अगस्त, 1992 तक 'अराजनीतिक' साधु-संन्यासियों से इस मुद्दे पर उनकी बात चलती रही कि 'कानून का उल्लंघन व साम्प्रदायिक सौहार्द को ठेस पहुँचाए बिना' अयोध्या में कैसे और कहाँ राम मन्दिर बनवाया जा सकता है। तभी अचानक साधुओं ने बात करने से मना कर दिया। इसके चार माह बाद ही कारसेवकों के झुंड द्वारा मस्जिद गिरा दी गई।

राव ने इस पर अचरज व्यक्त किया है कि "(विवाद के शान्तिपूर्ण हल के लिए तमाम पहलुओं पर विचार करने के बाद) ये साधु अपनी बात से क्यों पलट गए।" इसके बाद उन्होंने भाजपा का नाम लिये बिना एक स्वीकार्य मत प्रस्तुत किया, "यह स्पष्ट था कि साधुओं की सोच बदल गई है या बहुत हद तक उन राजनीतिक शक्तियों की जो उन्हें नियंत्रित कर रही थीं। ये ताकतें जानबूझकर (इस विवाद) के शान्तिपूर्ण हल वाले मामले से बाहर होना चाहती थीं जो मेरे और संन्यासियों के बीच तय किया जा रहा था। अगर यह हो जाता तो मन्दिर का मुद्दा पूरी तरह अराजनीतिक होकर रह जाता।"

उन्होंने यह भी लिखा कि "राम जन्मभूमि मामले का एक नाजुक पहलू बहुत अहम है जो यह पुष्ट सत्य बताता है कि जहाँ हिन्दू आमजन राम के तईं अपनी आस्था के चलते मन्दिर निर्माण की प्रबल इच्छा रखते थे, वहीं इस विवाद को उभारने वाली राजनीतिक शक्तियाँ मन्दिर निर्माण कतई नहीं चाहती थीं...वे तो इसे जितना हो सके, उतनी लम्बी अवधि तक वोटों की फसल देने वाली एक साम्प्रदायिक समस्या बनाकर रखना चाहती थीं।"

अयोध्या विवाद हल करने के लिए राव अगस्त, 1992 तक नागपुर में राष्ट्रीय स्वयंसेवक संघ के शीर्ष नेतृत्व के साथ सतत सम्पर्क में थे। वी.एन. गाडगिल व वसंत साठे जैसे नेता इस मामले में उनके विशेष दूत हुआ करते थे।

अयोध्या मामले में संघ परिवार और विश्व हिन्दू परिषद् के रुख में नरमी लाने के मकसद से जरा नर्म रुख अपनाएँ, इस मकसद से प्रधानमंत्री ने उस दौर में कई अराजनीतिक संतों, जैसे जैन मुनि आचार्य

सुशील और रामटेक (महाराष्ट्र) में मौजूद उनके आध्यात्मिक गुरु से भी सहायता माँगी थी।

उस दौर के कई साधु-संत जैसे महंत अवैद्यनाथ, वामदेव जी महाराज, रामचन्द्रदास परमहंस, महंत नृत्य गोपालदास, स्वामी परमानन्द जी, स्वामी चिन्मयानन्द और पेजावर स्वामी का तब प्रधानमंत्री के सरकारी आवास 7 रेसकोर्स रोड पर राव के साथ बैठकों के लिए नियमित आना-जाना लगा रहता था।

राव यह रेखांकित करते हैं कि 'बहुसंख्यकों में साम्प्रदायिक सोच पैदा करने वाले' एक राजनीतिक गिरोह की मजबूरी थी कि वह अयोध्या को 'सतत उबलती रहने वाली एक समस्या' बनाए रखे। इसी मजबूरी ने 6 दिसम्बर, 1992 से पहले अदालत के बाहर आपसी सहमति से अयोध्या विवाद हल करने की सम्भावनाओं को क्षीण कर दिया।

इसके बाद वे यह दिलचस्प वास्तविकता बताते हैं कि अयोध्या में राम मन्दिर की माँग केवल एक मन्दिर की माँग नहीं थी। "इसके आगे दूसरे भी थे। ऐसे में अगर एक या दो मुख्य मामले हल कर भी दिए जाते तो आन्दोलन जारी रखा जा सकता था। (अयोध्या, मथुरा, काशी) के रूप में तीन सामने थे। आपसी सहमति से यदि इन तीनों का मामला हल (यह उनके लिए दुर्भाग्यपूर्ण होता) कर भी लिया जाता तो देशभर में 3 हजार से ज्यादा विवादास्पद मन्दिरों की अंतहीन सूची तैयार थी।"

एक वृद्ध मगर चतुर व बौद्धिक रूप से समृद्ध प्रधानमंत्री पी.वी. नरसिम्हा राव को और निराशा हाथ लगी, जब उन्होंने ये बातें खुद अपनी पार्टी यानी कांग्रेस में कैबिनेट के साथियों से साझा कीं। उनमें से कोई इस मामले में सहायता को तैयार नहीं था। इसके बजाय उन्होंने खुद राव को बलि का बकरा बना दिया। इससे बेहद निराश राव ने लिखा, "यह मैं था जिसे उन्होंने ध्वस्त कर दिया।"

# एच.डी. देवेगौड़ा

जन्म : 18 मई, 1933

**कार्यकाल**

- 01 जून, 1996—21 अप्रैल, 1997

---

पी.वी. नरसिम्हा राव की सरकार मई, 1996 में भंग हो जाने के बाद देश में नाटकीय परिस्थितियाँ पैदा होने लगीं। कांग्रेस का जनाधार सिमटता नजर आया। लोकसभा चुनाव में उसे मात्र 140 सीटें ही मिल पाईं। भाजपा भी कुछ खास नहीं कर पाई और कांग्रेस से मात्र 21 सीट अधिक पाकर 161 सीटों पर ठहर गई। ऐसे में भाजपा के लिए सरकार बनाना आसान काम नहीं था, मगर उसने पता नहीं किस भ्रम में सरकार बनाने का दावा ठोक दिया। सर्वमान्य नेता के रूप में ख्यात अटल बिहारी वाजपेयी के नेतृत्व में भाजपा की सरकार बनी और बहुमत सिद्ध न कर पाने के कारण बेहद अपमानजनक तरीके से मात्र 13 दिन बाद गिर भी गई। इस अफरा-तफरी के बीच गैर-कांग्रेसी व गैर-भाजपाई नेताओं ने एक संयुक्त मोर्चा बना डाला। जनता दल, तेलुगु देशम पार्टी (टीडीपी), द्रविड़ मुन्नेत्र कझगम (डीएमके), समाजवादी पार्टी, कम्युनिस्ट पार्टी ऑफ इंडिया (सीपीआई) तथा कुछ अन्य दिग्गज इस संयुक्त मोर्चे में शामिल थे। इसके बावजूद मोर्चे को सरकार बनाने के लिए कांग्रेस के समर्थन की जरूरत थी और प्रयास किए जा रहे थे कि कांग्रेस इस सरकार को बाहर से समर्थन दे दे।

इसमें सबसे दिलचस्प बात यह थी कि मोर्चे के लिए प्रधानमंत्री के उम्मीदवार का चयन, बहुमत जुटाने के मुकाबले मुश्किल सिद्ध हो रहा था।

वी.पी. सिंह और हरकिशन सिंह सुरजीत जैसे अनुभवी नेताओं द्वारा तैयार किए गए मोर्चे की ओर से प्रधानमंत्री पद के लिए सर्वप्रथम पश्चिम बंगाल के मुख्यमंत्री ज्योति बसु से सम्पर्क किया गया। सिद्धान्तवादी महान नेता इसके लिए राजी भी हो गए, मगर उनके दल यानी मार्क्सवादी कम्युनिस्ट पार्टी (सीपीएम) ने इसकी अनुमति नहीं दी। ऐसे में ज्योति बसु ने पार्टी की इच्छा के आगे नतमस्तक हो, इस पद से दूर रहने का ही निर्णय किया। बाद में इसे 'ऐतिहासिक भूल' करार दिया जाता रहा, जिससे सीपीएम का एक वर्ग भी सहमति जताता था।

बसु द्वारा इनकार कर दिए जाने के बाद स्वार्थी तत्त्वों ने फौरन मौका उचक लिया। मोर्चे में शामिल नेता खुद को प्रोजेक्ट करने लगे। ऐसे नेता जिनमें आपसी विश्वास व सामंजस्य का अभाव स्पष्ट दिखाई पड़ता था, वे भी प्रधानमंत्री पद की दावेदारी करने लगे। ऐसी स्थिति में मुलायम सिंह यादव व लालू यादव के प्रयासों को नाकाम किया गया। तब आंध्र प्रदेश के मुख्यमंत्री चन्द्र बाबू नायडू ने कर्नाटक के मुख्यमंत्री हरदनहल्ली डोड्डेगौड़ा (एच.डी.) देवेगौड़ा का नाम प्रधानमंत्री पद के लिए प्रस्तुत किया। तब दिल्ली की राजनीति में देवेगौड़ा की कोई खास पहचान नहीं थी। कांग्रेस सहित सभी पार्टियों ने देवेगौड़ा को एक आसान शिकार समझा। ऐसा नेता जिसे आसानी से अपने वश में किया जा सकता था। हालाँकि बाद में उनकी यह धारणा एकदम गलत साबित हुई।

खैर, कांग्रेस के बाहरी समर्थन से देवेगौड़ा की सरकार बनी, जिसमें सीपीआई के वरिष्ठ नेता इंद्रजीत गुप्ता गृह मंत्री, पी. चिदंबरम वित्तमंत्री तथा मुलायम सिंह यादव रक्षा मंत्री थे।

धरतीपुत्र देवेगौडा को मात्र दस माह तक ही बतौर प्रधानमंत्री काम करने का मौका मिला। 1 जून, 1996 से 11 अप्रैल, 1997 तक वे संयुक्त मोर्चा सरकार के मुखिया रहे। आन्तरिक दबाव व विरोधाभासों के बावजूद देवेगौड़ा ने गरीबों, किसानों, भूमिहीन मजदूरों तथा गरीब बस्तियों में रहने वालों के लिए खूब काम किया। इन वर्गों के लिए उन्होंने विशेष योजनाएँ

> **विशेष कार्य**
>
> - किसानों की दुर्दशा के बारे में संसद में स्पष्ट रूप से अपने विचार व्यक्त किए।
> - बांग्लादेश के साथ जल सन्धि की।
> - नेपाल के साथ महाकाली सन्धि की।

बनवाईं और पूरा प्रयास किया कि इन व्यापक सुधारों का लाभ समाज के हर वर्ग तक पहुँचे। देश की अर्थव्यवस्था में आमूलचूल परिवर्तन के लिए उन्होंने सन् 1997-98 के बजट में बहुत से आर्थिक सुधारों का शुभारम्भ किया। विभिन्न अर्थशास्त्रियों व कॉरपोरेट जगत से सम्बद्ध लोगों के मतानुसार उस साल पी. चिदंबरम ने एक आदर्श बजट प्रस्तुत किया था।

इसके साथ ही देवेगौड़ा ने उत्तर-पूर्व तथा कश्मीर समस्या हल करने के गम्भीर प्रयास किए। इसी का नतीजा था कि आठ साल की अवधि के बाद जम्मू-कश्मीर में चुनाव हुए तथा वहाँ एक लोकतांत्रिक सरकार गठित की गई। विदेशी मामलों में भी देवेगौड़ा ने उल्लेखनीय काम किए। बांग्लादेश के साथ जल वितरण सम्बन्धी मामले लम्बे समय से उलझे पड़े थे। देवेगौड़ा सरकार ने अपनी अल्प अवधि के बावजूद बांग्लादेश के साथ जल सन्धि की। उसने नेपाल के साथ महाकाली सन्धि करते हुए पाकिस्तान से भी चर्चा के द्वार खोल लिए। वैश्विक स्तर पर भी अन्य नेताओं के साथ उन्होंने बहुत अच्छे सम्बन्ध स्थापित कर लिए थे।

बहुत अच्छे से चल रही इस सरकार को आन्तरिक राजनीति ने डुबा दिया। लालू यादव के साथ देवेगौड़ा के खट्टे-मीठे रिश्ते थे। बिहार के शक्तिशाली तथा राष्ट्रीय स्तर पर पहचाने जाने वाले नेता लालू यादव भी प्रधानमंत्री पद के दावेदार थे। संयुक्त मोर्चे में उनका खासा प्रभाव था। सो एक समय ऐसा था जब देवेगौड़ा को अपनी कुर्सी बचाने के लिए बार-बार दौड़कर बिहार भवन जाना पड़ता था। फिर बाजी पलटी और लालू यादव चारा घोटाले में घिर गए। इस मामले में सीबीआई ने उनसे पूछताछ की

अनुमति माँगी। तब लालू को प्रधानमंत्री एच.डी. देवेगौड़ा से पाँच मिनट भेंट का समय लेने के लिए कई दिनों तक इंतजार करना पड़ा।

देवेगौड़ा की एक अजीब आदत थी। वे संसद सत्र के दौरान, कॉन्फ्रेंस या बैठकों में झपकी लेने लगते थे। इसके बड़े चर्चे भी होते थे। डीएलएफ चेयरमैन के.पी. सिंह ने अपनी आत्मकथा में इस बाबत बड़ी दिलचस्प घटना बयान की है। उनके मुताबिक, बड़े व्यापारियों का एक प्रतिनिधिमंडल प्रधानमंत्री से मिलने पहुँचा। वे देश की लगातार बिगड़ती अर्थव्यवस्था से प्रधानमंत्री को अवगत कराना चाहते थे। उन्होंने लिखा है कि प्रेजेंटेशन पूर्ण होने के बाद हमें यह आभास हुआ कि देवेगौड़ा कुछ सुन नहीं रहे हैं। अचानक वे जागृत हुए और कहने लगे 'मुझे बहुत खुशी है कि (देश की) अर्थव्यवस्था ठीक-ठाक चल रही है।'

प्रधानमंत्री रहते हुए देवेगौड़ा ने कांग्रेस से एक निश्चित दूरी बनाए रखी। यही उन्हें महँगा भी पड़ा। कांग्रेस में बहुत से तत्त्व थे जो सरकार से जरा भी खुश नहीं थे। खुद कांग्रेस अध्यक्ष सीताराम केसरी की यह स्थिति थी कि वे कई मामलों में सरकार को दबाना चाहते थे तथा अक्सर ही प्रधानमंत्री से खुन्नस खाए रहते। उन्हें तो इस सरकार के मंत्रियों को आवंटित गाड़ियों के हूटर सायरन तक से दिक्कत थी। बताते हैं, केसरी कहा करते थे कि इन मंत्रियों ने अपने ड्राइवरों को हिदायत दे रखी है कि दिल्ली के 24 अकबर रोड स्थित कांग्रेस के राष्ट्रीय मुख्यालय के सामने से गुजरते समय अपनी गाड़ी में लगे हूटर सायरन खूब तेज बजाया करें, जिससे विपत्तियों में फँसे 'चचा केसरी' को और परेशानी हो।

मार्च, 1997 में जल्दबाजी दिखाते हुए कांग्रेस अध्यक्ष सीताराम केसरी ने संयुक्त मोर्चा गठबन्धन पर दबाव डाला कि वे अपना प्रधानमंत्री बदल डालें। नतीजतन देवेगौड़ा की जगह इन्द्र कुमार गुजराल को प्रधानमंत्री बनाया गया। केसरी की यह ज़िद देख बहस शुरू हो गई कि क्या एक राजनीतिक पार्टी को इसका अधिकार है कि किसी दूसरे संगठन के आंतरिक मामलों में इस तरह दखल दे?

देवेगौड़ा को जब इस तरह हटाया जा रहा था, कांग्रेस के वरिष्ठ नेता नरसिम्हा राव दिल्ली के मोतीलाल नेहरू मार्ग स्थित अपने आवास पर निष्क्रिय बैठे हुए थे। 30 मार्च, 1997 को जब बजट सत्र चल रहा था, सीताराम केसरी ने संयुक्त मोर्चा सरकार से समर्थन वापस ले लिया।

अगले दिन एक औपचारिक मध्याह्न भोज में दो मित्र—नरसिम्हा राव और अटल बिहारी वाजपेयी—एक ही टेबल पर थे। इस भोज में मीठे के तौर पर तरबूज प्रस्तुत किया गया था। वाजपेयी उस समय लोकसभा में विपक्ष के नेता थे। उन्होंने 'तरबूज' को 'खट्टा' बताते हुए आश्चर्य व्यक्त किया कि सीजन न होने के बावजूद इस दावत में तरबूज क्यों प्रस्तुत किया गया। इस पर राव ने व्यंग्य से कहा, 'जब हम बजट सत्र के दौरान समर्थन वापस ले सकते हैं तो ऑफ सीजन में तरबूज क्यों नहीं पेश कर सकते!'

लोकसभा में अविश्वास प्रस्ताव पर बोलते हुए, तब समता पार्टी के नेता नीतीश कुमार ने कांग्रेस पर संसदीय सम्पत्ति में घालमेल का आरोप लगाया। अपनी चिर-परिचित व्यंग्यात्मक शैली में नीतीश ने निशाना साधा, "लोग सोच रहे हैं कि मैं मजाक कर रहा हूँ। क्यों नहीं? जब वरिष्ठ नेता देश के साथ मजाक कर सकते हैं, तो मैं क्यों नहीं?"

प्रधानमंत्री पद से बेदखल किए जा रहे देवेगौड़ा इस मौके पर बिफरे शेर की तरह नजर आए। लोकसभा को सम्बोधित करते हुए उन्होंने कहा, "यह मेरी नियति है। मैं मिट्टी से उठकर फिर यहाँ विराजमान होने वाला हूँ।" कांग्रेस अध्यक्ष केसरी द्वारा राष्ट्रपति के.आर. नारायणन को समर्थन वापसी का पत्र भेजे जाने का जिक्र करते हुए उन्होंने कहा, "मुझे तुम्हारे अध्यक्ष के प्रमाण-पत्र की जरूरत नहीं है।" अपने भाषण में उन्होंने यह कहते हुए कांग्रेस व उसके अध्यक्ष पर भी तीखे हमले किए कि "अपनी राजनीतिक यात्रा में मैं 10 चुनावों में भाग ले चुका हूँ। केसरी ने अब तक कितने चुनाव लड़े हैं?" गुस्से से मानो आग उगलते हुए देवेगौड़ा ने कहा, "यहाँ जो कुछ

हो रहा है, उसके पीछे की बातें बहुत स्पष्ट हैं।...कांग्रेस पार्टी व उसके अध्यक्ष की आज कोई कद्र नहीं है, उन्हें कोई नहीं पूछ रहा। वास्तविकता में मान-सम्मान रखने वाले लोग यहाँ सदन में बैठे हैं। इसीलिए यह बुजुर्ग व्यक्ति जल्दी में है कि किसी भी तरह मुझे यहाँ से रवाना किया जाए।"

11 अप्रैल, 1997 को अविश्वास प्रस्ताव पर चल रही इस बहस में पी. चिदंबरम ने कुछ महत्त्वपूर्ण बातें कहीं। संयुक्त मोर्चा सरकार में वे वित्तमंत्री थे। शान्त व संयत पी. चिदंबरम ने कहा, "राजनीति में पूर्ण विराम नहीं होते। इसमें सिर्फ कॉमा व सेमी कोलन की शृंखला होती है। हर आरम्भ का अन्त है और हर अन्त के बाद एक नई शुरुआत है। आइए, हम एक नया अध्याय शुरू करने के लिए फिर से जुड़ते हैं।"

यह सारा घटनाक्रम देख कांग्रेस के एक समझदार सदस्य ने एक प्राचीन चीनी कहावत याद दिलाई कि जब छोटे आदमी की परछाईं बड़ी होने लगे, तब समझ लेना चाहिए कि सूरज डूबने को है।

कांग्रेस व तीसरे मोर्चे के बीच शुरू हुई सहभागिता का जल्द ही अन्त हो गया। देवेगौड़ा के बाद प्रधानमंत्री बनाए गए इन्द्र कुमार गुजराल की सरकार भी कांग्रेस ने ज्यादा नहीं चलने दी।

# इन्द्र कुमार गुजराल

जन्म : 4 दिसम्बर, 1919

निधन : 30 नवम्बर, 2012

**कार्यकाल**

- 21 अप्रैल, 1997—19 मार्च, 1998

---

**प्रधानमंत्री** इन्द्र कुमार गुजराल का कार्यकाल भी संक्षिप्त ही रहा। देश के 12वें प्रधानमंत्री के रूप में उन्होंने अप्रैल, 1997 में पद की शपथ ली और मई, 1998 में उनकी सरकार गिरा दी गई।

अपने संक्षिप्त कार्यकाल के बावजूद गुजराल को उनके कुछ कामों के लिए इतिहास में याद रखा जाएगा। उनकी विनम्रता, सभ्य व शिष्ट व्यवहार, बेदाग छवि व ईमानदारी लोगों के मन-मस्तिष्क में बसे रहेंगे। अपने सिद्धान्तों के प्रति वे अडिग थे। 20 जून, 1975 को तत्कालीन प्रधानमंत्री इन्दिरा गांधी ने देश में आपातकाल की घोषणा की थी, जिसके तहत आम नागरिकों के अधिकारों को स्थगित कर दिया गया था तथा मीडिया पर पहरे बिठा दिए गए थे। उस समय इन्द्र कुमार गुजराल सूचना एवं प्रसारण मंत्री थे। उन्हीं दिनों इन्दिरा ने दिल्ली के रामलीला मैदान में एक जनसभा का आयोजन किया। सोनिया गांधी के साथ ही युवावय राहुल व प्रियंका भी इस सभा में मौजूद थे। लेकिन सरकार के टीवी चैनल 'दूरदर्शन' पर उस सभा का प्रसारण नहीं किया गया।

देश के प्रथम प्रधानमंत्री पंडित जवाहरलाल नेहरू के दर्शन से प्रभावित गुजराल का मानना था कि उक्त सभा पार्टी द्वारा आयोजित की गई थी, जिसका

सरकार से कोई लेना-देना नहीं था। सो इसके कवरेज की जरूरत नहीं थी। इस पर संजय गांधी व उनकी टीम ने इन्दिरा के कान भरे तथा गुजराल से मंत्रालय का दायित्व लेकर उन्हें भारत का राजदूत बनाकर मास्को (रूस) भेज दिया गया। उनकी जगह विद्याचरण शुक्ला को सूचना एवं प्रसारण मंत्री बनाया गया।

कांग्रेस छोड़ने के बाद गुजराल पूरी तरह अराजनीतिक रूप में व भारमुक्त नजर आए। विद्वत्ता व स्पष्ट विचारों के चलते उनकी प्रासंगिकता सदैव बनी रही। वी.पी. सिंह व चन्द्रशेखर दोनों के प्रधानमंत्रित्व काल में गुजराल को विदेश मंत्रालय की जिम्मेदारी सौंपी गई, जिसका उन्होंने बखूबी निर्वहन किया। इराक व कुवैत के बीच खाड़ी युद्ध भड़क उठा तो गुजराल ने एक अविस्मरणीय काम कर दिखाया। उन्होंने उस क्षेत्र में फँसे 1 लाख 70 हजार भारतीयों को हवाई जहाजों द्वारा सुरक्षित देश तक लाने में सफलता पाई। एक बार में इतने सारे लोगों को एक जगह से दूसरी जगह स्थानान्तरित करने का यह विश्व रिकॉर्ड गिनीज बुक ऑफ वर्ल्ड रिकॉर्ड में दर्ज किया गया।

खाड़ी युद्ध के दौरान ही यह भी देखा गया कि भारत के विदेश मंत्री इन्द्र कुमार गुजराल, इराक के राष्ट्रपति सद्दाम हुसैन से गले मिल रहे हैं, जबकि अमेरिका ने इराक का पूरी तरह बहिष्कार कर रखा था तथा उस पर तरह-तरह के प्रतिबन्ध लगा रखे थे। बरसों बाद इन्द्र कुमार गुजराल के सुपुत्र नरेश ने, जो खुद भी संसदीय मामलों के विशेषज्ञ हैं, बताया कि उस समय गुजराल अमेरिकी प्रशासन की ओर से सद्दाम हुसैन को यह सन्देश देने गए थे कि वह जल्द कुवैत से अपना कब्जा हटा ले। नरेश ने एशियानेट न्यूज नामक वेब पोर्टल को बताया, "पिताजी ने यह सन्देश सद्दाम हुसैन तक पहुँचा दिया कि अमेरिका ने इस मामले को गम्भीरता से लिया है और अगर उन्होंने अपनी सेनाएँ कुवैत से नहीं हटाईं तो वह इराक पर हमला कर देगा।" (https://newsable.asianetnews.com/south/gujral-carried-us-message-to-saddam)

**दूरदर्शी कदम**

- रिसर्च एंड एनालिसिस विंग (रॉ) के वरिष्ठ अधिकारियों को पाकिस्तान में गतिविधियाँ बन्द करने के निर्देश दिए। तभी से रॉ के पास पाकिस्तान में कार्य करने सम्बन्धी कोई स्पष्ट आदेश नहीं है, न ही उसे पाकिस्तान में कोई ऑपरेशन चलाने की इजाज़त है।
- अन्य पड़ोसी देशों के साथ भी सम्बन्ध सुधारने के लिए कूटनीतिक प्रयास किए।

इन्द्र कुमार गुजराल भारत को प्रधानमंत्री के रूप में आकस्मिक रूप से मिले। अप्रैल, 1997 में कांग्रेस ने एच.डी. देवेगौड़ा सरकार से समर्थन वापस लेने की धमकियाँ देना शुरू कीं। तब क्षेत्रीय पार्टियों का गठबन्धन 'संयुक्त मोर्चा' धर्म संकट में पड़ गया। लालू प्रसाद यादव, मुलायम सिंह यादव, पी. चिदंबरम और संयुक्त मोर्चा सरकार में शामिल दीगर नेताओं के मुकाबले गुजराल राजनीतिक व प्रशासनिक दोनों स्तर पर अधिक अनुभवी व परिपक्व थे। सो कांग्रेस की इच्छा पर देवेगौड़ा की बलि चढ़ाकर इन्द्र कुमार गुजराल को प्रधानमंत्री पद का दायित्व सौंपा गया।

बतौर प्रधानमंत्री गुजराल ने भारतीय विदेश नीति को दो महत्त्वपूर्ण सिद्धान्त दिए, जिसके लिए उन्हें सदैव याद किया जाता रहेगा। एक अपने गुजराल सिद्धान्त के लिए, जो उन्होंने देवेगौड़ा सरकार में विदेश मंत्री रहते हुए प्रस्तुत किया था। इसे भारतीय विदेश नीति में मील का पत्थर माना जाता है। दूसरा भारी अन्तरराष्ट्रीय दबाव के बावजूद गुजराल ने अक्टूबर, 1996 में व्यापक परमाणु परीक्षण निषेध सन्धि अर्थात् सीटीबीटी पर हस्ताक्षर करने से इनकार कर दिया।

विदेश नीति को लेकर गुजराल सिद्धान्त के 5 महत्त्वपूर्ण बिन्दु थे जो भारत के निकटस्थ पड़ोसियों से सम्बन्धों को निर्देशित करते थे। इनका मूल यह था कि पड़ोसियों के साथ भारत के सम्बन्धों के आधार पर भारत का रुतबा व शक्ति सीमित नहीं किए जा सकते हैं। इसलिए पड़ोसियों

के साथ मित्रवत् व औपचारिक सम्बन्धों को अत्यन्त महत्त्व दिया जाएगा।

पत्रकार सैकत दत्ता के मुताबिक गुजराल जब प्रधानमंत्री बने तो उन्होंने रिसर्च एंड एनालिसिस विंग (रॉ) के चुनिन्दा वरिष्ठ अधिकारियों को अपने कार्यालय बुलाया तथा अपनी विदेश नीति के सिद्धान्त उनके सामने रखे। नव निर्वाचित प्रधानमंत्री ने उन्हें निर्देश दिए कि पाकिस्तान में वे अपनी गतिविधियाँ बन्द कर दें। नए प्रधानमंत्री के इस आदेश के बाद बरसों वहाँ गुप्तचरीय गतिविधियाँ बन्द रहीं। तब से ही रॉ के पास वहाँ कार्य करने सम्बन्धी कोई स्पष्ट आदेश नहीं है, न ही उसे पाकिस्तान में कोई ऑपरेशन चलाने की इजाजत है।

पाकिस्तान के प्रति शुभेच्छाएँ रखने वाले गुजराल अपने इन विचारों, कामकाज को लेकर कभी बचाव की मुद्रा में नहीं रहे। पूरे आत्मविश्वास व वैचारिक पारदर्शिता के साथ वे यह काम कर रहे थे। प्रतिष्ठित अंग्रेजी अखबार 'द टेलिग्राफ' के लिए वरिष्ठ पत्रकार के.पी. नायर से बात करते हुए उन्होंने कहा, "भारतीय कूटनीति के बारे में एक धारणा यह भी है कि इसमें पाकिस्तान को लेकर कड़ा या नर्म रुख पाया जाता है। भारतीय 'प्रशासनिक व्यवस्था' में आप नर्म रुख रखकर पाकिस्तान के साथ कामकाज कर ही नहीं सकते।" पाकिस्तान के प्रति अपने नर्म रुख की आलोचना वाली बात पर गुजराल भड़क उठे। उन्होंने नायर से गुस्से में कहा, "क्या आपको लगता है कि मैं पाकिस्तान को कुछ दे दूँगा। मैं भी उतना ही राष्ट्रभक्त हूँ, जितना कि कोई दूसरा हो सकता है।"

राजीव गांधी की हत्या के षड्यंत्र की जाँच कर रहे जस्टिस मिलापचन्द जैन कमीशन की रिपोर्ट को मुद्दा बनाकर कांग्रेस ने गुजराल सरकार से समर्थन वापस ले लिया, जिससे सरकार गिर गई। संयुक्त मोर्चे की इस सरकार को कांग्रेस बाहर से समर्थन दे रही थी। जैन आयोग की रिपोर्ट के कुछ ऐसे हिस्से मीडिया में फैला दिए गए, जिनमें हत्या के लिए जिम्मेदार माने जा रहे श्रीलंकाई तमिलों के संगठन लिबरेशन टाइगर ऑफ तमिल इलम (एलटीटीई

या लिट्टे) के साथ डीएमके की निकटता की बात कही गई थी। डीएमके गुजराल सरकार में शामिल थी।

**महत्त्वपूर्ण फैसला**

- भारी अंतरराष्ट्रीय दबाव के बावजूद अक्टूबर, 1996 में व्यापक परमाणु परीक्षण निषेध संधि अर्थात सीटीबीटी पर हस्ताक्षर करने से इनकार कर दिया।

जैन कमेटी रिपोर्ट में तब कथित रूप से यह अनुशंसा की गई थी कि तमिलनाडु के मुख्यमंत्री के. करुणानिधि तथा उनकी पार्टी डीएमके को राजीव गांधी के हत्यारों से सहयोग करने का जिम्मेदार ठहराया जाए। आश्चर्यजनक बात यह है कि अन्तिम रिपोर्ट में ऐसी कोई बात शामिल नहीं थी।

प्रधानमंत्री गुजराल के तईं तत्कालीन कांग्रेस अध्यक्ष सीताराम केसरी का रुख नर्म था। वे उनकी टाँग नहीं खींचना चाहते थे, लेकिन सोनिया गांधी के प्रतिनिधियों के रूप में कांग्रेस के वरिष्ठ नेता अर्जुन सिंह व जितेंद्र प्रसाद जब गुजराल की सरकार गिरा रहे थे, तब केसरी खामोश तमाशाई बने रहे। आखिरकार गुजराल सरकार गिरा दी गई, जिससे अटल बिहारी वाजपेयी के नेतृत्व वाली भाजपा गठबन्धन की सरकार बनाने का रास्ता साफ हो गया।

मार्च, 1998 में सोनिया गांधी ने औपचारिक रूप से राजनीति में कदम रखा और पार्टी की बागडोर सँभाली। इसके छह साल बाद डॉ. मनमोहन सिंह के नेतृत्व में एक गठबन्धन सरकार बनाने में उन्होंने सक्रिय भूमिका निभाई। एक विश्वसनीय साथी के रूप में द्रविड़ मुन्नेत्र कझगम यानी डीएमके भी इसका हिस्सा थी। डीएमके आज भी कांग्रेस की सदैव मित्र बनी रहने वाली पार्टी है।

सरकार के बाहर रहे हों या सरकार में, गुजराल एक 'सैटरडे क्लब' चलाते रहे। इसमें ज्यादातर वे लोग शामिल थे, जो देश के नीति निर्धारण में अहम भूमिका निभाते हैं। सामान्यतः ये लोग नई दिल्ली स्थित इंडिया इंटरनेशनल सेंटर में जमा हुआ करते थे। विदेश मंत्रालय के कुछ महारथी

पाकिस्तान के तईं गुजराल के रुख को नर्म मानते थे, मगर गुजराल के बाद आने वाले दो प्रधानमंत्रियों अटल बिहारी वाजपेयी और मनमोहन सिंह ने भी अपने इस पड़ोसी देश को लेकर गुजराल की नीतियों का अनुसरण करते हुए उसे ही विस्तार दिया।

गुजराल को उर्दू से बे-पनाह इश्क था, जो ताउम्र बरकरार रहा। उर्दू के विकास व प्रसार के लिए 1972 में प्रधानमंत्री इन्दिरा गांधी ने एक समिति बनाई थी, जिसका नेतृत्व गुजराल को सौंपा गया था, जो उस वक्त केन्द्रीय निर्माण व आवास राज्य मंत्री थे। उर्दू भाषी लोगों के शैक्षणिक, सांस्कृतिक व प्रशासनिक विकास में उर्दू का उपयोग कैसे किया जा सकता है तथा खुद उर्दू के प्रचार-प्रसार व विकास के लिए क्या कदम उठाए जाने चाहिए, गुजराल समिति को इस बारे में सरकार को सुझाव देना था। 8 मई, 1975 को समिति ने अपनी रिपोर्ट केन्द्रीय शिक्षा मंत्रालय को सौंप दी। 269 पृष्ठों की इस रिपोर्ट में उर्दू के सामने मौजूद समस्याओं की विशद चर्चा की गई थी, तथा देश में उर्दू की दशा सुधारने के लिए 187 सुझाव दिए गए।

लगभग चार साल बाद 30 जनवरी, 1979 को गुजराल समिति रिपोर्ट कैबिनेट के सामने पेश की गई। इसके बाद 21 फरवरी, 1979 को इसे दोनों सदनों में पेश किया गया, लेकिन इसकी सिफ़ारिशात पर कभी अमल नहीं हो पाया।

पाकिस्तानी नेताओं के साथ वार्ताओं में गुजराल उर्दू का खूबसूरत इस्तेमाल किया करते थे। नवाज शरीफ से उनके सम्बन्ध बहुत अच्छे थे। मालदीव की राजधानी माले के निकट स्थित एक द्वीप पर दोनों देशों की बैठक के दौरान जब ये दोनों दिग्गज नेता उपस्थित थे। तब गुजराल मशहूर शायर अली सरदार जाफरी की ये पंक्तियाँ अक्सर सुनाया करते थे—"गुफ्तगू बन्द न हो, बात से बात चले..."

बाद में अगर आप गुजराल से पूछते कि उनकी राजनीतिक यात्रा का यादगार पड़ाव कौन सा है? तो निश्चित ही वे बताते कि लाहौर में भारत-

पाक चर्चा के समय नवाज शरीफ को भारत के तत्कालीन प्रधानमंत्री अटल बिहारी वाजपेयी ने यही पंक्तियाँ फिर से सुना दीं। इन्हें सुनकर नवाज शरीफ दंग रह गए कि एक देश की विदेश नीति में ऐसी निरंतरता!

बेहद शरीफ शख्स गुजराल की शराफत कमजोरी की निशानी नहीं थी, बल्कि वे किसी भी सत्ता के आगे झुकते नहीं थे। प्रसिद्ध पत्रकार शेखर गुप्ता ने एक किस्सा सुनाया जो गुजराल के व्यक्तित्व को झलक पेश करता है।

गुजराल जब मास्को में भारत के राजदूत थे, तब प्रधानमंत्री इन्दिरा गांधी रूस के दौरे पर पहुँचीं। उनके स्वागत-सत्कार में क्रेमलिन में एक शानदार कार्यक्रम आयोजित किया गया। गुजराल ने एचएमटी की भारत में बनी घड़ी पहनी हुई थी। ब्रेजनेव को वह घड़ी बहुत पसन्द आई और उन्होंने उससे मुताल्लिक ढेरों सवाल गुजराल से पूछ डाले। दुभाषिए की बातें सुन इन्दिरा ने हिन्दी में धीरे से कहा, "इसको दे दो ना, उतार के।" मगर कूटनीतिक शिष्टाचार से बँधे गुजराल को यह ठीक नहीं लग रहा था। तब इन्दिरा दोबारा बोलीं, "दे दो न भाई, इतनी अच्छी लग रही है जो इनको।" गुजराल ने शिष्टाचार नहीं तोड़ा और ब्रेजनेव से वादा किया कि वह उन्हें ऐसी ही एक घड़ी भिजवा देंगे। बाद में उन्होंने अपना वादा पूरा भी किया और ब्रेजनेव को उस तरह की कई घड़ियाँ भेजी गईं।

गुजराल जैसे शालीन और दृढ़ व्यक्तित्व के लोगों का राजनीतिक क्षेत्र में मिलना अब दुर्लभ है।

# अटल बिहारी वाजपेयी

जन्म : 25 दिसम्बर, 1924

निधन : 16 अगस्त, 2018

## कार्यकाल

• **पहला** : 16 मई, 1996—01 जून, 1996 • **दूसरा** : 19 मार्च, 1998—12 अक्टूबर, 1999 • **तीसरा** : 13 अक्टूबर, 1999—22 मई, 2004

---

सन् 2001 में भारत व पाकिस्तान के बीच चल रही आगरा शान्ति वार्ता अगर अन्तिम समय में पटरी से न उतरी होती तो तत्कालीन प्रधानमंत्री अटल बिहारी वाजपेयी निश्चित ही शान्ति के नोबेल सम्मान के सबसे बड़े दावेदार होते। वाजपेयी और पाकिस्तान के राष्ट्रपति जनरल परवेज मुशर्रफ की ओर सारी दुनिया की आँखें लगी हुई थीं, लेकिन अन्तिम क्षणों में बात हाथ से फिसल गई। इसी तरह 2003 में वाजपेयी राम जन्मभूमि-बाबरी मस्जिद विवाद का साझा समाधान खोज ही लाए थे कि साधुओं का एक दल पीछे हट गया और वे भारतीय इतिहास के महान नेतृत्वकर्ता बनते-बनते रह गए। विडम्बना यह है कि दोनों ही अवसरों पर राष्ट्रीय स्वयंसेवक संघ तथा खुद उनकी पार्टी अपने इस महत्त्वाकांक्षी नेता के साथ नहीं थी।

अनेक लोगों का मानना है कि अगर वाजपेयी आगरा शान्ति वार्ता तथा राम जन्मभूमि-बाबरी मस्जिद का विवाद तब सुलझाने में सफल हो जाते तो भारत की तस्वीर आज कुछ जुदा होती, परन्तु इतिहास में अगर-मगर की गुंजाइश कहाँ होती है!

वाजपेयी के निकटतम साथी रहे देश के पूर्व गृह मंत्री व भाजपा के वरिष्ठ नेता लालकृष्ण आडवाणी ने अपनी पुस्तक 'माय कंट्री, माय लाइफ' में यह रहस्योद्घाटन किया है कि आगरा शान्ति वार्ता को कैसे विफल किया गया। उनके मुताबिक राष्ट्रीय जनतांत्रिक गठबन्धन के कई मंत्रियों, भाजपा

व आर.एस.एस. के पदाधिकारियों सहित उनका खुद का भी यह मानना था कि आगरा वार्ता का सफल होना राजग सरकार के लिए एक गम्भीर चुनौती के रूप में खड़ा हो जाएगा।

आडवाणी ने अपनी किताब में लिखा है, "भारतीय सम्पादकों के साथ पाकिस्तान के सत्ता प्रमुख की सुबह के नाश्ते वाली जो बैठक टेलीविजन पर प्रसारित की गई, उसने सीमा पार आतंकवाद तथा जम्मू-कश्मीर समस्या पर भारत की स्थिति अत्यन्त खराब कर दी। तभी यह तय हो गया था कि इस यात्रा का अन्त कड़वाहट और एक-दूसरे पर आरोप लगाने पर होगा।" आडवाणी के शब्दों में वाजपेयी सरकार "कमजोर योजना की कुसूरवार थी, जिससे मुशर्रफ को यह मौका मिल गया कि वे सीमा पार से होने वाले आतंकवाद या कश्मीर समस्या के लिए शिमला समझौते के आधार पर एक शान्तिपूर्ण समाधान की बात किए बिना जम्मू-कश्मीर समस्या को ऐसे मंच से उठा सकें।"

आडवाणी ने यह भी लिखा कि पाकिस्तान के राष्ट्रपति परवेज मुशर्रफ ने 'इन द लाइन ऑफ फायर' नामक अपनी संस्मरणात्मक पुस्तक में इस सम्मेलन की विफलता के लिए भाजपा के कट्टर नेताओं को जिम्मेदार बताया। दोनों ओर के अनेक जानकारों का यह मानना है कि मुशर्रफ की बात कुछ ऐसी गलत भी नहीं है।

आगरा सम्मेलन में मौजूद आडवाणी के विचार में साझा घोषणा-पत्र सन्तोषप्रद नहीं था। "पाकिस्तान के विदेश मंत्री अब्दुस्सत्तार के साथ बैठक के बाद जसवंत सिंह (विदेश मंत्री) करार का प्रारूप लाए, जिस पर (सुरक्षा सम्बन्धी कैबिनेट समिति की) अनौपचारिक बैठक में चर्चा की गई थी। इसमें कहा गया था कि प्रधानमंत्री 15 जुलाई को अपना मत प्रस्तुत करेंगे। मैंने देखा कि उसमें सीमा पार आतंकवाद का कोई उल्लेख नहीं है। मैंने कहा, 'यह स्वीकार्य नहीं है।' कमरे में मौजूद सभी लोगों ने मेरी बात का समर्थन किया।"

सन् 2003 में ऑल इंडिया मुस्लिम पर्सनल लॉ बोर्ड ने सकारात्मक रुख अपनाते हुए संस्थान की उच्च स्तरीय बैठक लखनऊ में बुलाई। बोर्ड को संकेत दिया गया था कि बाबरी मस्जिद मामले पर वाजपेयी सरकार और कांची कामकोटि पीठ के शंकराचार्य, विश्व हिन्दू परिषद पर इसका दबाव डालेंगे कि वह अयोध्या विवाद पर अदालत का निर्णय स्वीकार कर ले।

**मुख्य उपलब्धियाँ**

- राष्ट्रीय राजमार्ग विकास परियोजना
- प्रधानमंत्री ग्रामीण सड़क योजना
- संचार क्रान्ति का दूसरा चरण
- सर्व शिक्षा अभियान
- पोखरण में दूसरा परमाणु परीक्षण
- पोटा क़ानून
- संविधान समीक्षा आयोग का गठन
- चन्द्रयान-1 अभियान

बोर्ड ने आचार्य जयेंद्र सरस्वती के इस प्रस्ताव पर सहमति दे दी थी कि अविवादित 67 एकड़ भूमि पर मस्जिद बनाई जाएगी। एक कानूनी करार के जरिये हिन्दुत्ववादी संगठनों को आगे मथुरा व काशी के मुद्दे उठाने से रोक दिया जाएगा तथा विवादित स्थल पर एक पट्टिका लगाई जाएगी, जिसमें पूरे विवाद का क्रमवार ब्योरा होगा। लेकिन वाजपेयी और कांची पीठ के शंकराचार्य का यह प्रयास सफल न हो पाया, क्योंकि विहिप से जुड़े लोगों ने इसे अस्वीकार कर दिया।

अटल बिहारी वाजपेयी ने पहली बार 1996 में प्रधानमंत्री पद ग्रहण किया, मगर उनकी सरकार मात्र 13 दिनों में ही गिर गई। दूसरी बार वे गठबन्धन सरकार के प्रधानमंत्री बने और इस बार 1998-99 में 13 महीने तक उनकी सरकार चली। इस सरकार ने उनके नेतृत्व में कई महत्त्वपूर्ण काम किए। इनमें एक अति महत्त्वपूर्ण काम देश को परमाणु शक्ति सम्पन्न बनाना भी था। राजस्थान के पोखरण में उन्होंने परमाणु परीक्षण को हरी झंडी दी और

पूरे विश्व को आश्चर्यचकित करते हुए भारत एक परमाणु सम्पन्न राष्ट्र बन गया। इससे भाजपा की छवि कुछ कर दिखाने वाली पार्टी की बन गई। कारगिल में घुस आए पाकिस्तानी सैनिकों को मार भगाने वाले युद्ध अभियान को वाजपेयी ने जिस प्रकार प्रस्तुत किया, उसने राष्ट्र में देशभक्ति का ज्वार ला दिया। स्वतंत्रता संग्राम में कोई खास हिस्सेदारी न होने के बावजूद भाजपा व हिन्दूवादी संगठनों ने देशभक्ति का तमगा अपने सीने पर सजाने में देरी नहीं की। इससे वाजपेयी को अपने अगले शासनकाल में पाकिस्तान के साथ अलग तरह के सम्बन्ध बनाने में भी काफी मदद मिली। इसी के साथ कश्मीर समस्या भी उन्होंने इनसानियत व कश्मीरियत की मदद से हल करने की पहल की।

तीसरी बार जब वे प्रधानमंत्री बने तो उनके साथ अपने गठबन्धन की एक मजबूत सरकार थी। तब उन्होंने आर्थिक सुधारों के साथ आधारभूत संरचनाओं के विकास तथा दूरसंचार व्यवस्था मजबूत करने पर ध्यान दिया। इस बीच विनिवेश को लेकर उन्हें कुछ अप्रिय निर्णय भी लेने पड़े। संसद में एक यादगार भाषण देते हुए उन्होंने कहा कि वे चापलूसी की परम्परा को आगे बढ़ाने के बजाय 'निन्दक नियरे राखिए' वाले प्राचीन सूत्र पर चलेंगे। अपनी सरकार के फैसलों पर सर्वदलीय सहमति बनाने के प्रयासों से उनका सबको साथ लेकर चलने वाला दृष्टिकोण झलकता है। बतौर प्रधानमंत्री उन्होंने अपनी राजनीतिक विचारधारा को हावी नहीं होने दिया, बल्कि जो देशहित में जरूरी थे, वे काम किए। इसके लिए वे कई बार अपनी विचारधारा को लचीली कर लेते थे, कई बार वह बहुत लाभप्रद प्रतीत होती, जिससे उन्हें एक आदर्श प्रधानमंत्री के तौर पर स्थापित होने में बड़ी मदद मिली।

अटल बिहारी वाजपेयी कई बातों के लिए याद किए जाएँगे। इनमें से एक है अपने विरोधियों, प्रतिद्वंद्वियों के लिए भी आदर-भाव। लोकतांत्रिक रूप से चुने गए प्रधानमंत्री के तौर पर यह आदर-भाव उनकी सदैव जारी रहने वाली

परम्परा में शामिल रहा, फिर चाहे वह कांग्रेस के दिग्गज जवाहरलाल नेहरू के प्रति सम्मान हो या सोनिया गांधी के प्रति।

**आलोचना के विषय**

- निजीकरण को बढ़ावा : विनिवेश की शुरुआत
- लाहौर-आगरा समिट और कारगिल-कंधार की नाकामी
- जातिवार जनगणना पर रोक

वाजपेयी आलोचना का कोई मौका नहीं छोड़ते थे। अपनी इसी खूबी की बदौलत वे देश के पहले प्रधानमंत्री जवाहरलाल नेहरू का ध्यान आकर्षित करने में सफल रहे। युवा सांसद के रूप में उन्होंने भारत-चीन युद्ध के दरमियान संसद का विशेष सत्र बुलाने की माँग की। नेहरू ने इसे स्वीकार किया और संसद में बहस हुई, जिसमें नेहरू का रुख रक्षात्मक रहा। इसके बावजूद वाजपेयी, देश हो या विदेश 'पंडित जी' की प्रशंसा करने में कभी पीछे नहीं रहे।

वास्तव में वाजपेयी, जवाहरलाल नेहरू के बड़े प्रशंसक थे। 1977 में मोरारजी देसाई के नेतृत्व में जनता पार्टी की सरकार बनी तो वाजपेयी को विदेश मंत्रालय सौंपा गया। कार्यालय के चन्द उत्साही बाबुओं ने मंत्रीजी के पीछे वाली दीवार पर लगी पंडित जवाहरलाल नेहरू की फोटो निकाल दी। उन्हें लगा कि देश में पहली गैर-कांग्रेसी सरकार के विदेश मंत्री के बैठने की जगह पर नेहरू का फोटो लगा होना ठीक नहीं रहेगा। लेकिन वाजपेयी ने कहकर वह फोटो दोबारा उसी जगह लगवाई।

इससे पहले, 1971 में जब बांग्लादेश का निर्माण हो गया, तब विपक्ष में प्रथम पंक्ति के नेता अटल बिहारी वाजपेयी ने पाकिस्तान को इस तरह करारी पराजय का मजा चखाने पर इन्दिरा गांधी को 'अभिनव चंडी दुर्गा' की उपाधि दी थी। स्पष्टत: अपने नजरिये और पसन्द को लेकर वे संशय में नहीं रहते थे।

## पड़ोसी देशों से युद्ध और भारत के प्रधानमंत्री

प्रधानमंत्री जवाहरलाल नेहरू, लालबहादुर शास्त्री, इन्दिरा गांधी व अटल बिहारी वाजपेयी ऐसे चार प्रधानमंत्री हैं जिन्हें अपने कार्यकाल में युद्ध का सामना करना पड़ा। चीन के साथ हुए युद्ध को छोड़ दें तो बाकी सब में उन्होंने भारत की मर्यादा और गौरव में अपने पराक्रम व रणनीति से चार चाँद लगा दिए :

1. प्रधानमंत्री जवाहरलाल नेहरू के कार्यकाल के शुरुआती दौर में ही भारत पर पहला युद्ध (आजादी के एक साल बाद ही) थोप दिया गया था, जब पाकिस्तान से आए कबीलाई लड़ाकों और पाकिस्तानी फौज ने मिलकर जम्मू-कश्मीर पर हमला किया था। दोनों देशों के बीच यह युद्ध 441 दिनों तक चला, जिसमें पाकिस्तानी सेना को भारी नुकसान उठाना पड़ा था।

2. नेहरू के कार्यकाल में भारत को दूसरा युद्ध चीन के साथ 1962 में लड़ना पड़ा। इस युद्ध में भारत ने सीमित संसाधनों में भी चीन को कड़ी टक्कर दी थी। दोनों ही सेनाओं को भारी जान-माल का नुकसान हुआ था। यह युद्ध 32 दिनों तक चला था।

दिवंगत प्रधानमंत्री पी.वी. नरसिम्हा राव की मौत के बाद 26 दिसम्बर, 2004 को वाजपेयी ने एक महत्त्वपूर्ण भेद खोला। भारत को परमाणु शक्ति सम्पन्न राष्ट्र बनाने का श्रेय नरसिम्हा राव को देते हुए वाजपेयी ने उन्हें परमाणु परीक्षण का 'असली संरक्षक' ठहराया। अपने गृह नगर ग्वालियर में आयोजित साहित्यकारों के एक कार्यक्रम को सम्बोधित करते हुए उन्होंने बताया कि 1996 (पहले प्रधानमंत्रित्व काल) में जब वे प्रधानमंत्री कार्यालय पहुँचे तो उन्हें अपने पूर्ववर्ती प्रमुख यानी राव की ओर से एक लिखित सन्देश मिला, जिसमें परमाणु परीक्षण पर काम जारी रखने का आग्रह किया गया था।

3. लालबहादुर शास्त्री के कार्यकाल में भारत का तीसरा युद्ध पाकिस्तान के साथ 1965 में हुआ था। शास्त्री के नेतृत्व में भारतीय सेना दुश्मनों पर कहर बनकर टूटी। अपने पराक्रम की बदौलत भारतीय सैनिकों ने पाकिस्तान के टैंकों के परखच्चे उड़ा दिए थे। यह युद्ध 50 दिनों तक चला था।

4. पाकिस्तान के साथ तीसरा युद्ध भारत ने 1971 में लड़ा था। इन्दिरा गांधी के नेतृत्व में भारत ने पाकिस्तान को दो भागों में विभाजित कर दिया था। पूर्वी पाकिस्तान अलग होकर बांग्लादेश के तौर पर अस्तित्व में आया था। यह युद्ध महज 13 दिनों तक चला और पाकिस्तान की सेना के 93,000 सैनिकों को आत्मसमर्पण करना पड़ा था।

5. प्रधानमंत्री अटल बिहारी वाजपेयी के कार्यकाल में पाकिस्तान ने कारगिल की चोटियों पर युद्ध लड़ा। पाकिस्तान के मिलिट्री जनरल परवेज़ मुशर्रफ की शह पर आतंकियों के भेष में पाकिस्तानी सैनिकों ने भारत में घुसपैठ की और कब्जा जमा लिया। इस पर पलटवार करते हुए भारतीय थलसेना और वायुसेना ने पाकिस्तान को घुटने टेकने के लिए मजबूर कर दिया। यह युद्ध 85 दिनों तक चला और पाकिस्तान को एक बार फिर मुँह की खानी पड़ी।

लेखक बिरादरी के बीच उन्होंने बताया, 'राव ने मुझसे आग्रह किया था कि यह बात सार्वजनिक न की जाए; पर अब वे नहीं रहे सो मैं चाहता हूँ कि बात स्पष्ट हो जाए।' फिर अपनी विशिष्ट शैली में वे बोले, 'राव ने मुझसे कहा था कि बम तैयार है। मैंने मौका नहीं खोया और तुरन्त धमाका कर डाला।'

यह वाजपेयी की सदाशयता थी कि उन्होंने कांग्रेस को कभी निरर्थक निशाना नहीं बनाया। उनके मुताबिक 'पाकिस्तान व चीन का सामना करने के लिए वह (कांग्रेस) भी भारत को मजबूत राष्ट्र बनाना चाहती थी। विदेश नीति को लेकर उनमें कभी प्रतिबद्धता की कमी नहीं रही।' इसके विपरीत

दस साल बाद ही वाजपेयी की अपनी पार्टी व उसके नेता हर बात में कांग्रेस को आरोपी बनाते फिर रहे हैं।

कांग्रेस के प्रति वाजपेयी के इस सम्मान के पीछे अनेक कारण थे। जम्मू-कश्मीर में मानवाधिकार हनन को पाकिस्तान ने 1994 में अन्तरराष्ट्रीय मुद्दा बनाने की कोशिश की। उसी साल जेनेवा में अन्तरराष्ट्रीय मानवाधिकार आयोग का अधिवेशन था। तब तत्कालीन प्रधानमंत्री नरसिम्हा राव ने वाजपेयी के नेतृत्व में भारतीय दल रवाना किया, जहाँ पाकिस्तान के दुष्प्रचार की हवा निकाल दी गई। वहाँ से लौटने के बाद 'इंडिया टुडे' समाचार पत्रिका के कवर पेज पर सलमान खुर्शीद (भारत के कनिष्ठ विदेश मंत्री) व वाजपेयी की गले मिलती फोटो आज भी कई लोगों के दिमाग में होगी।

बोफोर्स, शाह बानो, अयोध्या विवाद जैसे मुद्दों पर वाजपेयी ने तत्कालीन प्रधानमंत्री (1984-89) राजीव गांधी के खिलाफ मोर्चा खोले रखा। मई, 1991 में श्रीपेरम्बदूर में बम विस्फोट द्वारा राजीव गांधी की हत्या कर दी गई। उसके बाद विख्यात साक्षात्कारकर्ता करण थापर को टीवी पर इंटरव्यू देते हुए वाजपेयी ने एक रहस्योद्घाटन किया। उनके मुताबिक राजीव गांधी को जब पता चला कि वे किडनी की गम्भीर बीमारी से जूझ रहे हैं, जिसका इलाज विदेश में कराना जरूरी है तो एक दिन उन्होंने उन्हें बुलाया और बताया कि संयुक्त राष्ट्र जाने वाले प्रतिनिधिमंडल में प्रधानमंत्री यानी राजीव गांधी के साथ वे भी शामिल हैं। वाजपेयी ने कहा, 'उनका (राजीव गांधी) खयाल था कि इस विदेश दौरे का फायदा उठाते हुए मैं वहीं अपना इलाज भी करा लूँगा। फिर मैं न्यूयॉर्क गया और यही किया भी। उसी की बदौलत आज मैं जीवित हूँ।'

सन् 2002 में न्यूयॉर्क में भाषण देते हुए उन्होंने सोनिया गांधी से जुड़ी एक घटना सुनाई। 13 दिसम्बर, 2001 को संसद भवन पर आतंकी हमला हुआ। उस समय वाजपेयी प्रधानमंत्री थे तथा सोनिया गांधी लोकसभा में विपक्ष की नेता थीं। वाजपेयी ने बताया, हमले की खबर लगते ही सोनिया ने मुझे फोन कर पूछा, 'आप कहाँ हैं? सकुशल तो हैं न? मैं सुरक्षित हूँ, आप भी सुरक्षित हैं न?' इतना बताने के बाद वाजपेयी ने टिप्पणी की, 'भारतीय

लोकतंत्र की यही विशेषता है। हमारे राजनीतिक मतभेद हो सकते हैं, लेकिन बाकी बातें तो समान ही होती हैं।'

सोनिया को एक मँझी हुई राजनीतिज्ञ बनाने में वाजपेयी का महत्त्वपूर्ण योगदान है। 'सोनिया : ए बायोग्राफी' पुस्तक में इस बारे में चर्चा की गई है। जून, 2001 में अमेरिका जाने वाले भारतीय प्रतिनिधिमंडल की बागडोर वाजपेयी ने सोनिया को सौंपी जो उस समय लोकसभा में नेता प्रतिपक्ष थीं। यह दौरा एक संकोची व मितभाषी सोनिया के लिए मील का पत्थर साबित हुआ। संयुक्त राष्ट्र में एड्स पर होने वाली कॉन्फ्रेंस का नेतृत्व सोनिया को सौंपा जाना भाजपा व राजग में कई लोगों को रास नहीं आया। तत्कालीन केन्द्रीय स्वास्थ्य मंत्री सी.पी. ठाकुर इससे नाराज हो गए। उन्हें उम्मीद थी कि दल का नेतृत्व उनके पास रहेगा।

अमेरिका का यह दौरा सोनिया के लिए कितना फलदायी रहा होगा इसका अन्दाजा इससे लगाया जाता है कि वहाँ उनकी सीधी मुलाकात अमेरिका के उपराष्ट्रपति डिक चैनी से हुई। इसके अलावा उन्होंने कई महत्त्वपूर्ण बैठकों में शिरकत की, मीडिया से बातचीत की और साक्षात्कार दिए। वस्तुत: सोनिया ने पूरी दक्षता का सबूत दिया तथा देश की आन्तरिक राजनीति व भाजपा के साथ वैचारिक मतभेदों को अलग रखा। उन्होंने राष्ट्र व विश्व के सामने उपस्थित ज्वलंत मुद्दों; जैसे गरीबी, स्वास्थ्य तथा आबादी को स्थिर रखने जैसे मामलों पर ही बात की।

राजनीतिक रूप से देखें तो अटल बिहारी वाजपेयी का महत्त्वपूर्ण योगदान यह है कि उन्होंने भाजपा जैसी पार्टी को, जिसे कभी अछूत माना जाता था, ऐसी ऊँचाई प्रदान की कि वह आज देश की सबसे बड़ी पार्टी के रूप में स्थापित हो चुकी है।

# मनमोहन सिंह

जन्म : 26 सितम्बर, 1932

**कार्यकाल**

• **पहला** : 22 मई, 2004—22 मई, 2009 • **दूसरा** : 22 मई, 2009—26 मई, 2014

---

**अर्थशास्त्री** मनमोहन सिंह का प्रधानमंत्री के रूप में उदय एक आकर्षक कथा है। डॉ. वाई.के. अलघ ने उनको एक बेहद कम करके आँके गए राजनीतिज्ञ तथा बहुत बढ़ा-चढ़ा कर प्रस्तुत किए गए अर्थशास्त्री कहा था।

मनमोहन सिंह 2004 से 2014 तक यानी दस साल भारत के प्रधानमंत्री रहे। जवाहरलाल नेहरू व इन्दिरा गांधी के बाद वे सबसे लम्बे समय तक प्रधानमंत्री बने रहे। वर्तमान प्रधानमंत्री नरेन्द्र मोदी उनका यह रिकॉर्ड तभी तोड़ सकते हैं, जब वे सन् 2024 तक प्रधानमंत्री बने रहें। इसके बावजूद इतिहास में मनमोहन को सदैव अलग दृष्टिकोण से देखा जाएगा, क्योंकि वे उक्त तीनों प्रधानमंत्रियों की तरह न तो सशक्त जन नेता थे, न ही अति प्रभावकारी चुनावी प्रचारक।

संयुक्त प्रगतिशील गठबन्धन (संप्रग) जब वजूद में आया तो परिस्थितियाँ बड़ी विकट थीं। अपने बारे में दुष्प्रचार से आहत सोनिया गांधी ने 2004 के चुनाव में कांग्रेस की विजय के बावजूद प्रधानमंत्री पद ग्रहण करने से इनकार कर दिया था। तब संप्रग में विचार-विमर्श कर मनमोहन के नेतृत्व में सरकार बनाने पर सहमति बनाई गई। इस सरकार को वाम दलों ने बाहर से समर्थन दिया था। मनमोहन सर्वमान्य नेता बनाए गए और

बतौर प्रधानमंत्री उन्होंने ऐसा काम किया कि संप्रग को 2009 के चुनाव में भी सफलता मिली।

अलबत्ता यह जरूर है कि इस मिली-जुली सरकार को भीतर व बाहर अनेक चुनौतियों से जूझना पड़ा तथा इसने एक राजनीतिक शासन-तंत्र के बजाय अफसरशाही सरकार के रूप में अधिक काम किया। इसके महत्त्वपूर्ण मंत्रालयों के कामकाज लचर थे। मंत्रियों के आपसी मतभेद बार-बार सामने आते रहे। दबंग मंत्री अपने कनिष्ठों को नजरअन्दाज करते थे और लोकतंत्र के लिए अनिवार्य जवाबदेही का नितान्त अभाव नजर आने लगा था। वित्तमंत्री प्रणब मुखर्जी व पी. चिदंबरम जैसे वरिष्ठ नेताओं पर प्रधानमंत्री का किसी भी तरह का नियंत्रण दिखाई नहीं पड़ता था। सो उन जैसे नेताओं की आपसी खींचतान ने संप्रग को बड़ा नुकसान पहुँचाया। यह बात बहुत सही लगती है कि अपने 10 वर्षीय कार्यकाल में मनमोहन 'लम्बी दूरी तक दौड़ने वाले मैराथन धावक जरूर रहे, लेकिन अकेले रहे।'

परमाणु करार मामले में वामपन्थी पार्टियों के साथ मनमोहन का एक अलग रूप देखने को मिला। इसमें कांग्रेस ने गठबन्धन धर्म नहीं निभाया। इस करार को लेकर वामपन्थी दलों के साथ उसका व्यवहार ठीक नहीं था। अगस्त, 2007 से जुलाई, 2008 तक मनमोहन व सोनिया ने मिलकर अपने विरोधियों को शान्त करने के लिए योजनाबद्ध ढंग से भद्दा व निर्मम व्यवहार किया। परमाणु करार को लेकर मनमोहन ने प्रतिष्ठित अंग्रेजी अखबार 'द टेलिग्राफ' को इंटरव्यू देते हुए कहा, "मैंने उनसे (वामपन्थी पार्टियों से) कह दिया कि इस करार पर पुनर्विचार करना सम्भव नहीं है। यह एक सम्मानजनक करार है, कैबिनेट ने इसे अनुमोदित किया है, हम इस पर पीछे नहीं हट सकते। मैंने उनसे कहा कि जो कुछ उन्हें करना है, वे कर लें। अगर वे चाहें तो समर्थन वापस ले सकते हैं, बात तो यही है..."

मनमोहन बाहरी जगत के लिए कांग्रेस अध्यक्ष सोनिया गांधी के सम्मुख गौण व्यक्ति के रूप में प्रस्तुत होते रहे, लेकिन वास्तव में सोनिया उनका बहुत आदर करती हैं। उन्होंने सदैव मनमोहन की बुद्धिमत्ता व अनुभव को मान

दिया तथा कभी-कभार ही उनके प्रशासनिक कामकाज में दखल दिया। परमाणु करार पर उन्होंने मनमोहन का पूरी तरह साथ दिया। इस बाबत विश्वसनीय मित्र यानी वामपन्थी पार्टियों के तर्कों व माँगों को उन्होंने पूरी तरह दरकिनार किया और मनमोहन के निर्णय का दृढ़ता से समर्थन किया। इन दोनों हस्तियों के ऐसे आपसी विश्वास व तालमेल से ही संप्रग सरकार 2004 से 2014 तक चल पाई। मनमोहन भी सोनिया के मुख्य एजेंडा—साझा प्रयासों से खुली अर्थव्यवस्था—को पूरा करने में तन्मयता से लगे रहते थे। इसके लिए कांग्रेस अध्यक्ष ने प्रधानमंत्री को खुली छूट भी दे रखी थी।

**मुख्य उपलब्धियाँ**

- आर्थिक सुधार
- जीडीपी में बढ़त
- चन्द्रयान और मंगलयान मिशन

बहरहाल मनमोहन के दूसरे प्रधानमंत्रित्व काल में महँगाई में बढ़ोत्तरी एक अहम मसला बन गई। इसके बावजूद पता नहीं किन कारणों से मनमोहन ने इस पर ज्यादा बात करना पसन्द नहीं किया। अपने कुल 1379 भाषणों में से मात्र 88 भाषणों में उन्होंने महँगाई पर बात की। यह कुल भाषणों का बहुत कम यानी मात्र 6.3 प्रतिशत बनता है। सीमा पार से आतंकवाद तथा राष्ट्र की सुरक्षा जैसे संवेदनशील मुद्दों को भी उन्होंने मानो नजरअन्दाज किया। आतंकवाद का सामना करने की बातें उन्होंने अपने 307 भाषणों में कीं। मनमोहन काम करते रहे, लेकिन मौन रहकर, इससे वे आमजन में आत्मविश्वास का भाव पैदा नहीं कर सके। राष्ट्र की सुरक्षा जैसे मामले में उनकी उदासीनता इससे भी जाहिर होती है कि सीमा नियंत्रण रेखा पर पाकिस्तान द्वारा एक भारतीय सैनिक का सिर काट लेने जैसी लोमहर्षक घटना पर भी वे चार दिन बाद बोले।

सितम्बर, 1932 में गेह (अब पाकिस्तान में) नामक छोटे-से कस्बे में जन्मे मनमोहन सिंह को देश की आजादी के साथ ही हुए बँटवारे के चलते 1947

में भारत आना पड़ा था। अपने जीवन के प्रारम्भिक 12 साल उन्होंने एक ऐसे गाँव में गुजारे जहाँ न बिजली थी, न नल, न स्कूल, न अस्पताल। गाँव से दूर स्थित एक उर्दू मीडियम स्कूल में उन्होंने पढ़ाई की, जिसके लिए उन्हें रोजाना मीलों पैदल चलना पड़ता था। रात को कैरोसिन लैंप की रौशनी में वे पढ़ाई करते। आँखों की रौशनी कम होने के बारे में पूछे गए एक सवाल के जवाब में उन्होंने बताया था कि लैंप के मद्धिम प्रकाश में पढ़ने से उनकी आँखें कमजोर हो गईं। उर्दू उनकी पहली जुबान है। जब भी उन्हें हिन्दी में भाषण देना होता है तो वह उर्दू के ही बड़े अक्षरों में लिखा होता है।

मनमोहन अपनी शिक्षा पूरी कर प्रख्यात अर्थशास्त्री रॉल प्रेबिश के अधीन संयुक्त राष्ट्र संघ में काम कर रहे थे कि उन्हें दिल्ली स्कूल ऑफ इकोनॉमिक्स में लेक्चररशिप का ऑफर मिला। सिंह ने यह प्रस्ताव स्वीकार कर लिया तथा 1969 में भारत लौट आए। इस पर डॉ. प्रेबिश को स्वाभाविक रूप से आश्चर्य हुआ कि मनमोहन जैसा विद्वान अर्थशास्त्री संयुक्त राष्ट्र की प्रतिष्ठित नौकरी छोड़कर आखिर भारत क्यों लौट रहा है। "तुम मूर्खता कर रहे हो," उन्होंने मनमोहन से कहा, मगर साथ ही यह भी जोड़ा कि "मूर्खता करना भी कभी-कभी बुद्धिमानी होती है!"

मनमोहन में किसी भी प्रकार से भ्रष्ट न होने की विलक्षण क्षमता है, मगर दबाव के आगे वे झुक जरूर जाते हैं। पूर्व आई.ए.एस. व एशियन डेवलपमेंट बैंक (ए.डी.बी.) के डाइरेक्टर प्रतीप के. लाहिरी की आत्मकथा 'ए टाइड इन द अफेयर्स ऑफ मेन : ए पब्लिक सर्वेंट रिमेंबर्स' में मनमोहन से जुड़ी कई बातों का जिक्र मिलता है। लाहिरी के मुताबिक भारतीय इतिहास में मनमोहन सिंह उन कार्यों के लिए अधिक याद किए जाएँगे जो उन्होंने प्रधानमंत्री (2004-2014) के बजाय वित्तमंत्री (1991-96) के रूप में किए। अपनी पुस्तक में लाहिरी ने ऐसी कई घटनाओं का उल्लेख किया है, जब मनमोहन ने दबाव के आगे घुटने टेक दिए।

> **विशेष देन**
>
> - शिक्षा का अधिकार
> - राष्ट्रीय ग्रामीण रोजगार गारंटी (नरेगा) अधिनियम

इस उच्च स्तरीय नौकरशाह को मनमोहन सिंह के साथ पहली बार बतौर राजस्व सचिव काम करने का मौका मिला। फिर लाहिरी ए.डी.बी. के निदेशक बन गए, जबकि मनमोहन ए.डी.बी. में बोर्ड ऑफ द गवर्नर्स के गवर्नर थे। लाहिरी के मुताबिक मनमोहन अत्यन्त सादगीपसन्द हैं। "यह दुर्भाग्यपूर्ण है कि बतौर प्रधानमंत्री उन्हें ऐसे आरोपों का सामना करना पड़ा कि वे ऐसी सरकार के प्रधान हैं जो घोटालों से घिरी है। सम्भवत: यह इस वजह से था कि अत्यन्त शरीफ व्यक्ति होने के कारण मनमोहन में उस दृढ़ता का अभाव था जो उनकी सरकार में शामिल चन्द उद्दंड व पथभ्रष्ट मंत्रियों को काबू में करने के लिए जरूरी थी।"

लाहिरी के मुताबिक मनमोहन एक बहुत अच्छे वित्तमंत्री तो साबित हुए लेकिन अपेक्षाकृत एक अच्छे प्रधानमंत्री वे नहीं बन पाए। "कहीं न कहीं यह आश्चर्यजनक ही है कि अर्थशास्त्र में मनमोहन सिंह को विशेषज्ञता हासिल थी, तथापि संप्रग सरकार के दूसरे कार्यकाल के पतन का कारण देश की बिगड़ी अर्थव्यवस्था बनी। कहा गया था कि मनमोहन, पी. चिदंबरम व मोंटेक सिंह अहलूवालिया की त्रयी के रूप में सामने आई ड्रीम टीम भारत को खुशहाली की तरफ ले जाएगी। लेकिन ऐसा नहीं हो सका। सन् 2014 में संप्रग की हार के कारणों में एक महत्त्वपूर्ण कारण सरकार की आर्थिक मोर्चे पर नाकामी रही, जिससे वृद्धि दर बहुत गिर गई थी।"

जूनियर मंत्रियों को नियंत्रित रख पाने में मनमोहन की नाकामी को लेकर लाहिरी ने एक घटना प्रस्तुत की है। बात तब की है जब नरसिम्हा राव प्रधानमंत्री थे और मनमोहन वित्तमंत्री। 2015 में अपनी मृत्यु तक 10 जनपथ (सोनिया गांधी का निवास स्थल) के वफादार रहने वाले चार्टर्ड एकाउंटेंट रामेश्वर ठाकुर मनमोहन के कनिष्ठ मंत्री थे। लाहिरी के मुताबिक "मुझे पता

चला कि रामेश्वर ठाकुर की नियुक्ति राजस्व विभाग में बतौर एम.ओ.एस. प्रभारी होने वाली है। एक चार्टर्ड एकाउंटेंट तथा चार्टर्ड एकाउंटेंसी फर्म के पार्टनर की हैसियत से किसी कर अपवंचन मामले में ठाकुर की पेशी आयकर विभाग में हो चुकी थी।" लाहिरी उस समय राजस्व सचिव थे। वे लिखते हैं कि "मामला किसी सम्पत्ति का था सो राजस्व सचिव होने के नाते मैंने वित्तमंत्री से निवेदन किया कि राजस्व विभाग के प्रभारी की हैसियत से ठाकुर की नियुक्ति ठीक नहीं होगी। वित्तमंत्री मुझसे सहमत थे। उन्हें लग रहा था कि ठाकुर अकाउंटेंसी फर्म से जुड़े थे और कर अपवंचन मामले में विभागीय अधिकारियों के सामने पेश हो चुके हैं। सो, राजस्व विभाग में बतौर एम.ओ.एस. उनकी नियुक्ति से हितों को प्रभावित करने का मामला बनेगा, जो ठीक नहीं है।" लाहिरी लिखते हैं, इसके एक दिन बाद वित्तमंत्री ने मुझसे कहा कि निर्णय लिया जा चुका है तथा ठाकुर वित्त विभाग में एम.ओ.एस. होंगे।

एक दूसरी घटना अलग तरह की है। फेडरेशन ऑफ इंडियन चैंबर्स ऑफ कॉमर्स एंड इंडस्ट्री (फिक्की) द्वारा दिल्ली में आयोजित एक कार्यक्रम में वित्तमंत्री मनमोहन सिंह को बतौर वक्ता भाग लेना था। इस कार्यक्रम में उनकी धर्मपत्नी गुरशरण कौर को भी आमंत्रित किया गया था। मनमोहन सीधे अपने कार्यालय से कार्यक्रम स्थल के लिए रवाना हो गए। गुरशरण कौर को लेने एक उप सचिव नई दिल्ली स्थित उनके घर पहुँचा। स्वाभाविक रूप से इस अधिकारी को लगा था कि भारत के वित्तमंत्री के घर कई सरकारी वाहन होंगे, जिससे वह वित्तमंत्री की पत्नी को आयोजन स्थल तक ले जाएगा। परन्तु घर पहुँचकर वे आश्चर्यचकित रह गए, जब वित्तमंत्री की धर्मपत्नी ने बताया कि मंत्रीजी के पास एक ही सरकारी वाहन है, जिसका उपयोग वे स्वयं करते हैं। इससे सरकारी अधिकारी को ग्लानि होने लगी, लेकिन गुरशरण कौर सामान्य थीं। उन्होंने मंद-मंद मुस्काते हुए अधिकारी के समक्ष प्रस्ताव रखा कि वे चाहें तो उनकी मारुति 800 कार ड्राइव कर आयोजन

स्थल तक पहुँच सकते हैं। इस घटना में भारत के इस प्रधानमंत्री व उसके परिवार की सादगी का महापुराण छुपा है। यह लिखना जरूरी नहीं है कि देश के केन्द्रीय क्या, राज्यों के मंत्रियों, अधिकारियों के पास कई-कई सरकारी या विभिन्न उपक्रमों के वाहन हुआ करते हैं, लेकिन केन्द्रीय वित्तमंत्री मनमोहन सिंह सिर्फ एक वाहन का उपयोग किया करते थे। जिसमें उनकी पत्नी की भी हिस्सेदारी नहीं थी।

**बहस के मुद्दे**

- भारत-अमेरिका परमाणु करार
- आधार कार्ड योजना
- विशेष आर्थिक क्षेत्र अधिनियम

अलबत्ता राजनीतिज्ञों के बीच रहते-रहते मनमोहन राजनीतिज्ञों के राजनीतिज्ञ बन गए। उन्होंने वह भाषा भी सीख ली, जिसमें बातों को घुमाया जाता है तथा एक बात के कई अर्थ निकलते हैं। 1984 के सिख विरोधी दंगों के बारे में उन्होंने जो बातें कीं, वे इसकी मिसाल हैं। 1999 के चुनाव अभियान के दौरान मनमोहन ने इन दंगों के लिए आर.एस.एस. को जिम्मेदार ठहराने की कोशिश की। 2 सितम्बर, 1999 को दिल्ली के प्रेस क्लब ऑफ इंडिया में एक पत्रकार वार्ता को सम्बोधित करते हुए उन्होंने सिख विरोधी दंगों को देश के लिए 'एक काला धब्बा तथा बेहद दर्दनाक घटना' करार दिया। साथ ही उन्होंने यह भी स्पष्ट किया कि इसमें एक संगठन के रूप में कांग्रेस का कोई हाथ नहीं था। दिल्ली के विभिन्न थानों में दर्ज कराई गईं शिकायतों (एफ.आई.आर.) से साबित होता है कि इन दंगों में आर.एस.एस. के कार्यकर्ता संलिप्त थे।

अलबत्ता 1999 के आम चुनाव में दक्षिण दिल्ली की सीट यह भला इनसान जीत नहीं सका। भाजपा ने सिख वोटरों के लिए अभियान चलाया कि वे ऐसी पार्टी को वोट न दें, जिसके हाथ उनके खून से रँगे हैं। साथ ही मनमोहन को वहाँ भाजपा के ताकतवर नेता विजय कुमार मल्होत्रा के अलावा कांग्रेस के भीतरघात से भी जूझना पड़ा।

दिलचस्प यह है कि चुनाव में हार के थोड़े समय बाद ही मनमोहन की भाषा बदल गई। कांग्रेस अध्यक्ष सोनिया गांधी द्वारा उन्हें राज्यसभा में भेज दिया गया। तब मनमोहन ने यह सफाई पेश की कि उन्होंने इन दंगों के लिए पूरी तरह आर.एस.एस. को जिम्मेदार नहीं ठहराया था। 13 दिसम्बर, 1999 को उन्होंने कहा, "चुनावी फायदा उठाने के लिए मेरे बयान को तोड़-मरोड़ कर प्रस्तुत किया गया। मैंने कहा था कि कांग्रेस, आर.एस.एस. या अन्य संगठनों से जुड़े जो भी लोग इन दंगों में लिप्त थे, उन्हें इसकी सजा जरूर मिलनी चाहिए।"

1984 के दंगों में हुए सिखों के नरसंहार पर 11 अगस्त, 2005 को प्रधानमंत्री मनमोहन सिंह ने राज्यसभा में बिना शर्त माफी माँगी। उस वक्त उन्होंने जो कुछ कहा उसमें से आर.एस.एस. का नाम गायब था। प्रधानमंत्री मनमोहन सिंह ने तब कहा कि वे किसी 'थोथे आत्मसम्मान' के लिए नहीं खड़े हैं तथा उनका सिर शर्म से झुका हुआ है। उन्होंने तब 1999 की भावुक कर देने वाली एक घटना भी बताई कि कैसे उस वक्त वह हरमिंदर साहिब में सोनिया गांधी के साथ थे और 'दोनों ने यह दुआ की कि हमें हिम्मत दें और राह दिखाएँ कि अपने देश में दोबारा ऐसी घटनाएँ कभी न हों।' उन्होंने यह भी कहा कि 'इनसान होने के नाते हमें यह सौभाग्य प्राप्त है और हममें इतनी क्षमता है कि सबके लिए भविष्य की नई इबारत लिख सकें।'

दिलचस्प बात यह है कि सोनिया गांधी अपने दिवंगत पति राजीव गांधी के विपरीत मनमोहन सिंह को खास तवज्जो देती हैं। 1985 में राजीव गांधी ने नगर केन्द्रित विकास तथा अर्थव्यवस्था की पुन:संरचना का विचार रखा। मनमोहन तब योजना आयोग के उपाध्यक्ष थे। प्रधानमंत्री होने के नाते राजीव इसके अध्यक्ष थे।

मनमोहन और राजीव के रिश्तों के बारे में सीएजी ऑफ इंडिया के पद से सेवानिवृत्त होने वाले पूर्व गृह सचिव सी.जी. सोमैया ने अपनी आत्मकथा 'द ऑनेस्ट ऑलवेज स्टैंड अलोन' में एक प्रसिद्ध घटना का जिक्र किया जो लोगों के जेहन से गायब हो गई थी। असल में राजीव ने तब मनमोहन के

नेतृत्व वाले योजना आयोग को ऐसे 'जोकरों के गिरोह' के रूप में परिभाषित किया था जो विकास के किसी भी नए विचार को रद्द कर देता था।

**बहुचर्चित घोटाले**

- कोयला घोटाला
- 2जी घोटाला
- रेलवे रिश्वत कांड

इससे मनमोहन बहुत दुखी हुए और वे योजना आयोग से इस्तीफा देने पर उतारू हो गए। सोमैया अपनी किताब में लिखते हैं कि "मैं एक घंटे उनके पास बैठा रहा और समझाया कि इस तरह का अतिवादी कदम न उठाएँ। प्रधानमंत्री की बात को उनकी नासमझी बताया। मैंने उन्हें समझाया कि हमारे प्रधानमंत्री अभी युवा और अनुभवहीन हैं। सो हमारा यह कर्तव्य है कि हम उन्हें वास्तविकता बताएँ, न कि उन्हें छोड़कर चल दें। अन्ततः मैंने उन्हें मना लिया कि वे जल्दबाजी में कोई कदम न उठाएँ और यह मेरा एक बहुत पवित्र कार्य था।" मगर आर्थिक मामलों की समझ रखने वाले पत्रकार विवेक कौल ने अपने एक कॉलम में कटाक्ष किया कि 'जोकर' कहे जाने के बाद भी मनमोहन ने योजना आयोग नहीं छोड़ा।

राजीव गांधी के दौर में मनमोहन हाशिये पर ही रहे और उन्हें विश्वविद्यालय अनुदान आयोग भेज दिया गया। 22 जून, 1991, शनिवार की सुबह वे बहादुर शाह जफर मार्ग स्थित यूजीसी के अपने कार्यालय में थे कि उनके लिए फोन आया। उसी दोपहर प्रधानमंत्री पद की शपथ लेने वाले पी.वी. नरसिम्हा राव लाइन पर थे। उन्होंने मनमोहन से सीधे कहा, 'तुम वहाँ क्या कर रहे हो? घर जाओ और तैयार होकर सीधे राष्ट्रपति भवन आ जाओ।'

इसके ठीक दो दिन बाद यानी 24 जून, 1991 को मनमोहन ने देश के केन्द्रीय वित्तमंत्री की हैसियत से आर्थिक सुधारों की घोषणा करने के लिए पहली पत्रकार वार्ता बुलाई। इसमें उन्होंने अनावश्यक सरकारी हस्तक्षेप खत्म करने की बात करते हुए कहा, "दुनिया बदल चुकी है, अब देश को भी बदलना है।"

24 जुलाई, 1991 को बजट पेश करते हुए वित्तमंत्री मनमोहन सिंह ने सोनिया गांधी के संरक्षण वाले राजीव गांधी फाउंडेशन के लिए 100 करोड़ रुपयों के विशेष प्रावधान की घोषणा की। यह घोषणा उन्हें एक बड़ा सियासी सबक दे गई। विपक्ष ने इसका कड़ा विरोध किया और देश में एक बड़ा विवाद खड़ा हो गया कि कर भरने वाले अवाम की मेहनत का पैसा इस तरह किसी फाउंडेशन को कैसे दिया जा सकता है। फाउंडेशन के ट्रस्ट से जुड़े सोनिया गांधी, प्रियंका, राहुल और अमिताभ बच्चन को खासा त्रास झेलना पड़ा। तब राव ने मनमोहन से कहा कि वे सोनिया के पास जाकर स्थिति स्पष्ट करें। मनमोहन तब सोनिया से मिलने गए और चाय आने तक तो वे इस बाबत कुछ कहने की हिम्मत ही नहीं जुटा पाए। औपचारिक बातें करते रहे। फिर धीरे से वे इस संवेदनशील मुद्दे की ओर आए। उन्होंने यह कहते हुए क्षमा-याचना की कि इस कदम से सोनिया को ठेस पहुँचाने या राजीव की यादों को मलिन करने का उनका कोई इरादा नहीं था। फिर उन्होंने सरकार के असमंजस की स्थिति बताई।

इसके बाद सोनिया ने प्रधानमंत्री नरसिम्हा राव को एक पत्र लिखा और यह अनुदान वापस ले लिया गया। इस पत्र में लिखा गया था कि 'इस विशेष कृपा के लिए हम आपके और सहकर्मियों के प्रति आभारी हैं। इस सिलसिले में बेहतर यह होगा कि सरकार विशेष प्रोजेक्ट व कार्यक्रम चयनित कर उनके लिए सीधे फंडिंग करे। इससे मेरे पति का भी मान-सम्मान बढ़ेगा।'

यहीं से मनमोहन सिंह की राजनीतिक यात्रा शुरू होती है, जिसके बाद उन्होंने कभी पलटकर नहीं देखा।

# नरेन्द्र दामोदरदास मोदी

जन्म : 17 सितम्बर, 1950

**कार्यकाल**

● **पहला :** 26 मई, 2014—30 मई, 2019 ● **दूसरा :** 30 मई, 2019—

---

नरेन्द्र मोदी का प्रधानमंत्री के रूप में उदय भारतीय राजनीति में व्यापक बदलाव का स्पष्ट संकेत था। पहले 2014 और फिर 2019 के लोकसभा चुनाव में मोदी एक लोकलुभावन और आक्रामक वक्ता होने के साथ-साथ राष्ट्रीय स्वयंसेवक संघ (आर.एस.एस.) के आदर्श उम्मीदवार साबित हुए। प्रधानमंत्री बनते ही उन्होंने आर.एस.एस. के एजेंडे को जिस तत्परता और निष्ठा से पूरा करने का प्रयास किया, वह अचम्भित करने वाला जरूर था पर अस्वाभाविक नहीं था। चाहे विदेश-नीति हो या कश्मीर में अनुच्छेद 370 को निष्प्रभावी करना या राम मन्दिर निर्माण के प्रति कटिबद्धता, उन्होंने आर.एस.एस. को कभी निराश नहीं किया।

प्रधानमंत्री मोदी की एक विशेषता यह रही कि विषम परिस्थितियों को भी उन्होंने अपने हित और लाभ में बदल लिया। 2016 की नोटबन्दी इसका उदाहरण है। इसकी घोषणा में काले धन पर अंकुश लगाने और आतंकवाद समाप्त करने जैसे दावे किए गए थे लेकिन हुआ कुछ नहीं; बल्कि उलटे उससे अर्थव्यवस्था चरमरा गई। मोदी की पार्टी भाजपा ने उत्तर प्रदेश में अपनी अभूतपूर्व जीत का श्रेय नोटबन्दी को दिया। मोदी समर्थकों ने भी ऐसा ही माना। धारा 370 समाप्त करने और जम्मू-कश्मीर का विशेष दर्जा खत्म करने को लेकर भी बड़े-बड़े दावे किए गए, लेकिन न कश्मीर घाटी के राजनीतिक हालात बदले, न ही एक साल से ज्यादा वक्त गुजर जाने के बाद भी वहाँ हालात सामान्य हो पाए।

कोविड-19 जैसी वैश्विक महामारी का फैलाव रोकने के लिए मोदी सरकार ने लॉकडाउन लगाया। लॉकडाउन के तहत देशभर में कड़ी पाबन्दियाँ लगाई गईं। इसने सबकी, खासकर उत्तर प्रदेश और बिहार के प्रवासी मजदूरों की परेशानी बढ़ा दी। बड़ी तादाद में बेरोजगार होकर वे अपने गाँव लौटने लगे। भूखे-प्यासे मजदूरों को सैकड़ों किलोमीटर की दूरी पैदल या साइकिल से तय करनी पड़ी। देशभर का श्रमिक वर्ग रोजगार, जीवनयापन के साधन व रुपये-पैसों के अभाव में बेबस दिखा। इस दौरान कई लोगों की मौत की खबरें भी आईं। इस अभूतपूर्व पलायन और उससे उपजी त्रासदियों ने स्पष्ट किया कि सरकार ने लॉकडाउन को लेकर कोई तैयारी नहीं की थी।

कोरोना काल में भारी अव्यवस्थाओं का राज रहा, लेकिन मोदी सरकार कोई ठोस उपाय करती नजर नहीं आई। शासक वर्ग एवं मीडिया मोदी को सुपर हीरो के रूप में प्रस्तुत करते रहे।

कुछ ऐसा ही चीन द्वारा देश के कुछ सीमावर्ती हिस्सों में की गई घुसपैठ के समय भी नजर आया। इस घुसपैठ के प्रारम्भिक दौर में ही 20 भारतीय जवानों की जान चली गई, लेकिन इसके बाद भी आश्चर्यजनक रूप से मोदी के पराक्रम के चर्चे रहे।

ऐसा नहीं है कि मोदी हाथ पर हाथ धरे बैठे रहे। कोरोना काल में वे देश को लगातार सम्बोधित करते रहे। मोदी लोगों से कभी थाली पीटने तो कभी मोमबत्ती जलाने का आग्रह करते रहे। मोदी सरकार ने 20 लाख करोड़ के पैकेज की घोषणा की। वित्तमंत्री निर्मला सीतारमण ने पाँच दिनों तक हर दिन पैकेज की रकम के आवंटन को लेकर प्रेस कॉन्फ्रेंस की। लेकिन यह सवाल बना रहा कि इन पैकेज का लाभ वास्तव में जरूरतमन्दों तक पहुँचा या नहीं?

चीन की घुसपैठ के समय मोदी अचानक लद्दाख चले गए और सेना का मनोबल बढ़ाते दिखे। चीन के एप्प पर प्रतिबन्ध लगाकर उसे एक बड़े कारनामे के रूप में प्रस्तुत किया।

लॉकडाउन का देश की अर्थव्यवस्था पर भारी नकारात्मक प्रभाव पड़ा। केन्द्रीय सांख्यिकी व कार्यक्रम क्रियान्वयन मंत्रालय के अधिकृत आँकड़ों के अनुसार अप्रैल-जून, 2020 की तिमाही में भारत का सकल घरेलू उत्पाद -23.9 प्रतिशत रहा। भारत ने त्रैमासिक जीडीपी के आँकड़े जब से यानी सन् 1996 से संगृहीत करना शुरू किया है, तब से देश की अर्थव्यवस्था की यह सबसे खराब स्थिति रही।

**प्रमुख अभियान**

- बेटी बचाओ बेटी पढ़ाओ
- नमामि गंगे
- मेक इन इंडिया
- स्वच्छ भारत अभियान

वैसे तो देश की अर्थव्यवस्था कोविड-19 का प्रकोप फैलने से पहले ही डगमगाने लगी थी। पहले मोदी सरकार द्वारा अचानक की गई नोटबन्दी ने अर्थव्यवस्था को बड़ा झटका दिया। इसके बाद जीएसटी नामक कर लगा दिया गया, जिसका नकदी के आधार पर चलने वाले क्षेत्र तथा छोटे कारोबारों पर नकारात्मक प्रभाव पड़ा। राष्ट्रीय सांख्यिकीय विभाग द्वारा कराए गए एक सर्वेक्षण के मुताबिक अर्थ-चक्र की दशा ऐसी बिगड़ी कि सन् 2017-18 के दौरान भारत में बेरोजगारी दर 6.1 प्रतिशत बढ़ी। यह 45 वर्षों में सर्वाधिक थी। लघु व माइक्रो उद्योग लगातार बन्द होने लगे। इससे भी चिन्ताजनक बात यह हुई कि इस उथल-पुथल ने लाखों लोगों को स्थायी रूप से बेरोजगार कर दिया। इससे वस्तु उपभोग की मात्रा में गिरावट आने की आशंका बढ़ गई, जिसका नकारात्मक प्रभाव देश की पूरी अर्थव्यवस्था पर पड़ेगा।

इसके अलावा भारतीय अर्थ-क्षेत्र, विशेषकर बैंकों व अन्य वित्तीय कम्पनियों की समस्याएँ कोविड-19 के आने से पहले भी कम नहीं थीं। मानव संसाधन के संकट तथा आर्थिक नीतियों के प्रति ठंडी प्रतिक्रिया के बाद कोरोना वायरस के हमले से उपजी परिस्थितियों ने भारतीय अर्थव्यवस्था की कमजोरियों को और उजागर कर दिया, जिससे स्थिति और भी विकट हो गई।

कोविड-19 के हमले के बाद जब सितम्बर, 2020 में संसद का पहला अधिवेशन हुआ तब मोदी सरकार ने कुछ आश्चर्यजनक काम किए; जैसे, कृषि-क्षेत्र व उस पर आधारित धन्धों से सम्बन्धित तीन विधेयक लाए गए तथा विपक्ष की कटु आलोचना के बीच ही सरकार ने इन्हें ध्वनि मत से पारित करा लिया। सरकार के मुताबिक इन नए कानूनों का उद्देश्य कृषि-क्षेत्र व उससे जुड़े उद्योग-धन्धों (मुख्यत: देश के उत्तरी भाग में स्थित पंजाब व हरियाणा में गेहूँ व चावल की खेती) के लिए नई सुविधाएँ जुटाना है। इनमें कॉरपोरेट जगत का निवेश आकर्षित करने के लिए ठेके पर खेती का प्रावधान रखा गया है। वहीं, दूसरे कानून द्वारा आवश्यक वस्तुओं के भंडारण की उच्चतम सीमा को निरस्त कर दिया गया। अलबत्ता इसमें यह प्रावधान जरूर रखा गया है कि युद्ध और प्राकृतिक आपदाओं के समय वस्तु के मूल्य में भयानक तेजी आने पर भंडारण की सीमा निश्चित की जा सकती है।

देश में लगभग 15 करोड़ परिवार कृषि से जुड़े हुए हैं। इनमें कृषि कार्यों से जुड़ा एक बड़ा वर्ग भी शामिल है, जिसके कामकाज प्रत्यक्ष या परोक्ष रूप से इन किसानों से जुड़े हैं। जाहिर है, यह कृषक समुदाय भारतीय राजनीति को खासा प्रभावित करता है। चुनाव में कई पार्टियों का भविष्य यही समुदाय तय करता है। ऐसी स्थिति में कृषि-क्षेत्र के लिए कुछ नए व बहुत चुनौतीपूर्ण नियम-कायदे तय करना राजनीतिक रूप से बहुत दुष्कर कार्य था। मोदी सरकार ने ये सख्त निर्णय ले लिये, जिससे किसानों में बहुत गुस्सा है और वे पूरे देश में आन्दोलन कर रहे हैं। किसानों का आरोप है कि सरकार उनका नाम लेकर पूँजीपतियों का हित पूरा करने की कोशिश कर रही है। जवाब में मोदी-समर्थक तर्क दे रहे हैं कि आजादी के 73 सालों में किसी नेता ने किसानों पर यहाँ तक कि धनी किसानों पर भी, जो ऐश्वर्यशाली जीवन व्यतीत कर रहे हैं, कोई कर लगाने की हिम्मत नहीं दिखाई। लेकिन भाजपाई राजनीतिक शैली का अनुसरण करते हुए वे यह वास्तविकता नहीं बताते कि छोटे किसानों की स्थिति बहुत दयनीय है। 'अन्नदाता' कहे जाने के बावजूद देश के 70 प्रतिशत से अधिक किसानों के पास 3 हेक्टेयर से भी कम जमीन है। उनकी

> **बड़े आर्थिक निर्णय**
>
> - जीएसटी
> - नोटबन्दी

खेती बारिश तथा स्थानीय बिचौलियों के रुख पर निर्भर करती है। कृषि-कार्यों के लिए उन्हें बिचौलियों से कर्ज लेना पड़ता है और फसल तैयार होने के बाद यही बिचौलिये तय करते हैं कि किसान की उपज किस भाव में खरीदी जाएगी। नतीजतन 'अन्नदाता' कई बार अन्न के दाने-दाने को मोहताज नजर आता है।

इन्हीं अनुभवों और आशंकाओं के मद्देनजर विभिन्न कृषि संगठनों ने अगस्त, 2020 से ही कृषि-क्षेत्र सम्बन्धी पूर्वोक्त तीन विधेयकों का विरोध शुरू कर दिया। पंजाब, हरियाणा और पश्चिमी उत्तर प्रदेश के किसान अधिक क्षुब्ध और व्याकुल नजर आए। दिसम्बर, 2020 तक कोरोना महामारी और कड़ाके की सर्दी को नजरअन्दाज करते हजारों किसान दिल्ली-हरियाणा बॉर्डर पर इकट्ठा होकर धरना-विरोध प्रदर्शन करने लगे। वे उक्त विधेयकों को खत्म करने की माँग करने लगे। मोदी सरकार बातचीत से अधिक उनको अव्यवस्थित, नाकाम करने, थकाने की कोशिश में सक्रिय दिखी।

जब मामला तूल पकड़ता दिखा तो किसानों को कानूनी दाँव-पेचों में फँसाया गया। सुप्रीम कोर्ट ने अप्रत्याशित सक्रियता दिखाते हुए मध्यस्थता की और एक समिति भी मनोनीत कर दी। समिति के सदस्य अधिकतर वे लोग बनाए गए जो अखबारों में इन कृषि विधेयकों के पक्ष में लिख चुके थे। मामला यहीं खत्म नहीं हुआ। सरकार ने किसान आन्दोलन के प्रति दमन की नीति अपनाई। इस बीच यह रहस्य ही बना रहा कि प्रधानमंत्री ने सीधे संवाद स्थापित करने का प्रयास क्यों नहीं किया। जबकि वे जब-तब रेडियो और टीवी के माध्यम से कृषि विधेयकों की प्रशंसा करते दिखे।

सरकार के दमनात्मक और अड़ियल रुख से क्षुब्ध होकर प्रदर्शनकारी किसानों ने 2021 के गणतंत्र दिवस समारोह के अवसर पर दिल्ली के

लालकिले तक कूच किया। इस दौरान लालकिले पर तिरंगे के नीचे एक अन्य झंडा फहरा देने की घटना सामने आई। इस घटना को आधार बनाकर किसानों के खिलाफ माहौल बनाने का प्रयास हुआ। सारे दिन, यानी गणतंत्र दिवस को, किसानों, प्रदर्शनकारियों व विपक्ष की निन्दा होती रही। बात और बिगड़ गई जब कई विदेशी नामचीन हस्तियों ने किसान आन्दोलन के समर्थन में सोशल मीडिया पोस्ट लिखे और उसके बाद सरकार एवं सरकार-समर्थकों ने इसे 'आन्तरिक मामले में दखल' तथा भारत की छवि खराब करने की कोशिश बताया। शायद ऐसा पहली बार हुआ कि विदेश मंत्रालय ने विदेशी व्यक्तियों की व्यक्तिगत टिप्पणी पर अधिकृत रूप से आपत्ति जताई और किसान आन्दोलन के समर्थन को भारत के आन्तरिक मामलों में हस्तक्षेप बताया। सोशल मीडिया पर गायिका रिहाना, स्वीडन की एक पर्यावरण कार्यकर्ता ग्रेटा थनबर्ग और दीगर हस्तियों की जमकर आलोचना की गई। सत्ताधारी दल भाजपा के आईटी सेल ने तो इस घटना को भारत के प्रति सोची-समझी साजिश करार दिया। अक्षय कुमार, करण जौहर, सचिन तेन्दुलकर व अनेक नामचीन हस्तियों ने इस घटना से कुछ महीने पहले अमेरिका में 'ब्लैक लाइफ मैटर्स' आन्दोलन में प्रियंका चोपड़ा के समर्थन और अनुदान को नजरअन्दाज कर, रिहाना और ग्रेटा के बयानों को गलत और भारतविरोधी करार दिया। प्रधानमंत्री के मौन के बीच उनके समर्थकों ने सरकार के साथ भारतीय सिनेमा व क्रिकेट-जगत के समर्थन को बड़ी उपलब्धि एवं जीत बताया, जबकि कृषक समाज, ठंड, दमन और तिरस्कार के बीच किसी सकारात्मक पहल की उम्मीद करता रहा।

मोदी सरकार का सेंट्रल विस्टा री-डेवलपमेंट प्रोजेक्ट भी सवालों से परे नहीं है। इस परियोजना की घोषणा सितम्बर, 2019 में की गई थी। यह देश की राजधानी में संसद और उसके इर्द-गिर्द के पूरे क्षेत्र को नए तरह से बसाने की योजना है। नवनिर्माण से प्रभावित होने वाले क्षेत्र में संसद, राष्ट्रपति भवन, नॉर्थ ब्लॉक, साउथ ब्लॉक, उपराष्ट्रपति का आवास आदि महत्त्वपूर्ण इमारतें शामिल हैं। राष्ट्रीय संग्रहालय, राष्ट्रीय अभिलेखागार, इन्दिरा गांधी नेशनल सेंटर फॉर आर्ट्स, उद्योग भवन, बीकानेर हाउस, हैदराबाद हाउस,

निर्माण भवन और जवाहर भवन भी इस परियोजना के दायरे में हैं। इसके तहत त्रिकोण के आकार वाले नए संसद भवन का निर्माण किया जाना है जिसमें 900 से 1,200 सांसदों के बैठने की व्यवस्था होगी। नए संसद भवन का निर्माण अगस्त, 2022 तक पूरा होना है, जिस वर्ष भारत 75वाँ स्वतंत्रता दिवस मनाएगा। कोरोना काल में बड़ी धूमधाम से इसका भूमिपूजन किया गया और काम शुरू कर दिया गया। नए संसद भवन का शिलान्यास करने के बाद प्रधानमंत्री मोदी ने अपने भाषण में सेंट्रल विस्टा का जिक्र करते हुए कहा कि इसके जरिए सभी मंत्रालय आसपास रहेंगे और पूरी व्यवस्था केन्द्रीकृत रहेगी। इसके साथ ही भारत की एकता-अखंडता को लेकर किए गए उनके प्रयास, इस मन्दिर की प्राण-प्रतिष्ठा की ऊर्जा बनेंगे। जब एक-एक जनप्रतिनिधि, अपना ज्ञान, बुद्धि, शिक्षा, अपना अनुभव पूर्ण रूप से यहाँ निचोड़ देगा, उसका अभिषेक करेगा, तब इस नए संसद भवन की प्राण-प्रतिष्ठा होगी।

**प्रमुख योजनाएँ**

- जन धन योजना
- प्रधानमंत्री उज्ज्वला योजना
- सौभाग्य योजना
- दीनदयाल अन्त्योदय योजना
- सांसद आदर्श ग्राम योजना
- आयुष्मान भारत प्रधानमंत्री जन आरोग्य योजना

गौरतलब बात यह रही कि सेंट्रल विस्टा प्रोजेक्ट के निर्माण का कारण वर्तमान संसद भवन में सांसदों के बैठने की पर्याप्त जगह न होना बताया गया। लेकिन सांसदों की संख्या बढ़ाने वाले उपायों; जैसे, 'डी-लिमिटेशन कमीशन' की नियुक्ति अथवा 'सेकंड री-ऑर्गनाइजेशन ऑफ़ स्टेट्स कमीशन' के बारे में कुछ नहीं किया। जनसंख्या और लोकतंत्र से जुड़े मुद्दों पर भी कोई चर्चा नहीं की गई; जैसे, दक्षिण भारत का जनसंख्या पर बेहतर नियंत्रण लेकिन लोकसभा की कम सीटें, क्योंकि उत्तर भारत में जनसंख्या की बढ़ोतरी और अधिक सीटें पाने का अनुमान था।

वर्तमान संसद भवन को औपनिवेशिक या गुलामी का प्रतीक बताने का प्रयास किया गया। लेकिन इस पर विचार नहीं किया गया कि इसकी जगह नया संसद भवन बनाने सम्बन्धी परियोजना से कोरोना काल में 20,000 करोड़ रुपये का अतिरिक्त भार पड़ेगा। ब्रिटिश, फ्रेंच, हंगेरियन और विश्व के अनेक प्राचीन संसद भवनों के उपयोग और इतिहास को भारतीय सन्दर्भ में अप्रासंगिक ठहराया गया।

इस मोदी ब्रांड राजनीति के सम्मुख मीडिया ने लगातार यह दिखाने की कोशिश की कि विपक्ष 'कहीं नहीं है'। लेकिन जमीनी स्थिति ऐसी नहीं थी। इसके कई उदाहरण हैं।

मोदी और उनके मंत्री बार-बार 'जानकारी उपलब्ध नहीं है' की आड़ लेकर संसद में पूछे गए सवालों से बचने के प्रयास करते रहते हैं; जैसे—

1. कोविड-19 के प्रकोप के दौरान महामारी के मरीजों का इलाज करते समय संक्रमित होने के कारण मरने वाले स्वास्थ्यकर्मियों की संख्या
2. कोरोना वायरस की चपेट में आकर मरने वाली आँगनबाड़ी महिला कार्यकर्ताओं की संख्या
3. लॉकडाउन के दौरान स्कूल छोड़ने वाली बालिकाओं की संख्या
4. लॉकडाउन के दौरान मौत का शिकार बनने वाले सफाईकर्मियों की संख्या
5. प्लाज्मा बैंकों का सेंट्रल डाटाबेस
6. लापता हो गए शरणार्थी कामकाजी लोगों के आँकड़े
7. शरणार्थी कामगारों की बेरोजगारी के आँकड़े
8. आरटीआई कार्यकर्ताओं की हत्या के आँकड़े
9. कोविड-19 के कारण मरने वाले पुलिसकर्मियों की संख्या
10. लॉकडाउन के दौरान पुलिस कार्रवाई का डाटा
11. जेल में बन्द राजनीतिक बन्दियों की संख्या
12. भ्रष्टाचार में भारत का स्थान

13. लॉकडाउन के दौरान आत्महत्या करने वाले विद्यार्थियों की संख्या
14. सीएए कानून के तहत नागरिकता का आवेदन देने वाले शरणार्थियों की संख्या
15. मॉब लिंचिंग में मारे गए लोगों की संख्या, कर्ज के कारण आत्महत्या करने वाले किसानों की संख्या
16. मारे जाने वाले पत्रकारों की जानकारी...

ये ऐसे गम्भीर मसले हैं जिनका डाटा उपलब्ध होने से इनकार किया गया।

धर्म और आस्था का सहारा लेते हुए प्रधानमंत्री मोदी 5 अगस्त, 2020 को अयोध्या पहुँचे, जहाँ उन्होंने राम मन्दिर का भूमिपूजन किया। राम मन्दिर को लेकर सुप्रीम कोर्ट के फैसले को भी बहुत लोगों ने मोदी सरकार की सबसे बड़ी उपलब्धि माना, वहीं इसकी आलोचना भी हुई। 5 अगस्त को प्रधानमंत्री ने रामलला के दरबार पहुँचकर उन्हें साष्टांग दंडवत किया और उनकी आरती उतारी। इसके बाद मुट्ठी बन्द कर दानपात्र में कुछ डाला, जिसे लोग देख नहीं पाए। प्रधानमंत्री के जाने के कुछ घंटों बाद दानपात्र को खोला गया तो उसमें पॉलिथीन में बन्द चाँदी का एक सिक्का मिला। इससे अन्दाजा लगाया गया कि प्रधानमंत्री ने यही सिक्का दानपात्र में डाला था। यह एक संवेदनशील मुद्दे पर अपना रुख जताने का मोदी का अपना तरीका था। दरअसल धर्म और आस्था के मामले में मोदी की राजनीति भाजपा के अन्य नेताओं से थोड़ी भिन्न पर अधिक कारगर रही है। मोदी का अपना आकलन यह रहा कि धर्म और आस्था के विषय सत्ता की सफलता की पूर्णकालिक कुंजी नहीं हैं। इसलिए स्वच्छ भारत कार्यक्रम समेत कई लोकलुभावन कार्यक्रमों का मिश्रण किया। ठोस राष्ट्रवाद और बहुसंख्यकवाद उनकी आक्रामक राजनीति के कामयाब सूत्र के रूप में सामने आए।

मोदी 1990 के राम मन्दिर आन्दोलन में सक्रिय रहे थे और लालकृष्ण आडवाणी की रथयात्रा में साथ-साथ चले थे, लेकिन बाद में जब वे गुजरात के मुख्यमंत्री थे तब विश्व हिन्दू परिषद् से उनकी दूरियाँ बन गई थीं। मुख्यमंत्री रहते और फिर प्रधानमंत्री बनने के बाद भी वे अयोध्या नहीं गए थे। 2019 में

जब विश्व हिन्दू परिषद् ने आम चुनाव से पहले राम मन्दिर आन्दोलन फिर से शुरू करने और संसद द्वारा विशेष कानून लाने की माँग की तो प्रधानमंत्री मोदी ने साफ़ इनकार कर दिया था।

लेकिन 2019 के खत्म होते-होते सुप्रीम कोर्ट ने बाबरी मस्जिद-राम जन्मभूमि विवाद पर फैसला सुना दिया कि अयोध्या में जहाँ मस्जिद थी, अब वहाँ मस्जिद नहीं रहेगी और राम मन्दिर बनेगा। 1992 में लालकृष्ण आडवाणी की अगुआई वाली भाजपा द्वारा चलाए गए उग्र अभियान के दौरान मस्जिद तोड़ दी गई थी। सुप्रीम कोर्ट के फैसले के बाद भाजपा ने देशभर में ऐसा वातावरण बनाया, जिससे लगा कि अब बाबरी मस्जिद विध्वंस मामले में वह दोषमुक्त हो गई है और अदालत के फैसले को मुसलमानों के बड़े तबके ने स्वीकार कर लिया है। हालाँकि सुप्रीम कोर्ट ने बाबरी मस्जिद विध्वंस को अनुचित और गैरकानूनी मानते हुए अपने फैसले में इसका उल्लेख किया है।

मोदी के सत्ता काल में कई मौकों पर न्यायपालिका की भूमिका और रवैया आश्चर्यजनक रूप से एकतरफा महसूस किया गया जो दुर्भाग्यपूर्ण और खतरनाक भी है। न्यायपालिका से जिस निष्पक्षता और ईमानदारी की उम्मीद की जाती है, वह देश के एक बड़े वर्ग को नजर नहीं आई। बार-बार सरकारी दबाव की बातें उभरीं जो न्यायपालिका की गरिमा के विरुद्ध थीं। सबसे ज्यादा विचलित करने वाली बात यह रही कि मानवाधिकार की बात करने वालों और सरकार की आलोचना या विरोध करने वाले स्वरों को न्यायपालिका से वह संरक्षण नहीं मिला, जिसकी उम्मीद थी। भारतीय लोकतंत्र के इतिहास में यह अध्याय कोई पहली बार दर्ज नहीं हो रहा था। इन्दिरा गांधी के समय भी 'कमिटेड जूडिशरी' की बात बाबू जगजीवन राम ने उठाई थी और आपातकाल में मानवाधिकारों और मौलिक अधिकारों का खुलकर हनन हुआ था। लेकिन 2014 और 2020 के बीच कुछ काम अन्यायपूर्ण तरीके से होते दिखे, जिससे बुद्धिजीवियों, पत्रकारों, वकीलों और समाज से जुड़े संवेदनशील अन्य वर्गों में गम्भीर चिन्ता पैदा हुई।

मोदीराज में पत्रकारिता में सर्वाधिक तेजी से गिरावट आई जो साफ़ दिखाई देती है। कोरोना काल से पहले ही अधिकतर अख़बारों व टीवी न्यूज चैनलों के मालिकों और सम्पादकों ने अघोषित साँठगाँठ के तहत भाजपा के राजनैतिक एजेंडे से सुर मिलाना शुरू कर दिया था। विभिन्न न्यूज चैनलों द्वारा नफरत व असहिष्णुता के बीज बोए गए। इस पक्षपाती व एकतरफा हो चुके मीडिया ने विपक्ष को नाकारा और निकम्मा दिखाने का मानो ठेका ही ले लिया। चुनाव के समय भी इन्होंने राजनीतिक कार्यकर्ताओं से कहीं ज्यादा वफादारी और तत्परता दिखाई। दिखावे के लिए सरकार सफाई पेश करती रही, लेकेन विज्ञापन से लेकर पत्रकारों की नियुक्ति एवं छुट्टी तक में सत्ताधारी वर्ग की भागीदारी व दखलन्दाजी के इलजाम लगते रहे। साथ ही सरकार को आईना दिखाने वाली मुट्ठी भर मीडिया के खिलाफ सरकारी कारिन्दों व विभागों द्वारा तरह-तरह की कार्रवाइयाँ की जाती रहीं।

**बड़ी चिन्ताएँ**

- अल्पसंख्यकों-दलितों के उत्पीड़न की घटनाओं में बढ़त
- गोरक्षा के नाम पर मॉब लिंचिंग की घटनाएँ
- सामाजिक सद्भाव का क्षरण
- मीडिया पर बढ़ता दबाव

राष्ट्रवाद सहित विभिन्न मुद्दों पर विपक्ष, मानवाधिकार कार्यकर्ताओं व निष्पक्षता की बात करने वाले सिविल सोसायटी कार्यकर्ताओं को भी तरह-तरह से प्रताड़ित किया गया।

नागरिकता संशोधन कानून-2019 यानी सीएए को लेकर भी मोदी सरकार सवालों के घेरे में आई। सीएए में पाकिस्तान, अफगानिस्तान और बांग्लादेश के गैर-मुस्लिम अल्पसंख्यकों को नागरिकता देने का प्रावधान किया गया है। इसमें इन पड़ोसी देशों से आए हिन्दू, सिख, बौद्ध, जैन, पारसी और ईसाई धर्मों के मानने वाले प्रवासियों के लिए नागरिकता के नियम को आसान

बनाया गया है। पहले किसी व्यक्ति को भारत की नागरिकता हासिल करने के लिए कम से कम 11 साल यहाँ रहना अनिवार्य था। इस नियम को आसान बनाकर नागरिकता हासिल करने के लिए निवास की अनिवार्य अवधि को घटाकर एक साल से लेकर 6 साल कर दिया गया है। यानी इन तीनों देशों के उपरोक्त छह धर्मों के मानने वालों को एक से छह साल निवास के आधार पर भारत की नागरिकता मिल सकेगी। आसान शब्दों में कहा जाए तो भारत के तीन मुस्लिम बहुसंख्यक पड़ोसी देशों से आए गैर-मुस्लिम प्रवासियों को नागरिकता देने के नियम आसान बनाए गए हैं।

सीएए को लेकर भारत के मुसलमानों के मन में कई तरह की आशंकाएँ हैं और इसके विरोध में लम्बे समय तक अहिंसक प्रदर्शन किए गए। दिल्ली का शाहीन बाग सीएए विरोधी प्रदर्शन का प्रतीक बन गया, जिसका नेतृत्व मुख्य रूप से मुस्लिम महिलाओं के हाथ में था। इसके बाद एनपीआर यानी नेशनल पॉप्युलेशन रजिस्टर और एनआरसी यानी नेशनल रजिस्टर फॉर सिटिजंस का मसला आया। एनआरसी के कारण असम में बड़ी संख्या में लोग परेशान हुए। सीएए को लेकर पश्चिम बंगाल के मुर्शिदाबाद से लेकर दिल्ली के जामिया मिल्लिया इस्लामिया तक में विरोध-प्रदर्शन हुए। इस दौरान कई बार हिंसा भी हुई। यह हिंसा बाद में दिल्ली के साम्प्रदायिक दंगे में बदल गई जिसमें 50 से ज्यादा लोग मारे गए। मरने वालों में हिन्दू और मुसलमान दोनों समुदायों के लोग शामिल थे। यह दंगा मोदी सरकार के लिए बड़ा सवाल है, क्योंकि वह अपने कार्यकाल में किसी भी तरह का साम्प्रदायिक दंगा नहीं होने देने का दावा करती आई है। दिल्ली के दंगों ने कानून व्यवस्था और न्यायपालिका पर भी कुछ सवाल उठाए। पुलिस द्वारा पक्षपात व मनमानी की अनेक घटनाएँ सामने आईं, जिनमें एक ओर बहुसंख्यक वर्ग के आरोपियों को कानून से बचाने के सीधे-सीधे प्रयास हुए, वहीं दूसरी ओर एक वर्ग विशेष पर अन्याय और पुलिस की बेजा सख्ती व दमन के आरोप लगे। प्रथम दृष्टि में पुलिस और प्रशासन का रवैया भेदभावपूर्ण लगा, जिसकी न्यायप्रिय सामाजिक कार्यकर्ताओं ने खासी आलोचना की। लेकिन सरकार का रुख निराश करने वाला रहा।

स्विस मूल के अमेरिकी मनोचिकित्सक एलिजाबेथ कुबलर रॉस ने अपने बुनियादी शोध कार्य 'डेथ एंड डाइंग' में दुख के पाँच चरण बताए हैं—इनकार, गुस्सा, सौदेबाजी, अवसाद और स्वीकार्य। उन्होंने गम्भीर रूप से मानसिक विकारों से पीड़ित व्यक्तियों की बीमारी के सन्दर्भ में ये चरण गिनाए हैं, लेकिन देश जब कोविड-19 के प्रकोप के प्रारम्भिक दौर से गुजर रहा था, तब आश्चर्यजनक रूप से ये सारे लक्षण हमारे यहाँ के एक वर्ग में साफ नजर आ रहे थे।

**आलोचना के विषय**

- धारा 370 का खात्मा
- नागरिकता संशोधन ऐक्ट
- कृषि विधेयक
- कोरोना काल के लॉकडाउन में बदइन्तज़ामी, कोरोना पीड़ितों के उपचार और टीकाकरण में भी सरकार के दावों के अनुरूप व्यवस्था नहीं दिखी।
- अनियंत्रित महँगाई पर सरकार का रुख

भारत में कोरोना वायरस फैलने की शुरुआत के समय 9 मार्च, 2020 को देश के दूसरे बड़े धार्मिक समुदाय से सम्बन्ध रखने वाली तबलीगी जमात के दिल्ली के हजरत निजामुद्दीन स्थित मरकज यानी मुख्यालय पर एक बड़ा जमावड़ा हुआ था। इस जमावड़े में इंडोनेशिया, मलेशिया, थाईलैंड, नेपाल, म्यांमार, बांग्लादेश, श्रीलंका व किर्गिज़स्तान जैसे देशों के जमाती भी शामिल हुए थे। बड़े आयोजनों पर सरकार द्वारा रोक लगाए जाने के बावजूद इस कार्यक्रम में साढ़े चार हजार से ज्यादा लोग इकट्ठा हुए। सरकारी सूत्रों के हवाले से आई मीडिया रिपोर्टों के अनुसार 1 जनवरी से 70 देशों के दो हजार से ज्यादा विदेशी नागरिक तबलीगी जमात के कार्यक्रम में भाग लेने पहुँचने लगे थे। 24 मार्च को अचानक लॉकडाउन की घोषणा के बाद इनमें से करीब एक हजार लोग तबलीगी जमात के मरकज में ही रह गए। इसका नाम लेकर मीडिया ने न सिर्फ दिल्ली बल्कि देश के कुछ दीगर हिस्सों में भी कोरोना

फैलने का जिम्मेदार इन्हीं जमातियों को बता दिया। जबकि बवाल मचने पर जमात द्वारा जारी किए गए दस्तावेज से जाहिर हुआ कि स्थानीय प्रशासन को इन लोगों के आने की जानकारी दी गई थी, तथा इन्हें अपने-अपने मुकाम तक पहुँचाने के लिए वाहनों की व्यवस्था का आग्रह किया गया था।

लेकिन एकतरफा चल रहे कई निजी समाचार चैनलों ने 'तबलीगी वायरस' व 'कोरोना जिहाद' जैसे शब्दों का इस्तेमाल करते हुए यह बताने की भरपूर कोशिश की कि देश में कोरोना के प्रसार के लिए केवल तबलीगी जमात जिम्मेदार है। बाद में उनके सुर कुछ बदले तो भी वे कहते रहे कि देश में 30 प्रतिशत से ज्यादा कोरोना तबलीगी जमात के कारण फैला। इसी बीच देश के विभिन्न हिस्सों में जमात के लोगों की गिरफ्तारियाँ होने लगीं। हालाँकि बाद में अदालतों ने उन्हें रिहा करने के आदेश दिए लेकिन तब तक इस प्रकरण के जरिये एक समुदाय विशेष के खिलाफ नफरत और झूठ फैलाया जा चुका था।

लिहाजा सोशल मीडिया पर 'तबलीगी वायरस' और 'कोरोना जिहाद' के विरुद्ध अघोषित युद्ध चलता रहा। देश का ध्यान कोविड-19 से मुकाबला करने के बजाय तबलीगी जमात व मुसलमानों को निशाना बनाने में लगा रहा और उन्हें बीमारी फैलाने का आरोपी बनाया जाता रहा।

इस दुष्प्रचार का असर यह हुआ कि देश में खुलेआम गरीब मुसलमानों के खिलाफ नफरत का प्रदर्शन किया जाने लगा। समाचार चैनल 'एनडीटीवी' ने उत्तरप्रदेश के महोबा जिले की वह ख़बर बताई, जिसमें कुछ लोग मुस्लिम ठेले वालों को तबलीगी जमात से जुड़ा तथा कोरोना वायरस फैलाने वाला बताकर उन्हें सब्जी बेचने से रोक रहे थे।

उत्तर प्रदेश के ही देवरिया से भाजपा विधायक सुरेश तिवारी लोगों को मुसलमानों से सब्जियाँ खरीदने के खिलाफ चेतावनी देते नजर आए, हालाँकि बाद में प्रदेश पार्टी अध्यक्ष ने उनसे जवाब-तलब कर लिया। सोशल मीडिया पर घृणास्पद वीडियो वायरल कर दावा किया जाने लगा कि मुसलमान पूरे देश में कोरोना फैलाने के प्रयास कर रहे हैं। ऐसे ही एक वीडियो में मुसलमानों

को एक-दूसरे पर छींकते हुए दिखाया गया था। वीडियो फैलाने वालों का कहना था कि मुसलमान इस तरह कोरोना की महामारी फैलाना चाहते हैं। बाद में वास्तविकता का पता लगाने वाली वेबसाइट 'आल्ट न्यूज' ने इसकी जाँच की तो वह झूठा पाया गया।

इसी तरह 'तबलीगी जमात' से जोड़कर कई फेक वीडियो या झूठी खबरें चलाई गईं। कानपुर मेडिकल कॉलेज की प्रिंसिपल, जो बाद में कैमरे पर मुसलमानों के खिलाफ जहर उगलती पाई गईं, जैसे लोगों ने अस्पताल में भर्ती 'तबलीगी जमात' के मरीजों पर दुर्व्यवहार करने, मांसाहारी खाना माँगने, नर्सों के सामने अश्लील हरकतें करने जैसे निराधार आरोप लगाए। इस बहाने बहसें चलीं और उनमें अल्पसंख्यकों के घनी आबादी वाले तंग इलाकों में गन्दगी के बीच रहने, उनमें शिक्षा व जागरूकता की कमी आदि जैसी बार-बार दुहराई जाने वाली धारणाओं का जिक्र कर मुस्लिम समुदाय के खिलाफ बहसें की गईं।

वस्तुतः देश के राजनीतिक फलक पर नरेन्द्र मोदी का उदय होने के बाद सामाजिक माहौल बहुत तेजी से बदला। गो-वध के मुद्दे पर इतनी तीव्र व हिंसक प्रतिक्रिया होने लगी कि मात्र शंका के चलते अनेक निर्दोष लोगों को जान गँवानी पड़ी। व्याकुल करने वाली बात यह रही कि इन अमानवीय घटनाओं को सामाजिक स्तर पर सत्ताधारी पार्टी और समाज के कई वर्गों का घोषित-अघोषित समर्थन मिला।

मोदी सरकार के दूसरे कार्यकाल का सबसे चर्चित व ऐतिहासिक फैसला 5 अगस्त, 2019 का रहा, जब जम्मू-कश्मीर में अनुच्छेद 370 को निष्प्रभावी बनाने का कदम उठाने के साथ-साथ राज्य को दो हिस्सों में बाँट दिया गया। इस तरह जम्मू-कश्मीर और लद्दाख दो केन्द्र शासित प्रदेश बनाए गए। यह आर.एस.एस., जनसंघ व भाजपा का पुराना एजेंडा था। जम्मू-कश्मीर पर मोदी सरकार के इस फैसले के बाद कश्मीर में एक देश, एक विधान और एक निशान लागू हो गया।

मॉब लिंचिंग के मामलों में बढ़ोतरी मोदी के कार्यकाल का एक अहम मसला है। इस खतरे से निपटने के लिए एक विशेष कानून की आवश्यकता लगातार बनी हुई है। इसकी बराबर माँग भी होती रही, लेकिन मोदी सरकार ने इस ओर कोई विशेष रुचि नहीं दिखाई। इसकी आवश्यकता को अनुसूचित जाति और अनुसूचित जनजाति के खिलाफ अत्याचारों से निपटने के लिए बने विशेष कानून (एससी-एसटी अत्याचार निरोधक कानून, 1989) के उदाहरण से समझा जा सकता है। एससी-एसटी अत्याचार निरोधक कानून से जातिगत भेदभाव भले ही पूरी तरह खत्म नहीं हो सका है, लेकिन इसने एक सशक्त प्रतिरोधी (deterrent) का काम जरूर किया है।

कुछ लोगों का तर्क है कि नया कानून बनाने से ज्यादा जरूरत इस बात की है कि केन्द्र और राज्य सरकारें मॉब लिंचिंग पर रोक लगाने के लिए राजनीतिक इच्छाशक्ति दिखाएँ। कुछ राज्यों में इस तरह के मामले सामने आए हैं जिनमें राजनीतिक वर्ग का एक हिस्सा मॉब लिंचिंग के आरोपियों के प्रति सहानुभूति जताता नजर आया। दृढ़ राजनीतिक इच्छाशक्ति के अभाव में इस बात की आशंका बनी रही कि मॉब लिंचिंग की समस्या को खत्म करने के लिए अपेक्षित सख्ती नहीं बरती जाएगी या समुचित कानूनी कदम नहीं उठाए जाएँगे।

मोदी सरकार के सत्ता-काल में अल्पसंख्यक समुदाय से जुड़े कई अहम और सार्थक फैसले भी लिए गए। उसने अपने पहले कार्यकाल के तहत 2018 में मुसलमानों को हज-यात्रा के लिए दी जाने वाली सब्सिडी खत्म करने का फैसला किया। सब्सिडी हटाने के निर्णय से केन्द्र को 700 करोड़ रुपये की सालाना बचत हुई।

हक़ीक़त यही है कि हज जैसी धार्मिक यात्रा पर सरकार द्वारा दी जाने वाली यह छूट सीधे तौर पर तो एक भी मुसलमान तीर्थयात्री को नहीं मिलती थी। सब्सिडी की राशि एयरलाइंस कम्पनियों के खातों में चली जाती थी। आरोप तो यह भी था कि घाटे में चल रही 'एयर इंडिया' को मजबूत करने के लिए हज सब्सिडी की बन्दूक मुसलमानों के कंधे पर रखकर चलाई जा

रही थी। मोदी सरकार ने 45 साल से ज्यादा उम्र की महिलाओं को बिना पुरुष अभिभावक के हज करने की इजाजत भी दी।

मोदी सरकार ने दूसरी बार सत्ता में आते ही सबसे पहले मुस्लिम महिलाओं को तीन तलाक से निजात दिलाने का कदम उठाया। उसने तीन तलाक पर पाबन्दी के लिए 'मुस्लिम महिला विवाह अधिकार संरक्षण विधेयक-2019' को लोकसभा और राज्यसभा से पारित कराया। इसके बाद 1 अगस्त, 2019 से तीन तलाक देना कानूनी तौर पर जुर्म बन गया।

सऊदी अरब और संयुक्त अरब अमीरात (यू.ए.ई.) सहित अनेक इस्लामिक देशों ने प्रधानमंत्री नरेन्द्र मोदी को अपना-अपना सर्वोच्च नागरिक सम्मान प्रदान किया है। मोदी के सत्ताकाल में इस्लामिक देशों के साथ भारत के सम्बन्ध भी मजबूत हुए हैं, जिसका नतीजा है कि कश्मीर मसले पर दुनियाभर के देशों ने भारत का साथ दिया। मोदी की अपील पर संयुक्त राष्ट्र ने प्रतिवर्ष 21 जून को विश्व योग दिवस के रूप में मनाने की स्वीकृति दी। इससे दुनियाभर में भारत व उसकी परम्परागत विरासत का मान-सम्मान बढ़ा।

बहैसियत प्रधानमंत्री, मोदी के कार्यकाल की कुछ महत्त्वपूर्ण उपलब्धियाँ भी रहीं। कुछ अन्तरराष्ट्रीय एजेंसियों ने माना कि प्रधानमंत्री मोदी के नेतृत्व में भारत रिकॉर्ड गति से गरीबी कम कर रहा है। इसका श्रेय गरीबों के हित को ध्यान में रखते हुए केन्द्र सरकार द्वारा लिए गए कुछ फैसलों को दिया गया।

पी.एम.ओ. की अधिकृत वेबसाइट पर यह कहा गया है कि मोदी सरकार दुनिया के सबसे बड़े स्वास्थ्य सेवा कार्यक्रम 'आयुष्मान भारत' के माध्यम से जरूरतमन्दों तक स्वास्थ्य-सुविधाएँ पहुँचाने के मामले में विश्व का नेतृत्व कर रहा है। 50 करोड़ से अधिक भारतीयों को कवर करते हुए 'आयुष्मान भारत' गरीब और नव-मध्यवर्ग को उच्च गुणवत्ता और सस्ती स्वास्थ्य सेवा सुनिश्चित कर रहा है।

दुनिया की सबसे प्रतिष्ठित स्वास्थ्य-पत्रिकाओं में से एक 'लांसेट' ने 'आयुष्मान भारत' की सराहना करते हुए कहा कि यह योजना भारत में स्वास्थ्य-

क्षेत्र से जुड़े असन्तोष को दूर कर रही है। पत्रिका ने सार्वभौमिक स्वास्थ्य कवरेज को प्राथमिकता देने के लिए प्रधानमंत्री मोदी के प्रयासों की भी सराहना की।

मोदी ने 28 अगस्त, 2014 को देश की जनता को बैंकिंग से जोड़ने के लिए 'जन-धन योजना' की घोषणा की थी। इस योजना के तहत 31.31 करोड़ लोगों के खाते खोले गए। देश में बैंकों ने कैम्प लगाकर वंचित लोगों के खाते खोलकर उन्हें बैंकिंग सुविधा से जोड़ने का काम किया। देश के गरीब भी गैस-चूल्हे पर खाना पका सकें, इस मकसद से मोदी सरकार ने 'प्रधानमंत्री उज्ज्वला योजना' (पीएमयूवाई) का आगाज किया। इस योजना के तहत ग्रामीण क्षेत्रों में रहने वाले गरीब परिवारों को मुफ्त में रसोई गैस के कनेक्शन उपलब्ध कराए गए। सरकारी आँकड़ों के अनुसार 3 करोड़ परिवारों को इस योजना के तहत गैस-सिलेंडर दिए गए।

मोदी सरकार द्वारा 'जन-धन, आधार, मोबाइल' (जआम) जैसी योजनाओं को अंगीकार करने का फायदा यह हुआ कि अपात्र हितग्राही इनका लाभ हड़पने से वंचित हो गए। इसके बावजूद 'प्रधानमंत्री उज्ज्वला योजना' जैसी योजनाएँ वास्तविक रूप में अपना लक्ष्य पूरा नहीं कर पाईं। राष्ट्रीय सांख्यिकीय विभाग द्वारा सन् 2018 में कराए गए 76वें राष्ट्रीय प्रतिदर्श सर्वेक्षण से पता चला कि पीएमयूवाई के 43 प्रतिशत हितग्राही बेहद गरीब हैं और वे आज भी एलपीजी गैस का सिलेंडर इस्तेमाल हेतु खरीदने की क्षमता नहीं रखते।

इसकी पुष्टि भारत के नियंत्रक एवं महालेखा परीक्षक द्वारा दिसम्बर, 2019 में पीएमयूवाई पर जारी की गई ऑडिट रिपोर्ट से भी हुई। जिसके मुताबिक देश के विभिन्न भागों में एलपीजी सिलेंडर का मूल्य 500 रुपए से 837 रुपए तक थी। उधर, राष्ट्रीय प्रतिदर्श सर्वेक्षण का कहना था कि 20 प्रतिशत अत्यन्त गरीब भारतीय मात्र 1,065 रुपए प्रतिमाह खर्च कर पाते हैं। ऐसे में यदि वे गैस सिलेंडर खरीदते हैं तो उनके मासिक खर्च की आधी राशि उस सिलेंडर की कीमत में ही चली जाएगी।

इसी प्रकार मोदी सरकार ने हर घर तक बिजली पहुँचाने का लक्ष्य लेकर 2017 में 'सौभाग्य योजना' की शुरुआत की। सरकार ने दावा किया कि वह हर घर तक बिजली पहुँचाने में सफल रही है। सरकार ने यह भी दावा किया कि आजादी के 70 वर्षों बाद भी जिन 18 हजार गाँवों तक बिजली नहीं पहुँची थी, वहाँ उसने बिजली पहुँचाई है।

मोदी और उनकी सरकार की ओर से पिछली सरकारों को इस सन्दर्भ में लगातार आड़े हाथों लिया गया और जवाहरलाल नेहरू से लेकर इन्दिरा और राजीव गांधी तक के सत्ताकाल में देश में हर घर तक बिजली न पहुँचाने का आरोप लगाया गया। दूसरी ओर, मोदी सरकार ने स्वयं ही यह तथ्य स्वीकारा कि 90 प्रतिशत बिजली देश के गाँव और शहरों में 2017-18 से पहले मौजूद थी। सवाल यह उठता है कि यदि पिछली सरकारों ने कुछ नहीं किया तो 90 प्रतिशत बिजली का आँकड़ा कैसे पहुँचा? मोदी सरकार के सामने यह सवाल भी अनुत्तरित रहा कि छह साल की भाजपा नेतृत्व वाली अटल बिहारी सरकार (1998-2004) का कार्यकाल बिजली पहुँचाने में कैसा रहा?

मोदी सरकार के केन्द्रीय शहरी एवं आवास मंत्रालय ने 2018 में 'प्रधानमंत्री आवास योजना' के तहत एक करोड़ घरों के निर्माण का लक्ष्य रखा है जिसे 2022 में पूरा किया जाना है। इस योजना का लाभ भी काफी लोगों को मिला है। 2014 से 2019 के बीच 1.25 करोड़ से अधिक घर बनाए जाने का दावा किया गया। इन तमाम योजनाओं में कमियाँ और शिकायतें आईं, लेकिन मोदी और भाजपा के सघन प्रचार की बदौलत इनकी कमजोरियों से ज्यादा लाभ का डंका बजा।

सवर्ण आरक्षण का मामला लम्बे समय से अटका हुआ था। किसी भी सरकार ने इस मुद्दे में पहल करने से गुरेज किया था। मोदी सरकार ने पहले कार्यकाल के आखिरी समय—जनवरी, 2019—में सवर्ण समुदाय को आर्थिक आधार पर 10 फीसदी आरक्षण देने का फैसला किया। इस सवर्ण आरक्षण विधेयक को दोनों सदनों से पास कराकर कानूनी रूप दे दिया गया। इसके जरिये सवर्ण समुदाय के लोगों को सरकारी नौकरियों

और शैक्षणिक संस्थानों में प्रवेश के लिए आर्थिक आधार पर आरक्षण का लाभ दिया गया।

कृषि एक ऐसा क्षेत्र है, जिससे लगाव की बात मोदी प्रायः करते रहे हैं। 2019 के अन्तरिम बजट के दौरान सरकार ने किसानों के लिए 'पीएम किसान सम्मान निधि' के रूप में एक 'मौद्रिक प्रोत्साहन योजना' की घोषणा की थी। 24 फरवरी, 2019 को योजना शुरू होने के बाद लगभग तीन सप्ताह तक किस्तों का भुगतान नियमित रूप से किया गया। प्रधानमंत्री मोदी के दूसरे कार्यकाल की पहली कैबिनेट बैठक के दौरान इस योजना में पाँच एकड़ की सीमा को हटाते हुए सभी किसानों को इस निधि का लाभ देने का फैसला किया गया। इसके मुताबिक भारत सरकार प्रति वर्ष लगभग 87 हजार करोड़ रुपये किसान कल्याण के लिए समर्पित करेगी।

सन् 2019 में लोकसभा चुनाव एकदम अलग शैली में लड़ा गया। भाजपा-राजग (राष्ट्रीय जनतांत्रिक गठबंधन) ने नरेन्द्र मोदी की छवि को आगे रखकर उनके नेतृत्व में यह चुनाव लड़ा। 'मोदी है तो मुमकिन है' का डंका पीटा गया। दूसरी ओर भ्रमित-से विपक्ष का मानना था कि भारत में चुनाव मुख्यतः राज्यों में लड़े जाते हैं, जिनमें राष्ट्रीय मुद्दों के साथ स्थानीय मुद्दे भी खासे महत्त्वपूर्ण होते हैं। साथ ही वर्तमान सांसदों व विधायकों के खिलाफ असन्तोष बहुत सारे समीकरण गड़बड़ा देता है। चूँकि 2014 के चुनाव में भाजपा व राजग को स्पष्ट बहुमत मिला था, इसलिए उस समय उन्हीं के सांसद अधिक थे। विपक्ष को लग रहा था कि उनके खिलाफ असन्तोष को भुनाया जा सकेगा।

राजग का सामना मुख्यतः कांग्रेस व उसके गठबंधन वाली पार्टियों से था, जो संयुक्त प्रगतिशील गठबंधन (संप्रग) के बैनर तले एकजुट थीं। इसे महागठबंधन कहा जा रहा था। मोदी ने सीधे इसी पर प्रहार करना शुरू किया। अप्रैल 2019 में दादरा नगर हवेली के सिलवासा में एक चुनावी सभा को सम्बोधित करते हुए उन्होंने कहा कि यह महागठबंधन उनके खिलाफ नहीं, बल्कि राष्ट्र के खिलाफ लड़ रहा है। इस तरह 'मोदी है तो मुमकिन

है' के साथ उन्होंने खुद को राष्ट्र के समानान्तर खड़ा कर लिया और अपने विरोधियों को राष्ट्र-विरोधी बना दिया। अपनी विशिष्ट भाषण शैली में उन्होंने महागठबंधन को 'महाठगबंधन' का नया नाम भी दे दिया। चुनावी नतीजों को देखें तो मोदी का यह दाँव खासा प्रभावी रहा।

तब मोदी की छवि ऐसे नेता की बन चुकी थी जो दुश्मन, खासतौर से पाकिस्तान की आँखों में आँखें डालकर बात करने की, या उसे अपनी 'औकात' दिखा देने की क्षमता रखता है।

राजनीतिक विश्लेषकों के अनुसार मोदी ने सन् 2011 से ही प्रधानमंत्री पद के लिए अभियान शुरू कर दिया था। हालाँकि यह बहुत स्पष्ट रूप से नहीं था, लेकिन परोक्ष रूप से पार्टी के भीतर भी यही हवा बनाई गई कि भाजपा की ओर से प्रधानमंत्री पद के सबसे उपयुक्त उम्मीदवार मोदी ही हो सकते हैं। यह काम किस स्तर पर किया गया होगा, इसका अन्दाजा भाजपा संसदीय दल की बैठक (13 सितम्बर, 2013) से लगाया जा सकता है, जिसमें यह निर्णय लिया गया था।

20 दिसम्बर, 2012 को गुजरात विधानसभा चुनाव के नतीजे आने के बाद नरेन्द्र मोदी चौथी बार गुजरात के मुख्यमंत्री बने। 13 सितम्बर, 2013 को भाजपा संसदीय बोर्ड की बैठक हुई। इसमें मोदी भाजपा की ओर से प्रधानमंत्री पद के प्रत्याशी घोषित कर दिए गए। इस सबसे पार्टी के वरिष्ठ नेता लालकृष्ण आडवाणी खुश नहीं थे, इसलिए वे इस बैठक में शरीक नहीं हुए। वे मोदी के नाम का विरोध इस आधार पर कर रहे थे कि इससे यूपीए सरकार के खिलाफ सतत उठाए जा रहे महँगाई व बेरोजगारी जैसे मुद्दे गौण हो जाएँगे। मगर मोदी को प्रधानमंत्री पद का उम्मीदवार घोषित किए जाने को लेकर तब तक कितना काम हो चुका था, यह इसी से समझा जा सकता है कि तब आडवाणी से मात्र मुरली मनोहर जोशी व सुषमा स्वराज ही सहमत थे। बाकी पूरी जमात मोदी के साथ थी।

हालाँकि पार्टी के भीतर अपने पक्ष में फैसला करा लेने मात्र से मोदी जंग जीत गए हों, ऐसा नहीं था। अब उन्हें गठबंधन के अपने साथियों को समझना व समझाना था। 1998 में अटल बिहारी वाजपेयी के नेतृत्व में एनडीए की सरकार बनी थी। नीतीश कुमार की पार्टी जद (यू) भी इसका हिस्सा थी। मोदी को प्रधानमंत्री पद का प्रत्याशी घोषित करते ही नीतीश अपनी पार्टी लेकर अलग हो गए। मोदी के मुख्यमंत्रित्व काल में गुजरात में हुए नरसंहार के खिलाफ वे खुलेआम बोलते आए थे। इस बार भी उन्होंने खुलकर मोदी का विरोध कर दिया।

इससे मोदी हताश नहीं हुए, बल्कि उन्होंने एक रणनीति के तहत छोटी-छोटी पार्टियों को जोड़ने का काम शुरू किया; जैसे—बिहार में राष्ट्रीय लोक समता पार्टी, उत्तर प्रदेश में अपना दल। इस बीच रामविलास पासवान की लोक जनशक्ति पार्टी ने यूपीए छोड़कर एनडीए में शामिल होने का फैसला किया। इस तरह पूरे देश में कई छोटी पार्टियों को जोड़कर नया कुनबा बना लिया गया। मई, 2014 में आम चुनाव के परिणाम आने से कुछ पहले, 22 अप्रैल, 2014 को मोदी ने एक टीवी इंटरव्यू में दावा किया कि इस बार भाजपा को पूर्ण बहुमत मिलेगा, उसे सरकार बनाने के लिए किसी पार्टी के समर्थन की जरूरत नहीं पड़ेगी। उन्होंने यह भी कहा कि 25 दलों के साथ चुनाव पूर्व गठबंधन भारत के चुनावी इतिहास में कभी नहीं हुआ।

2014 के आम चुनाव से पहले दिल्ली, राजस्थान, मध्य प्रदेश, छत्तीसगढ़ और मिजोरम में विधानसभा चुनाव थे। मोदी को प्रधानमंत्री पद का प्रत्याशी घोषित करने का परीक्षण इन्हीं चुनाव में होना था। सो ये चुनाव एक तरह से सेमीफाइनल माने गए। मोदी ने इन चुनावों में धुआँधार प्रचार किया। जहाँ जरूरत लगी, वहाँ हिन्दू कार्ड खेला। जहाँ स्थिति स्पष्ट नहीं थी, वहाँ के लिए 'विकास' का नारा लगाया।

मोदी की जीत में बूथ मैनेजमेंट की महत्त्वपूर्ण भूमिका रही। खासतौर से उत्तर प्रदेश जैसे राज्य में, जहाँ के जातिगत गणित बहुत उलझे हुए हैं। अमित शाह ने वहाँ जबर्दस्त बूथ मैनेजमेंट किया। वे पार्टी कार्यकर्ताओं को

यह समझाने में सफल रहे कि जहाँ सामने वाली पार्टियाँ आपस में ही लड़ रही हों, वहाँ जीतने लायक मत लाना बहुत आसान नहीं तो बहुत मुश्किल भी न होगा। इस बूथ मैनेजमेंट में जातिगत गणित का भी खास खयाल रखा गया, ताकि हर वर्ग के वोटर को लुभाया जा सके।

शाह ने वह कर दिखाया, जिसकी उम्मीद उनसे मोदी कर रहे थे। मोदी की राजनीति में प्रचार की बहुत अहमियत है। उनका हर चुनाव अभियान मानो मार्केटिंग की रणनीति की तरह तैयार किया गया और उसमें मोदी अनथक मेहनत करते दिखे। इसके अलावा पेशेवर युवा मोदी के लिए काम करना चाहते थे। यह भाँपकर प्रशान्त किशोर ने सीएजी (सिटिजन फॉर अकाउंटेबल गवर्नमेंट) नामक पब्लिक एक्शन कमेटी बनाई। इसमें मोदी से प्रभावित युवा पेशेवरों को शामिल किया गया।

प्रचार के लिए आधुनिक तकनीक के इस्तेमाल में मोदी देश के दीगर नेताओं से आगे रहते हैं। संचार-माध्यमों की मदद से उन्होंने 2012 के गुजरात विधानसभा चुनाव में ही प्रभावी प्रचार किया। जाहिर है, 2014 के लोकसभा चुनाव में इस प्रयोग और उनके अनुभव का भाजपा को भरपूर फायदा मिला और देश के कोने-कोने तक उनकी आवाज पहुँचाई गई। उस वक्त जनता के सामने सिर्फ मोदी का चेहरा व उनका व्यक्तित्व था।

प्रधानमंत्री के रूप में मोदी की एक विशिष्ट उपलब्धि जनता के बीच राजनेताओं के प्रति विश्वसनीयता पैदा करना रहा। 2010 से 2013 के बीच अन्ना आन्दोलन, 'इंडिया अगेंस्ट करप्शन' और आम आदमी पार्टी के शुरुआती प्रहारों से जनता के बीच एक सन्देश गया कि राजनेता समाज और उसकी सेवा के प्रति गम्भीर और कटिबद्ध नहीं हैं। इस दौर में किए गए अनेक सर्वेक्षणों में राजनेताओं और राजनैतिक दलों की जनता से बढ़ती दूरियों को रेखांकित किया। लेकिन मोदी की 2014 की जीत के बाद यह नजरिया बदला। यह दूसरी बात है कि मोदी के प्रति भक्ति भाव, अति विश्वास और उत्साह से समाज में अन्य समस्याएँ खड़ी हुईं। दरअसल एक बड़े तबके ने मोदी का यथार्थ के धरातल पर सटीक मूल्यांकन करना और विवेक का इस्तेमाल करना बन्द कर दिया।

जबकि यह जाग्रत विवेक ही था जिसके कारण इन्दिरा को 1977 में ताकतवर होने के बावजूद चुनावी हार का सामना करना पड़ा था।

ट्विटर, फेसबुक व इंटरनेट पर मोदी का डंका बजता रहा। एक आकलन के अनुसार प्रचार के लिए अनुबंधित की गईं पेशेवर एजेंसियों के अलावा उनके कई लाख प्रशंसक सोशल मीडिया के माध्यम से प्रचार में जुटे थे। मोदी खुद जी-जान से जुटे रहे। 2014 में मिशन 272+ के लिए उन्होंने अकेले 437 रैलियाँ कीं। मोदी सोशल मीडिया के विभिन्न प्लेटफॉर्म पर सबसे ज्यादा फॉलो किए जाने वाले नेता बन गए। वे अक्सर सोशल मीडिया के जरिए दुनियाभर में लोगों के साथ सम्पर्क में रहते हैं। ट्विटर पर उनके 70.7 मिलियन से ज्यादा फॉलोअर हैं। जबकि वे खुद 2,345 लोगों को फॉलो करते हैं।

7 सितम्बर, 2015 को मोदी अमेरिका के सैन फ्रांसिस्को स्थित फेसबुक के मुख्यालय पहुँचे थे। यहाँ टाउन हॉल कार्यक्रम में फेसबुक के संस्थापक मार्क जकरबर्ग के सवालों का जवाब देते हुए मोदी ने कहा था कि सोशल मीडिया लोकतंत्र के लिए बहुत बड़ी ताकत बन गया है। यह सरकार और जनता के बीच की दूरी को मिटाता है।

मोदी ने कहा, 'मैं जब सोशल मीडिया से जुड़ा तब टेक्नोलॉजी के प्रति मेरी उत्सुकता रहती थी। मैंने देखा कि मैं किताबों के जरिए दुनिया को समझने की कोशिश कर रहा हूँ, लेकिन मनुष्य का स्वभाव है कि टेक्स्ट बुक की जगह गाइड मिल जाए तो अच्छा है। और गाइड से भी कोई शॉर्ट सजेशंस देता है तो और अच्छा लगता है। मेरे लिए सोशल मीडिया ने यह काम किया। मुझे बहुत कम समय में जिन चीजों की जरूरत थी, वे यहाँ मिल जाती थीं। दूसरा फायदा यह हुआ कि मैं बहुत ज्यादा पढ़ा-लिखा नहीं हूँ। मेरी उस कमी को सोशल मीडिया ने भर दिया। दो-चार शब्दों से भी मेरी दुनिया चल जाती थी। उस कारण मेरे सोचने के तरीके में बहुत बड़ा बदलाव आया। मैं कभी अपने आसपास की दुनिया के बारे में ही सोचता था, सोशल मीडिया से पूरे विश्व के दायरे तक छूने का मौका मिला।

'मैं जुड़ता चला गया और दुनिया ने भी मुझे जैसा हूँ, वैसा स्वीकार करना शुरू कर दिया। इनसान के लिए सबसे बड़ी ख़ुशी की बात यह होती है कि इनसान जैसा है वैसे ही दुनिया स्वीकार करे। उससे बड़ा आनन्द का कोई अन्य अवसर नहीं होता। इससे आपका दायरा बहुत तेजी से बढ़ता है। मैंने जो यह पहले अनुभव किया वह इस दायरे को बढ़ाने वाला अनुभव किया।'

सरकार चलाने में सोशल मीडिया से मिलने वाली मदद के बारे में मोदी ने कहा, 'सरकार की एक समस्या होती है, सरकार और जनता के बीच बहुत बड़ा गैप होता है। जब पता चलता है, 5 साल बीत चुके होते हैं। रिजल्ट आता है और पता चलता है कि इतना बड़ा गैप था। सोशल मीडिया के कारण डेली वोटिंग होती है। मैं अभी बात कर रहा हूँ, अभी वोटिंग चल रही होगी कि मोदी ठीक कर रहा है कि गलत कर रहा है। आज सोशल मीडिया किसी भी सरकार को, वह गलत करती है तो रोकता है। गलत करने से डराता है...और गलती सुधारने का अवसर पहले पाँच साल के बाद होता था आज हर पाँच मिनट बाद होता है। मैं मानता हूँ कि यह लोकतंत्र के लिए बहुत बड़ी ताकत बन गया है।'

मोदी ने जो कुछ कहा, वह सब तस्वीर का एक पहलू रहा। उन्होंने और भाजपा ने सोशल मीडिया जैसे व्हाट्सएप, फेसबुक व ट्विटर का ऐसा इस्तेमाल किया, जहाँ तथ्य बार-बार प्रोपेगंडा में डूबते रहे तथा समाज के विभिन्न समुदायों में कलह बढ़ी। रणनीति के तहत अल्पसंख्यकों के खिलाफ दुष्प्रचार जारी रखा गया। नफरत की इस खेती ने उन्हें तो राजनीतिक लाभ पहुँचाया, लेकिन अन्य कई स्तरों पर अनेक दुखद घटनाएँ हुईं। कई बार जहरीले और हिंसा से भरे बयान ऐसे लोगों ने दिए जिनको प्रधानमंत्री मोदी सोशल मीडिया पर फॉलो करते थे। दुखद पहलू यह रहा कि ऐसे लोगों को कभी हतोत्साहित नहीं किया गया, न ही प्रधानमंत्री ने अपने सोशल मीडिया अकाउंट से उन्हें हटाया।

मोदी आक्रामक शैली के राजनेता हैं। हालाँकि उनकी इस आक्रामकता की सफलता का राज आर.एस.एस. के जमीनी कार्य में छिपा है। इसीलिए

वे आर.एस.एस. के प्रति सदैव नतमस्तक नजर आते हैं। उनके राजनीतिक विरोधियों के अनुसार मोदी आत्ममुग्ध भी हैं। वर्ष 2014 में प्रधानमंत्री बनने के बाद पार्टी की वरिष्ठ नेता व प्रखर वक्ता सुषमा स्वराज को उन्होंने विदेशमंत्री बनाया जरूर, परन्तु वे यदा-कदा ही महत्त्वपूर्ण विदेश दौरों पर जा पाईं, क्योंकि प्रधानमंत्री खुद पूरी दुनिया के दौरे कर रहे थे। पहली बार प्रधानमंत्री बनने के बाद मोदी ने बिना रुके लगभग पूरी दुनिया नाप डाली। अपनी मार्केटिंग के प्रति सदैव सजग मोदी द्वारा प्रधानमंत्री पद सँभालने के बाद प्रचार किया गया कि वे 18 से 20 घंटे काम करते हैं। भारतीय प्रधानमंत्री के लिए यह सामान्य बात है। इन्दिरा गांधी अक्सर 20 घंटे तक काम करती थीं। इधर मोदी अनथक काम करने के प्रचार की आड़ में फौरन विदेश दौरे पर निकल जाते। तब उनके आलोचक कहा करते थे कि प्रधानमंत्री कभी अपना घर यानी देश भी देख लिया करें, या यह कि वे तो मात्र हाजिरी लगाने के लिए भारत आते हैं।

इन सतत विदेश यात्राओं के चलते आलोचकों ने मोदी को लापरवाह किस्म का प्रधानमंत्री कहना शुरू कर दिया था। उनकी नजर में प्रधानमंत्री विदेश यात्राओं पर खासा खर्च करने के साथ अपनी वेशभूषा व प्रस्तुति को लेकर भी आत्ममुग्ध-से हैं जो तरह-तरह के और खासे महँगे परिधान पहना करते हैं।

एक कट्टर हिन्दुत्ववादी नेता की अपनी छवि बरकरार रखने के लिए उन्होंने सार्वजनिक मंच पर मुसलमानों द्वारा पहनी जाने वाली टोपी पहनने से इनकार किया। वे अच्छी तरह जानते थे कि उनके कट्टर हिन्दुत्ववादी मतदाताओं को यह बात पसन्द नहीं आएगी। राजनीतिक विश्लेषकों के अनुसार, अपने इन्हीं मतदाताओं को जोड़े रखने के लिए ही तीन तलाक के खिलाफ कानून बनाना या कश्मीर से अनुच्छेद 370 को निष्क्रिय करने जैसे फैसले लिए गए। उनकी इसी छवि को देखते हुए समझा जा सकता है कि नागरिकता संशोधन कानून तथा एनपीआर व एनआरसी जैसे कानूनों में उनकी दिलचस्पी कितनी होगी।

मोदी ने आर.एस.एस. व संघ परिवार में अपने आपको दीनदयाल उपाध्याय की विचारधारा से जोड़ा, लेकिन वरिष्ठ सम्पादक व लेखिका मानिनी चटर्जी के अनुसार, आर.एस.एस. को मोदी के रूप में एक ऐसा नेता मिल गया है जो भगवा ध्वज का सपना साकार कर सकता है।

मोदी के प्रधानमंत्रित्व का सम्पूर्ण आकलन भविष्य का विषय है। लेकिन फिलहाल यहाँ प्रसिद्ध लेखक जॉर्ज ऑरवेल (1903-1950) के चर्चित उपन्यास 'एनिमल फार्म' को याद किया जा सकता है, जिसमें राजनीति और सत्ता के स्वार्थी रुख, लोभ-मोह पर तीखा व्यंग्य किया गया है। उन्होंने दिखाया है कि जब समाज और सरकार के विभिन्न अंग एक खास सोच और नजरिए को बढ़ावा देते हैं तब तमाम आदर्श धीरे-धीरे खंडित हो जाते हैं। परिवर्तित स्थिति में सरकार या सत्ता जनकल्याण के अपने घोषित लक्ष्य से मुँह मोड़कर आततायी बन जाती है और समाज एक बड़ी त्रासदी को भुगतने के लिए बाध्य हो जाता है। ऑरवेल की यह चेतावनी उन सभी भारतीयों के लिए प्रासंगिक है जो 2014 और उसके बाद के भारतीय राजनीतिक इतिहास के साक्षी और भागीदार हैं।

# सन्दर्भ ग्रंथ


Abbas, Khawaja Ahmad; *That Woman : Indira Gandhi's Seven Years in Power;* Indian Books Company, New Delhi, 1973.

Abbas, K.A.; *20th March, 1977 : A Day Like Any Other Day*; Vikas Publication House, New Delhi, 1978.

Adams Jad and Whitehead Phillip, *The Dynasty : The Nehru-Gandhi story;* Penguin Books, BBC books London, 1997.

Alexander, P.C.; *My Years with Indira Gandhi*; Vision Books, New Delhi, 1991.

Ali, Tariq; *The Nehrus and the Gandhis : An Indian Dynasty*; Picador, London, 1991.

Ananth, Krishna, V.; *Why 1967 General Election was a watershed in Indian politics and the lessons it has left behind*; DNA, 22 February, 2017.

Austin, Granville; *Working A Democratic Constitution : The Indian Experience;* Oxford University Press, New Delhi, 1999.

Bakshi, Shri Ram; *Struggle for Independence : Lal Bahadur Shastri*; Anmol Publications, 1991.

Baru, Sanjaya; *The Accidental Prime Minister : The Making and Unmaking of Manmohan Singh;* Penguin Books Limited, 2014.

Baru, Sanjaya; *1991 : How P.V. Narasimha Rao Made History;* Aleph Book Company, 2016.

Baru, Sanjaya; *The Bombay Plan : Blueprint for Economic Resurgence;* Rupa Publications, New Delhi, 2018.

Baweja, Harinder; *The taste of power;* India Today, Jan. 31, 1997.

Bhargava, G. S.; *Perestroika in India : V.P. Singh's prime ministership;* Gyan Publishing House, 1990.

Brass, R. Paul; *The Politics of India since Independence;* Cambridge University Press, Cambridge, 1994.

Brass, R. Paul; *An Indian Political Life : Charan Singh and Congress Politics, 1957 to 1967*; SAGE Publications.

Brass, R. Paul; *Chaudhuri Charan Singh : An Indian Political Life*; *Economic and Political Weekly,* 28 (39) : 2087–2090, 1993.

Bright, J.S.; *Indira Gandhi*; New Light Publishers, New Delhi, 1984.

Byres, Terence J.; *Charan Singh, 1902–87 : An assessment*; The Journal of Peasant Studies, 15 (2) : 139–189. 1988.

Chand, Attar; *The Long March : Profile of Prime Minister Chandra Shekhar*; Mittal Publication, 1991.

Chatterjee, Manini; Manufacturing an Icon : The Deendayal Upadhyaya blitzkrieg; https://www.telegraphindia.com/1170925/jsp/opinion/story_174790.

Chatterjee Manini; Anguished' PM to Left : If you want to withdraw, so be it; The Telegraph https://www.telegraphindia.com/india/anguished-pm-to-left-if-you-want-to-withdraw-so-be-it/cid/1569107.

Chatterjee Manini; interview with Prakash Karat; https://www.telegraphindia.com/india/firm-but-with-respect/cid/972517

Chatterjee, Manini; *Second-term hubris : Lessons from the past*; https://www.telegraphindia.com/opinion/second-term-hubris-lessons-for-narendra-modi-from-the-days-of-indira-gandhi-and-manmohan-singh/cid/1691695.

Chatterjee, Manini; *I, me, myself : The Modi cult could threaten the BJP too*; https://www.telegraphindia.com/opinion/i-me-myself-the-cult-of-narendra-modi-could-threaten-the-bjp-too/cid/1690410.

Chatterjee, Manini; *By choosing Pragya Singh Thakur, the Modi regime has bared its terrifying saffron fangs;* https://www.telegraphindia.com/opinion/by-choosing-pragya-singh-thakur-the-modi-regime-has-bared-its-terrifying-saffron-fangs/cid/1689176.

Chatterjee, Manini; *Killing Gandhi again : A menacing glimpse of what lies in store;* https://www.telegraphindia.com/opinion/killing-gandhi-again-a-menacing-glimpse-of-what-lies-in-store/cid/1683596.

Chawla, Prabhu; *Rajiv Gandhi killing : Jain Commission report indicts DMK for colluding with LTTE;* India Today, https://www.indiatoday.in/magazine/cover-story/story/19971117-rajiv-gandhi-killing-jain-commission-report-indicts-dmk-for-colluding-with-ltte-832134-1997-11-17.

Choudhary, Ratnadeep; *Morarji Desai, the prime minister for whom time in PMO was 'tougher than prison';* (10 April, 2019 The Print https://theprint.in/theprint-profile/morarji-desai-the-prime-minister-for-whom-time-in-pmo-was-tougher-than-prison /218716/.

Daniel, Vaihayasi P.; *I never wanted to compromise on my principles—Gulzarilal Nanda;* https://www.rediff.com/news/1998/jan/17nanda.htm.

Dasgupta, Swapan; *Narendra Modi and the politics of governance*; in Bibek Debroy and Ashok Malik [eds] India @70 Modi@3.5; Capturing India's transformation under Narendra Modi, New Delhi. Shyama Prasad Mukherjee Research Foundation and Wisdom Tree, 2017.

Desai, Morarji; *The Story of My Life*; Macmillan India, Madras, 1974.

Deshmukh, Nanaji; *RSS and the 1984 Pogrom;* Peoples' Democracy, Aug. 21, 2005.

Deshmukh, Nanaji; *Moments of Soul Searching*; Pratipaksh.

Dhar, P.N.; *Indira Gandhi : The Emergency and the Indian Democracy;* Oxford University Press, New Delhi, 2000.

Dube, Roni; *The Evil Within;* Quarlet Books, London, 1978.

Frank, Katherine; *Indira : The Life of Indira Nehru Gandhi;* HarperCollins, London, 2001.

Bertil, Falk; *Feroze the forgotten Gandhi*; Roli Books.

Frank, Katherine; *Indira : The Life of Indira Nehru Gandhi;* Houghton Mifflin, London, 2002.

Gandhi Literature : *The Collected Works of Mahatma Gandhi;* Publications Division, Ministry of Information and Broadcasting, New Delhi, 1994.

Gandhi, Indira; *My Truth (as Told to Emmanuel Pouchpadass);* Vision Books, New Delhi, 1981.

Gandhi, Indira; *(in conversation with Pupul Jayakar). What I Am*; Indira Gandhi Memorial Trust, New Delhi, 1986.

Ghose, Sagarika; *Indira–India's most powerful prime minister;* Juggernaut, 2018.

Gill, S.S.; *The Dynasty : A Political Biography of the Premier Ruling Family of Modern India*; HarperCollins Publishers India, New Delhi, 1996.

Godbole, Madhav; *Unfinished Innings–recollections and reflections of a civil servant*; Sangam books limited, London, 1996.

Goldenberg, Suzanne; *Gandhi Assassination;* Guardian (UK), 22 May, 1992.

Gopal, Ram; *Indian Freedom : Rhetorics and Realities;* Vimal Prakashan, Vol. 2, Ghaziabad, 1987.

Gopal, Neena; *The Assassination of Rajiv Gandhi*; Penguin Random House India, 2018.

Gopal, S.; *Jawaharlal Nehru; A Biography*; [A set of three volumes] Oxford, New Delhi.

Gujral, I.K.; *Matters of Discretion : An Autobiography*; Hay House, 2017.

Guha, Ramchandra; *What Modi could learn from Lal Bahadur Shastri*, Oct. 2, 2020, https://www.ndtv.com/opinion/what-modi-could-learn-from-lal-bahadur-shastri-ramachandra-guha-2303731

Crossette, Barbara; *Abducted Woman Freed in Kashmir;* The New York Times, Dec. 14, 1989, https://www.nytimes.com/1989/12/14/world/abducted-woman-freed-in-kashmir.html.

Guha, Ramchandra; *The forgotten rivalry between Patel and Bose;* https://www.hindustantimes.com/columns/the-forgotten-rivalry-between-patel-and-bose/story-qctC1zkNRCNc6eF024x4EO.html.

Guha, Ramchandra; *India After Gandhi : The History of the World's Largest Democracy*; Pan Macmillan 2008.

Gupta, Bhabani Sen; *Rajiv Gandhi : A Political Study*; Konark, New Delhi, 1989.

Gupta, Shekhar; *Shekhar Gupta : The craft of war*; Business Standard India, Feb. 01, 2020, https://www.business-standard.com/article/opinion/shekhar-gupta-the-craft-of-war-120020100024_1.html

Gupta, Shekhar; Walk the Talk interview with Jyoti Basu; I still think it was a historic blunder; Indian Express, May 3, 2004.

Habibullah, Wajahat; *My Years With Rajiv Gandhi : Triumph and Tragedy;* Westland, 2020.

Harivansh and Bajpai, Ravi Dutt; *Chandra Shekhar : The Last Icon of Ideological Politics*; Rupa Publications India, 2020.

Hasan, Zoya; *'The Prime Minister and the Left.' In Nehru to the Nineties*; Page 2. Edited by Manor James. Albany; N.Y. : State University of New York Press, 1993.

Hazarika, Sanjoy; *Rival of Singh Becomes India Premier;* https://www.nytimes.com/1990/11/10/world/rival-of-singh-becomes-india-premier.html?pagewanted=1

Hossain, Anushay; *1971 Rapes : Bangladesh Cannot Hide History.* https://www.forbes.com/sites/worldviews/2012/05/21/1971-rapes-bangladesh-cannot-hide-history/?sh=717af19b16df

Hutheesing, Krishna Nehru; *Dear To Behold : An Intimate Portrait of Indira Gandhi*; Macmillan, London, 1969.

Jayakar, Pupul; *Indira Gandhi*; Penguin Books India, New Delhi, 1992.

Johari, J.C.; *Indian National Congress Since Independence*; Lotus Press. New Delhi, 2006.

Jha, Prashant; *How The BJP Wins : Inside India's Greatest Election Machine*; Juggernaut 2019.

Jha, Subhash K.; *Didn't know Ae mere watan ke logon would become a rage*; https://www.rediff.com/movies/report/didnt-know-ae-mere-watan-ke-logon-would-become-a-rage/20130128.htm

Johari, J.C.; *Indian National Congress Since Independence*; Lotus Press, New Delhi, 2006.

Kalhan, Promila; *Nothing can be got done in this country without paying a bribe*; https://www.rediff.com/news/jul/26gn.htm

Kalhan, Promila; *Gulzarilal Nanda : A Life in the Service of the People;* Allied Publishers, 1997.

Kamath M.V.; *Gandhi's Coolie : Life & Times of Ramkrishna Bajaj*; Allied Publishers, Ahmadabad, 1988.

Kapoor, Coomi; *The Emergency : A Personal History*; Penguin/ Viking, 2015.

Kanungo, Chitra; *Freedom Under Assault*; A.P.H. Corps. New Delhi, 2001.

Khanna, S.K.; *Seasoned Diplomat To Scholar Prime Minister-Profile of I.K. Gujral*; Mittal Publications, 1997.

Khare, Harish; *The quintessential Congressman;* The Hindu. https://www.thehindu.com/todays-paper/tp-opinion/The-quintessential-Congressman/article14790615.ece.

Khare, Harish; *How Modi Won It;* Hachette India, 2014.

Kidwai, Anser; *Indira Gandhi : Charisma and Crisis;* Siddhi Books, New Delhi, 1996.

Kidwai, Rasheed; *Ballet : Ten episodes that have shaped India's Democracy;* Hachette India, New Delhi, 2018.

Kidwai, Rasheed; *24, Akbar Road A Short History of The People Behind The Fall and Rise of The Congress;* Hachette India, New Delhi, 2011 & 2013.

Kidwai, Rasheed; *Sonia : A Biography;* Penguin-Viking, 2009.

Kidwai, Rasheed; *Dole even for a day in Jail – for emergency prisoners*; https://www.telegraphindia.com/india/dole-for-even-a-day-s-jail/cid/1521925.

Khilnani, Niranjan M.; Four Diamonds Of Anand Bhavan (Motilal Nehru, Jawaharlal Nehru, Indira Gandhi, Rajiv Gandhi) : *A Perceptive Analysis of Indian Political Experience from 1929 to 1987*; Raaj Prakashan, New Delhi, 1987.

Kumar, Dilip; *The Substance and the Shadow : An Autobiography;* Hay House India, New Delhi, 2014.

Kumar, Vivek, and Sinha, Uday; *Dalit assertion and the Bahujan Samaj Party*; Bahujan Sahitya Sansthan, 2001.

Lahiri, P.K.; *A Tide in The Affairs of Men : Life and career in civil service in India;* Roli Books, 2018.

Mani, Prem Kumar; *किस की पूजा कर रहे हैं बहुजन;* Forward Press, Feb. 1, 2014.

Malik, Ashok; *Son of the nation*; https://www.hindustantimes.com/books/son-of-the-nation/story-k9tzEczHjba02dL608lMkO.html.

Mallick, Bhola Nath; *My years with Nehru*; Allied Publishers, New Delhi. https://archive.org/stream/in.ernet.dli.2015.131607/2015.131607.My-Years-With-Nehru-Kashmir_djvu.txt.

Malhotra, Inder; *Indira Gandhi : A Personal and Political Biography*; Hodder and Stoughton, London, 1989.

Malhotra, Inder; *Dynasties of India and beyond : Pakistan, Sri Lanka, Bangladesh;* HarperCollins India, 2003.

Mahurkar Uday; *Marching with a Billion: Analysing Narendra Modi's Government at Midterm;* Penguin Random House India, 2017.

Mahurkar Uday; *Centrestage : Inside the Narendra Modi Model of Governance;* Random House India, 2014.

Masani, Zaheer; *India Gandhi;* Oxford University Press, New Delhi.

Matthews, Roderick; *Chandra Shekhar had 'solved' Ayodhya issue. But 'petty' Rajiv Gandhi brought his govt down;* ThePrint. (7

August, 2020). https://theprint.in/pageturner/excerpt/chandra-shekhar-solved-ayodhya-issue-but-rajiv-gandhi-brought-his-govt-down/476478/.

Mendes, Tibor; *Conversations With Nehru;* Secker and Warburg, London, 1956.

Menon, V.P.; *Integration of the Indian States;* Orient BlackSwan, New Delhi.

Merchant, Minhaz; *Rajiv Gandhi, The End of a Dream*; Penguin Books India, New Delhi, 1991.

Mitra, Ashok; *A Moral Man, A Failure : Not good in politics, V.P. Singh's success lay elsewhere;* https://www.telegraphindia.com/opinion/a-moral-man-a-failure-not-good-in-politics-v-p-singh-s-success-lay-elsewhere/cid/520765.

Moraes, Dom; *Mrs. Gandhi;* Jonathan Cape, London, 1980.

Mukherjee, Pranab; *My Presidential Years;* Rupa Publication, New Delhi, 2021.

Mukherjee, Pranab; *The Turbulent Years, 1980-1996*; Rupa Publication, New Delhi, 2016.

Mukherjee, Pranab; *The Dramatic Decade : The Indira Years;* Rupa Publication, New Delhi, 2014.

Mukherjee, Pranab; *The Coalition Years;* Rupa Publication, New Delhi, 2017.

Mukherjee, Shantanu; *I oversaw security of prime minister Chandra Shekhar;* https://www.dailyo.in/politics/former-indian-pm-chandrashekhar-death-anniversary-nawaz-sharif/story/1/18246.html.

Mukhopadhyay, Nilanjan; *Narendra Modi : The Man, The Times;* Tranquebar Press, 2013.

Nag Kingshuk; *The NaMo Story : A Political Life;* Roli Books, 2013.

Nair, K. Sankaran; *Inside IB and RAW : The rolling Stone That Gathered Moss*; Mans Publicaitons, New Delhi, 2006.

Naqvi, Saba; *Golwalkar Told Kurien That It Was Actually Just Politics;* https://magazine.outlookindia.com/story/golwalkar-told-kurien-that-it-was-actually-just-politics/292210.

Nayar, Kuldip; *Beyond the Lines : An Autobiography;* Lotus, New Delhi, 2012.

Nayar, Kuldip; *On Leaders and Icons : From Jinnah to Modi;* Speaking Tiger.

Nayar, Kuldip; *The Night Shastri Died...;* https://magazine.outlookindia.com/story/the-night-shastri-died-and-other-stories/281456.

Nayar, K.P.; *Modi and the Media;* The Telegraph, https://www.telegraphindia.com/opinion/modi-and-the-media/cid/1442794.

Nayyar, Deepak; *How the economy found its feet;* https://www.thehindu.com/opinion/op-ed/How-the-economy-found-its-feet/article14506275.ece.

Nanda, B.R.; *The Nehrus;* Oxford University Press, New Delhi.

Nehru, B.K.; *Nice Guys Finish Second*; Penguin Books India, New Delhi, 1997.

Nehru, Jawaharlal; *Letters from a Father to His Daughter*; Kitabistan, Allahabad, 1938.

Nehru, Jawaharlal; *An Autobiography*; Oxford University Press New Delhi, 1980.

Nehru, Jawaharlal; *A Bunch of Old Letters*; Penguin India, New Delhi.

Noorani, A.G.; *Indira Gandhi and Indian Muslims;* Economic and Political Review, Vol. 25, Issue No. 44, 03 Nov, 1990 https://www.epw.in/journal/1990/44.

Nugent, Nicholas; *Rajiv Gandhi : Son of a Dynasty*; BBC Books, London, 1990.

Orwell, George; *Animal Farm;* Penguin India; Fourth edition (15 March 2011).

Paul, Swaraj; *Indira Gandhi*; Robert Royce, London, 1985.

Prem Prakash; *Reporting India*; Penguin EBURY PRESS, New Delhi, 2020.

Prasad, *Dr. Rajendra, Collected Works* https://www.abhilekh-patal.in/jspui/simple-search?loction=& query=&sort_

by=dc.date.accessioned_dt&order=desc&rpp=20&etal=0&filtername=subjectCollection&filtertype= equals & filterquery=Dr.%20Rajendra%20Prasad.

Prasad, Rajeshwar; *Days with Lal Bahadur Shastri : Glimpses from The Last Seven Years*; Allied Publishers, 1991.

Prasad, H.Y. Sharda; *The Book I Won't be Writing & Other Essays*; D C Publishers, 2003.

Prasad, H.Y. Sharda, A. K. Damodaran et al, *Selected Works of Jawaharlal Nehru*; OUP India, 2004.

किदवई, रशीद; *मॉब लिंचिंग पर रोक के लिए हमें विशेष कानून की जरूरत क्यों है?* https://www.orfonline.org/hindi/research/special-law-mob-lynching/.

किदवई, रशीद; *मोदी सरकार का हज सब्सिडी खत्म करना एक सराहनीय कदम है* https://www.abplive.com/blog/blog-modi-government-finishes-haj-subsidy-is-a-commendable-step-771461

किदवई, रशीद; *पुण्यतिथि विशेष : अच्छे सम्बन्ध न होने के बावजूद राष्ट्रपति राजेन्द्र प्रसाद ने नेहरू को बनाया 'भारतरत्न'* https://www.abplive.com/blog/death-anniversary-of-jawaharlal-nehru-know-nehru-git-bharat-ratna-award.

Rajgopal, Arvind; *Politics after television : Hindu Nationalism and and reshaping of Public in India;* Cambridge University Press, New Delhi, 2001.

Raman, P.; *The Kaoboys of R&AW : Down Memory Lane;* Lancer Publishers, New Delhi, 2007.

Rehmany F.A.A.; *My Eleven Years With Farkhurddin Ali Ahmed*; S. Chand, New Delhi, 1979.

Rao, P.V. Narasimha; *Insider*; Penguin Books India, New Delhi, 1998.

Rao, P.V. Narasimha; *Ayodhya 6 December 1992*; Penguin Books, 2006.

Rao, P. Rajeswar; *R. K. Shanmukham Chetty* : *The Great Indian Patriots;* Volume 2. Mittal Publications. 1991.

Parakash, Rohit; 84% Dead In Cow-Related Violence Since 2010 Are Muslim; 97% Attacks After 2014 https://www.indiaspend.com/86-dead-in-cow-related-violence-since-2010-are-muslim-97-attacks-after-2014-2014.

Rediff; *Last of the Gandhians;* https://www.rediff.com/news/jul/24ratna1.htm.

Rueben Bunny; *Dilip Kumar : Star Legend of Indian Cinema;* HarperCollins, 2004.

Lloyd and Sunsanne H. Rudolph; *The Modernity of Tradition*; Orient Longman, New Delhi.

Lloyd and Susanne H. Rudolph; *In Purauit of Lakshmi : The Political Economy of Indian State*; Orient Longman. Hyderabad, 1987.

Sahar, Naghma, Kidwai, Rasheed; *COVID-19 and Indian Muslims*; https://www.orfonline.org/expert-speak/covid19-indian-muslims-69519/.

Sahgal, Nayantara; *A Voice for Freedom*; Hind Pocket Books, Delhi, 1977.

Saksena, N.S. (1993); *India, Towards Anarchy, 1967-1992;* Abhinav Publications.

Sanghvi, Vir; *Looking Back at the Bofors Scandal*; https://m.rediff.com/news/1999/sep/23vir.htm

Sardesai, Rajdeep; *2014 : The Elections that Changed India;* Penguin Books, New Delhi, 2014.

Sardesai, Rajdeep; *Newsman : Tracking India in the Modi Era*" Rupa Publications India; 2018.

Sardesai, Rajdeep; *2019 : How Modi Won India;* Harper Collins India, 2019.

Sareen, Rajender; *Pakistan--The India Factor;* Allied Books, New Delhi, 1984.

Sen, Ela; *Indira Gandhi : The First Biography*; Peter Dwen Ltd. London, 1973.

Shankar, V.; *My reminiscences of Sardar Patel;* (Vol. 1) Macmillan, New Delhi, 1974.

Shenoy, T.V.R.; *Surely There's Life Beyond Bofors—Sonia's Somnambulism*; Indian Express (New Delhi), 4 January, 2000.

Singh, Charan; *India's Economic Policy – The Gandhian Blueprint*; Vikas Publishing House, 1978. Delhi https://charansingh.org/books/550

Singh, Kuldip; *Obituary : Morarji Desai;* The Independent. https://www.independent.co.uk/news/people/obituary-morarji-desai-1615165.html.

Sitapati, Vinay; *Jugalbandi : The BJP Before Modi;* Penguin Viking, 2020.

Sitapati, Vinay; *The Man Who Remade India : A Biography of P. V. Narasimha Rao (Modern South Asia);* Oxford University Press, 2018.

Sitapati, Vinay; *Half-Lion : How P V Narasimha Rao Transformed India;* Penguin Random House India, 2017.

Shourie, Arun; *The Assassination and After;* Roli Books, New Delhi, 1985.

Shourie, Arun; *Indira Gandhi as Commerce*; Indian Express, New Delhi, 15 March, 1982.

Shourie, Arun; *The State as Charade : V.P. Singh, Chandra Shekhar & the Rest*; Roli Books, 1991.

*Sinha, Dipankar; V. P. Singh, Chandra Shekhar, and 'Nowhere Politics' in India;* Asian Survey.

Sinha, S. K. [Gen]; *Reminiscences And Reflections;* Gyan Publishing House, 2011.

Siddiqui, Ali; *Son of India*; Published Privately, New Delhi, 1982.

Shakti, Sinha; *Vajpayee : The Years That Changed India;* Penguin Random House India Private Limited, 2020.

Sinha, Yashwant; *Relentless : An Autobiography*; Bloomsbury India, 2019.

Sinha, Yashwant; *1991, the untold story;* https://www.thehindu.com/opinion/op-ed/1991-the-untold-story/article14513325.ece

Silver, Eric; et al. *Political Pilot Who Learned a Bit Too Fast : Obituary of Rajiv Gandhi;* Guardian (UK), 22 May, 1991.

Singh, Dr. Govind Narain; *Socialist Ideology in Congress*; Shikha Publicaitons, New Delhi, 1985.

Singh, Khushwant; *Truth, Love and a Little Malice: An Autobiography*; Penguin Books India, New Delhi, 2002.

Singh, K. Natwar; *Count Your Blessings*; Har-Anand Publications, New Delhi, 1993.

Solomon, Robert; *The Transformation of the World Economy (second edition);* MacMillan Press, UK; 1999.

Somiah, C.G.; *The Honest Always Stand Alone*; Niyogi Books, 2010.

Srivastava, C.P.; *Lal Bahadur Shastri, Prime Minister of India; a life of truth in politics;* (1st ed.), Oxford University Press, Delhi, 1995.

Tendulkar, D, G.; *Mahatma;* [A set of eight volumes] Publications Division, New Delhi.

Thakur, Janardhan; *All the Prime Minister's Men*; Vikas, New Delhi, 1977.

Thakur, Janardhan; *Faces Forty in the Fray Business;* Publications Inc. Mumbai, 1999.

Thakur, Janardhan; *All The Janata Men*; Vikas Pub. House, New Delhi, 1977.

Tharoor, Shashi; *Nehru the invention of India Penguin;* Viking, New Delhi, 2018.

Time magazine : India : Cymbals and symbols http://content.time.com/time/magazine/article/0,9171,806271,00.html January1952

Tiwari, Ravish; *The low-profile RSS apparatchik is the newface of power in the NDA*; India Today, https://www.indiatoday.in/magazine/cover-story/story/20141208-rss-sangh-nda-bjp-l-k-advani-narendra-modi-cover-story-806098-2014-11-27.

Tully, Mark; *Obituary VP Singh;* The Guardian, *Dec. 3, 2008.*

Vasudev, Uma; *Indira Gandhi : Revolution and Restraint;* Vikas, New Delhi, 1973.

Vasudev, Uma; *Two Faces of Indira Gandhi*; Vikas Publishing House Pvt. Ltd., New Delhi, 1977.

Ramaswami, Venkatraman; *My Presidential Years;* HarperCollins Publishers India, 1994.

Verma, Sudesh; *Narendra Modi : The Gamechanger;* Vitasta Publishing, 2014.

Wolpert, Stanley; *A New History of India*; New York : Oxford University Press, 1989.

❂❂❂